TEORIA DA ABRANGÊNCIA

Sofia Mountian
Toshiko Hama

TEORIA DA ABRANGÊNCIA

UM CONHECIMENTO INÉDITO SOBRE TRANSFORMAÇÃO E MUDANÇA NAS ORGANIZAÇÕES

EDITORA CULTRIX
São Paulo

Ilustrações de Silvio Curado Coelho.

Ilustração 22 e capa de Daniela Mountian.

O primeiro número à esquerda indica a edição, ou reedição, desta obra. A primeira dezena à direita indica o ano em que esta edição, ou reedição, foi publicada.

Edição	Ano
1-2-3-4-5-6-7-8-9-10	02-03-04-05-06-07

Direitos reservados
EDITORA PENSAMENTO-CULTRIX LTDA.
Rua Dr. Mário Vicente, 368 – 04270-000 – São Paulo, SP
Fone: 272-1399 – Fax: 272-4770
E-mail: pensamento@cultrix.com.br
http://www.pensamento-cultrix.com.br

Impresso em nossas oficinas gráficas.

Sumário

Agradecimento

As autoras agradecem a Oscar Motomura pela sua ajuda, apoio e incentivo. Sem a sua colaboração, seria impossível o nascimento deste livro.

Introdução

O movimento tornou-se a principal característica de nossa existência. O movimento cada vez mais rápido e complexo entrou em nossa vida cotidiana para ficar. Nada mais é fixo; tudo está em permanente mudança. Nada mais parece ser "para sempre". Podemos mudar de profissão, de família, de emprego ou de casa. Hoje existem condições para todos esses movimentos.

Existe alguma ligação entre os divórcios, o desenvolvimento da criatividade e a capacidade de expressão do pensamento humano por meio da escrita, do desenho ou da música? Há um movimento que interliga esses fatos aparentemente sem relação.

O funcionamento de uma organização depende de muitos fatores como equipamentos, matéria-prima, administração, pessoal qualificado. O que há em comum entre eles? O movimento. Estando em movimento, uma área permite o funcionamento da outra. Se um setor pára, a organização começa a sofrer suas conseqüências negativas. Como gerenciar esse movimento? Ele é organizado?

Hoje em dia, é absolutamente normal a organização levar em conta fatores subjetivos, emocionais ou intelectuais. As organizaçoes mais avançadas lidam com isso de maneira séria, oferecendo a seus funcionários diversos treinamentos, apoio psicológico, ginástica, assistência social e médica. Porém, tudo isso é feito às escuras, sem que se entenda muito bem como um tipo de emoção interfere numa área funcional ou pressiona determinado tipo de pensamento.

Às vezes, a experiência em determinada área e alguma capacidade de síntese nos permitem perceber uma ligação entre fatos aparentemente desconexos para outras pessoas; mas a visão continua a ser apenas parcial. Por exemplo, os vendedores são muito solitários no seu trabalho. Rapidez de raciocínio, decisões imediatas, coragem e, principalmente, ambição são suas características marcantes, além da capacidade técnica para vendas. Isso é perfeitamente válido para os vendedores de produtos de consumo, mas, e para os vendedores de produtos de conhecimento ou de produtos institucionais (assistência médica, serviços de bancos ou de governo)? É tudo igual ou os fatores emocionais e intelectuais são diferentes?

É possível conhecer a relação entre comunicação, motivação e função[1]?

---

1. Capítulo 2 — A Realidade Objetiva de uma Organização.

A princípio, cada parte tem o seu movimento (mesmo sem que possamos percebê-los facilmente), porém, todos esses movimentos estão interligados e, o que é mais interessante, todos são gerenciados também por outro tipo de movimento.

Não há dúvida de que, para se conhecer o funcionamento correto de qualquer organização, escola, família ou país, é fundamental conhecer o movimento e as interligações de todas as suas partes. A percepção sempre depende do observador, que também está em movimento, e de sua capacidade para compreender os outros tipos de ligações. À primeira vista, tudo parece muito confuso, porém, por trás de todos esses movimentos, existe uma ordenação.

Cada coletivo (organização, escola, família) é um sistema complexo composto de diversos processos. Por outro lado, esse sistema consegue ter a aparência externa de uma unidade; e, como tal, participa da vida da sociedade.

Qualquer "Realidade Mecânica (aquela que não necessita da vontade humana para funcionar)" tem um mesmo modelo de ordenação de funcionamento. O próprio funcionamento da sociedade humana, seja a produtiva ou de convivência familiar ou social, segue esse mesmo modelo, pois convive com as Realidades Mecânicas existentes na Natureza.

Qualquer estudo ou modelo gerencial que não descubra um modelo único, válido para todos, não consegue compreender as razões e origem dos movimentos. Quando entendemos o funcionamento de uma situação em sua totalidade, temos condições de agir sobre ela.

O mundo funciona sem a nossa aprovação ou desaprovação; e cada pessoa tem uma função a cumprir. Atualmente, inclusive, desempenhamos diferentes funções, pois tomamos parte de diversos coletivos.

O movimento sempre está ligado ao tempo. Existe o tempo linear ou processual[2] ligado à possibilidade de desenvolver uma tarefa. Neste livro apresentamos o funcionamento dos processos funcional, de motivação e mental[3] sempre encontrados em qualquer estrutura existente.

Existe outro tipo de tempo, das redes[4] de interligação dos diversos processos, que nos permite perceber diversas possibilidades para a auto-regulação e adaptação – um movimento de sobrevivência do sistema.

O livro fornece possibilidade de você compreender sob novo ângulo o funcionamento completo de qualquer Sistema, inclusive a de comunicação entre o ser humano e o Sistema Mecânico. Quando conseguimos entender a lin-

---

2. Capítulo 3.
3. Capítulos 4, 5 e 6.
4. Capítulos 7, 8, 9 e 10.

guagem comum presente em todos eles, poupamos muitos esforços mentais, financeiros, emocionais e físicos e descobrimos novas possibilidades.

Muitas vezes, percebemos a organização como um lugar de exploração e desgaste. Entretanto, ela não é boa nem má. Ela é uma *Realidade Objetiva*, que funciona de acordo com princípios sistêmicos, até mesmo bem democráticos.

O Modelo apresentado neste livro nos franqueia esse entendimento do todo. Ele se baseia em estudos da essência. Cientistas e filósofos estão sempre em busca da essência. Para os primeiros, ela está sempre ligada a um modelo matemático e geométrico.

Os modelos organizacionais hoje existentes têm buscado fundamentos em várias áreas do conhecimento humano: mecânica quântica, biologia, entre outras, muitas vezes por modismo, outras, pela sagacidade de empreendedores visionários, que pressentem a existência de um denominador comum entre elas. O Modelo utilizado aqui tem sua origem no estudo de filosofias antigas, que sempre trataram da existência da essência única de todas as coisas, por meio da qual se consegue entender o mundo existente. Esses conhecimentos antigos, tanto do Oriente quanto do Ocidente, foram aplicados objetivamente ao mundo real por Sofia Mountian para se chegar à síntese aqui apresentada.

Sofia Mountian, nascida na ex-União Soviética, na República da Moldávia, veio para o Brasil em 1972. Engenheira civil, trabalhou em projetos de usinas hidroelétricas e de prospecção de petróleo. Sofia, que sempre se envolveu com questões existenciais, estudou tanto as teorias científicas da física moderna quanto as obras de George Ivanovitch Gurdjieff[5], G. O. Mebes[6] e P. D. Ouspensky[7].

Ao fundar o Instituto Solaris, em 1986, passou a dedicar-se exclusivamente ao estudo da evolução da consciência. O desenvolvimento da consciência permite uma percepção cada vez maior da Realidade Objetiva, que nada esconde; tudo está presente o tempo todo, acessível a nós. Há diversos meios para melhorar a percepção da consciência. Atualmente, a nossa civilização utiliza diversos equipamentos para ver o "invisível". O principal método para a ampliação da consciência, adotado no Solaris, baseia-se na Teoria da Abrangência elaborada a partir de 1992 e apresentada neste livro de forma sucinta. Durante

5. G. I. Gurdjieff (1877-1949) – russo, grande mestre do pensamento esotérico ocidental, estudou durante a juventude em vários centros de conhecimentos ocultos no Oriente, principalmente na Ásia Central. Fugiu com seus alunos para vários países da Europa. Criou o Instituto para o Desenvolvimento Harmonioso do Homem na Inglaterra, nos Estados Unidos e na França.

6. G. O. Mebes (segunda metade do séc. XIX e primeira do XX) – escritor, professor de matemática e francês, foi chefe da Maçonaria e Martinismo e da fraternidade russa da Cruz e Rosa, bem como fundador e gerente da Escola Iniciática do Esoterismo Ocidental.

7. P. D. Ouspensky (1878-1947) – russo, cientista e estudioso dos sistemas filosóficos ocultos, foi discípulo e seguidor de Gurdjieff durante vários anos. Escreveu vários livros e fez conferências sobre o pensamento de Gurdjieff.

todos esses anos, formou centenas de alunos no curso do Solaris, com quatro anos de duração, dando também seguimento a cursos mais específicos. Os alunos do Solaris são pessoas das mais variadas áreas profissionais, pessoas essas que viram no conhecimento pela essência o tão ansiado caminho do autoconhecimento e da evolução. Desde 1996, vem desenvolvendo projetos de aplicação colocando esse Modelo a serviço de organizações, abrindo, no início de 2001, a organização MGR Consultoria*, especificamente para essa finalidade.

* MGR: Modelo de Gestão da Realidade.

A ORGANIZAÇÃO COMO SISTEMA

1

Afinal, o que significa uma organização ser um sistema?

O que é uma organização?

O que faz uma organização estar adaptada e sobreviver no Mercado?

Como dominar todos os fatores numa organização?

CONTEÚDO SUCINTO DO CAPÍTULO

- Fragmentação da percepção em função dos inúmeros fatores em um espaço
- Possibilidade de estudo de uma organização como um Sistema com mecanismos de sobrevivência
- Cinco funções de sobrevivência de uma organização como um Sistema:

Adaptação – permanência num meio em constante movimento

Manutenção – capacidade de manter o seu patrimônio.

Produção – capacidade de gerar Produto próprio, que serve para abastecer outros Sistemas

Comunicação – voz ativa da organização no seu meio e no Mercado.

Auto-regulação – capacidade de processar o retorno do Mercado.

- Resposta de adaptabilidade, em função das cinco funções vitais presentes em qualquer Sistema
- Visão sistêmica de diversos coletivos

Alguns Sistemas[1] aos quais um indivíduo pertence se entrecruzam, como, por exemplo, o Sistema família e o Sistema organização. Por outro lado, a organização está dentro do Sistema econômico do país, como uma unidade; sempre um Sistema se expressa como uma unidade e faz parte de um outro maior. A mesma organização faz parte do Mercado internacional e também do Sistema social de uma cidade. Um indivíduo está inserido no Sistema cidade, que, por sua vez, está contido no Sistema de um país. Um morador de rua sobrevive diretamente dentro da cidade, sem a intermediação, como nós, do Sistema casa.

Cada apartamento é um Sistema aparentemente independente; mas, uma reforma em qualquer das unidades incomoda muito os moradores das demais unidades, que "não têm nada a ver com ela", porém, todos fazem parte da mesma Realidade, estão contidos num Sistema maior, num mesmo lugar, que é o edifício.

A natureza é um Sistema que abriga a vida humana.

Sempre fazemos parte de algum Sistema. Mesmo que consigamos sair do Sistema Solar, existe a Via Láctea. Por outro lado, independentemente de onde estivermos, criaremos, como seres viventes, um Sistema.

Embora com amplitude e complexidade bem diferentes, será que todos os Sistemas não seguem sempre as mesmas regras? Existe uma essência única que permita o estudo de qualquer um deles? O Sistema menor sobrevive dentro dos Sistemas maiores, que são seu meio ambiente, por meio dos mesmos fatores?

Dada a infinidade de Sistemas a que pertencemos simultaneamente, o aprimoramento de nossa compreensão quanto ao seu funcionamento e a capacidade de posicionamento e comportamento dentro deles se torna transcendente.

Mas, afinal, o que significa uma organização ser um Sistema?

Normalmente, falamos sobre organizações com respeito aos seus aspectos de administração, aos recursos financeiros, aos funcionários que desempenham determinadas funções, à produção, às máquinas, à tecnologia, ao produto elaborado, às vendas; enfim, todas as coisas materiais, visíveis, que nos são familiares e nos parecem bem claras.

A definição no dicionário – "Organização é uma unidade econômica de produção e vendas"[2] – nos leva a buscar um maior entendimento dos fatores

---

1. Sistema é a combinação de partes coordenadas para um mesmo resultado ou de maneira a formar um conjunto – Larousse.

2. Dicionário Aurélio Século XXI.

anteriormente mencionados. Como juntá-los numa unidade? Se esta é produtiva, é fundamental que ela seja capaz de sobreviver de modo independente através de seu produto.

Quando começamos a estudar as organizações mais profundamente, com freqüência temos a impressão de que algo nos escapa por entre os dedos e foge à nossa compreensão por ser menos palpável e conhecido. Não lidamos com isso com a mesma desenvoltura, embora sintamos que também são importantes — estrutura informal, liderança, inteligência emocional, criatividade, humanização, são termos que vêm chamando a nossa atenção. Sabemos, por experiência, que todas essas partes estão interligadas de algum modo desconhecido a nós.

Ao falarmos de Sistema, entendemos a existência de combinação de partes coordenadas para um mesmo resultado, sempre admitindo a existência de um conjunto.

Sistema também significa uma ordem que permite a sustentação de todas as partes existentes a partir de uma dependência mútua, principalmente "quando as últimas são explicadas pelas primeiras".[3]

Existem diversas abordagens para o estudo da totalidade de uma organização. É absolutamente válida, por exemplo, a analogia com o funcionamento de um organismo vivo; porém, a análise comparativa da organização com a anatomia e a fisiologia dos organismos, incluindo a capacidade de convivência e aprendizagem, fica muito difícil, pois ainda estamos engatinhando no que concerne à compreensão do funcionamento dessa perfeição biológica chamada corpo vivo.

Queremos oferecer, neste livro, uma alternativa ao estudo da unidade chamada organização. Sugerimos o estudo a partir de um Sistema capaz tanto de reunir os fatores existentes e necessários para a produção como de assegurar o controle e a gestão de seu funcionamento. Esse Sistema também seria capaz de representar materialmente a organização no meio ambiente como uma unidade, através de seu produto. Ao propormos essa abordagem, apresentamos uma outra visão do Sistema vivo, que engloba todos os fatores existentes dentro e fora da organização.

Uma vez criada, a organização começa a se expressar materialmente no ambiente. A sua sobrevivência é possível graças ao seu Sistema interno, que garante a sua existência independente como indivíduo, embora a criação e a existência de seu lado externo seja fundamental para possibilitar o contato com o Mercado.

Mesmo para uma pessoa talentosa, não é fácil perceber as duas partes simultaneamente, seja porque a organização tem formas totalmente diferentes por dentro e por fora[4], seja porque, quando a forma interna é visível, a externa

---

3. Definição de Condillac: "Sistema não é outra coisa senão a disposição das diferentes partes de uma arte ou de uma ciência numa ordem em que elas se sustentam mutuamente e na qual as últimas sejam explicadas pelas primeiras." "Sistema é o conjunto de equipamentos e *softwares* que asseguram o controle e a gestão do funcionamento de um processo." Larousse.

4. Esse aspecto será tratado no Capítulo 7.

torna-se invisível, e vice-versa. Compreender essa transmutação é importante para a visão da organização, já que no Sistema maior, isto é, no Mercado, o que conta é a forma externa. No Mercado, a forma sistêmica da organização e os limites entre dentro e fora "desaparecem", e ela se apresenta como uma unidade descrita, vista e usada como tal, com uma única capacidade — a de se mover nesse Sistema maior, cumprindo a sua função, exercida pelo seu produto.

A existência de função para o produto no Mercado é sinal de que a sobrevivência da organização está sendo assegurada por meio das cinco capacidades vitais de qualquer Sistema: *Adaptação, Manutenção, Auto-regulação, Produção* e *Comunicação.*

Adaptação é a capacidade que a organização tem de se fixar no ambiente através da versatilidade de seu produto. Saber sempre ser útil e necessário para os consumidores é uma grande capacidade de adaptação. Ao mudar a aparência e o conteúdo de seu produto, a organização consegue permanecer como unidade.

A capacidade de adaptação só é viável a uma organização cujo produto seja lançado no Mercado[5]. Quando existe função para ele nesse ambiente, é sinal de que houve adaptação, sendo que ela pode ocorrer devido a:

- Inovação ou criatividade;
- Competição;
- Exigências de legislação.

Como exemplo de inovação podemos citar a agilidade dos meios de comunicação e de propaganda de refletir as mudanças. Basta acontecer algo para que isso comece a ter repercussão, gerando novos produtos, e, quando o interesse por esse fato cessa, o produto desaparece. O modismo é conseqüência desse tipo de adaptação.

Muitas vezes, a adaptação acontece pela imitação de um produto bem-sucedido ou é feita para estar sempre em condições de concorrer. O produto, mesmo sendo muito bom, acaba sendo reformulado, com o objetivo de enfrentar a concorrência. É um tipo de adaptação muito desgastante, às vezes beirando o desperdício, pois é feita apenas por razões competitivas.

A adaptação para atender a normas legislativas nem sempre é aceita pelas organizações, porém as exigências dos consumidores são consideradas muito importantes. Como exemplo, podemos citar o Código de Defesa do Consumidor, que estabeleceu regras que exigiram mudanças na forma e no conteúdo externo das embalagens, que passaram a indicar data de fabricação, prazo de validade e dados sobre ingredientes utilizados na elaboração do produto.

Manutenção é a capacidade da organização de se manter a partir da existência de algum tipo de patrimônio que permita certa independência, incluindo prédios, equipamentos, reservas financeiras, além do conhecimento técnico

5. Ver Capítulo 7: "Introdução ao funcionamento sistêmico".

baseado em experiências de trabalhos executados e com referência a eles. Podemos incluir nessa lista tanto o próprio nome da organização como a existência de alguns funcionários que, mesmo atuando em áreas aparentemente pouco importantes, cuidam da manutenção do patrimônio da organização. Vale lembrar os trabalhos de infra-estrutura, que mantêm em funcionamento a limpeza, a segurança, a copa, os serviços gerais, etc. Os responsáveis por esses serviços são muito importantes, já que conservam o patrimônio em bom estado.

Também podemos considerar o dono da organização como o seu grande tesouro, principalmente quando ele é o criador do seu patrimônio técnico e sua dedicação e lealdade à organização é total. Muitas vezes o dono arrisca o seu patrimônio pessoal a fim de ajudar a organização. A sua importância é tão grande, que, no caso de ocorrer abandono por parte dele, a organização corre o risco de desaparecer. Isso acontece mais facilmente nas pequenas organizações; nas grandes, a importância do dono é bem menor, pois a responsabilidade da manutenção do patrimônio passa para os administradores, que habitualmente cuidam de diversas frentes. O dono é substituído por uma equipe, que passa a desempenhar profissionalmente o seu papel.

É importante notar que também se considera como patrimônio a história da organização e a sua experiência devidamente registrada e documentada em manuais técnicos e de procedimentos, os quais substituem os profissionais, que podem não estar mais ligados à organização.

Produção é a elaboração do produto pela organização, dentro da sua capacidade patrimonial e de manutenção. O produto é necessário para que ela possa estar dentro da corrente de interdependência social.

Para a produção é fundamental a existência da matéria prima, de informações e do intercâmbio com o mundo exterior. Também é muito importante o projeto ou modelo de sua concepção.

Para ter certa independência, cada produto recebe de seus criadores forma, conteúdo e capacidade para ser útil à sociedade.

A capacidade de geração é definida a partir da existência de um trabalho produtivo cujo principal objetivo é a transformação da matéria-prima em partes integrantes de seu futuro produto.

Para termos um produto de consumo, existe a necessidade de um ambiente específico de produção. Usualmente, há tecnologia especializada envolvida, que tenta reproduzir com exatidão o projeto no local, dentro da organização. Ao ser criado, esse produto tem por objetivo servir a sociedade e proporcionar o retorno financeiro desejado.

É possível que a produção seja interna, fazendo parte de um produto maior. Nesse caso, não existe nem o contato com o mundo externo nem o retorno financeiro direto, embora tenha o local especial e apropriado.

Existe também um tipo de produção que é desenvolvido na área do cliente, através da prestação de serviços. Nesse caso, o processo produtivo depende muito das condições do local, que são totalmente desconhecidas. É como se existissem três partes: a de planejamento do produto, a de preparação dentro da organização e a de execução no próprio local do cliente. Podemos citar festas, espetáculos ou vendas de qualquer produto. Desse modo, o retorno depende muito da última parte, que acontece na área do cliente.

O produto em si é fundamental para o contato da organização com o seu Mercado, pois ele abre ou fecha os caminhos de acesso a novas situações. As portas se abrem quando o produto está em sintonia com as necessidades do Mercado.

A *Comunicação* é a capacidade de uma organização de se tornar parte integrante dos meios de convivência social ou de um Mercado e conseguir fugir da sua representação externa apenas pelo seu produto. Atualmente, a comunicação tem grande importância, utilizando, para tanto, diversas formas de convivência.

A comunicação se baseia na existência de diversas formas de informação e na sua canalização. O resumo e a forma verbal do conteúdo; a transmissão da vontade expressa por meio de ordens práticas; o ser capaz de servir de canal entre grupos ou setores, organizações e Mercados — tudo isso é fundamental para manter a comunicação.

Uma das formas utilizadas atualmente são encontros periódicos de profissionais para troca de informações nas suas áreas de atuação. Existem inúmeros congressos, revistas especializadas, treinamentos, campos maravilhosos de con vivência e de respeito e reconhecimento da capacitação profissional de cada um.

Outro exemplo de forma de comunicação externa é a de investimentos, utilizado nas Bolsas de Valores, principalmente em mercados futuros. Ao conhecer os dados sobre uma organização, os investidores decidem se compram ou não suas ações e, em conseqüência disso, ajudam no seu desenvolvimento e na sua produção.

Uma forma de comunicação bastante utilizada na convivência entre organizações e países é a de associações por tipos de organizações ou de Mercados. Os acordos entre as partes visam a convivência com as diferenças e interesses comuns e são aceitos pelos participantes.

Na atualidade, a importância da globalização é reforçada pela existência da União Européia, Nafta ou Mercosul. Essas associações se baseiam na capacidade de comunicação entre todas as partes.

Podemos dizer que manter a comunicação entre as organizações é uma função tão vital quanto a da própria produção ou adaptação. Não é fácil conseguir isso, pois há uma desconfiança natural e dificuldades na continuidade. Porém, a sua importância é cada vez maior e começa a ajudar a reforçar o nome da organização no Mercado.

Auto-regulação é a capacidade da organização de processar o retorno de sua atuação no Mercado. Normalmente consiste em atividades muito importantes a serem desenvolvidas, como:

- Avaliação do retorno;
- Preparação de informações de alerta para todas as partes internas da organização;
- Responsabilidade de guardar os valores financeiros e confidenciais da organização.

A organização que desempenha bem essa função consegue enfrentar todo e qualquer problema vindo de fora. A auto-regulação é muito importante quando se trata de cuidar da distribuição interna centralizada, sendo também responsável por cuidar dos valores essenciais de qualquer natureza, fundamentais para a sobrevivência e a continuidade da organização; ela é o guardião que sabe tudo sobre a organização.

Toda vez que há um retorno, como, por exemplo, uma informação sobre alteração no ambiente, a falta de matéria-prima para a produção, ou o aumento de demanda pelo produto, todo o sistema fica ciente de imediato e toma as providências necessárias. Seguem-se alguns exemplos do desempenho dessa função, tão importante para uma organização:

- No governo, o serviço de informação e segurança nacional. Muitas vezes, ele assume totalmente o poder sobre os governantes e se torna perigoso à nação.
- Uma pessoa influente na organização que possa dominar as suas partes a partir de uma visão do conjunto. Essa pessoa pode não exercer cargo importante, mas a sua lealdade e percepção são fundamentais para se saber como está a organização. Quando seu trabalho é reconhecido, ela torna-se o braço direito do dono.
- A diretoria ter como função servir de ponte entre o Mercado e a organização e informar corretamente o dono ou a presidência sobre o estado da organização; e ser guardiã dos valores, principalmente financeiros.
- A existência de meios de comunicação internos que consigam levar as informações a todas as partes funcionais da organização em linguagem clara e concisa, desfazendo as dúvidas ou qualquer tipo de resistência.

A *Resposta de Adaptação* é o resultado da ação das cinco funções vitais e se traduz em mudanças internas no Sistema, feitas através de compensações, que por sua vez levam às mudanças externas sempre visíveis. Ou há resposta adaptativa ou não há. Em outras palavras, ou há mudança ou não há. Nesses termos, não existem mudanças que aconteçam lentamente. Quando se diz que mudanças estão acontecendo lentamente, é porque elas estão ocorrendo internamente, e ainda não são visíveis externamente. Não há como se ver de fora o que ocorre dentro; externamente, sempre aparece o resultado final que normalmente é algo inesperado e nem sempre agradável.

Dessa maneira acontecem demissões ou admissões de funcionários, ou mudanças na forma e conteúdo dos produtos. Parece que a mudança se dá em saltos repentinos, sem nenhuma causa nem preparação aparente. O Sistema provoca e aceita as modificações conforme imposições externas e disponibilidade interna.

Uma vez criada, a organização é gerenciada pelo seu Sistema interno, substituindo o seu criador que passa a ser sua parte integrante. O Sistema tem como vontade e finalidade únicas a sobrevivência da organização. Tudo o que se fizer dentro do Sistema estará submetido às cinco funções que acabamos de descrever; começa a se auto-regular, a se adaptar e a ficar cada vez mais complexo. Todas as transformações implicam a sua vontade e capacidade de criar produtos inéditos, e a materialização dessa vontade. O Sistema responde tanto pela receita de como fazer bem, como pelo abastecimento energético e finalização do produto; controla tudo, sendo impossível fugir de seu olhar perscrutador. Se não finalizamos o produto, ou não captamos a vontade inicial, somos igualmente inúteis para o Sistema.

Estando dentro da organização, estamos comprometidos, de alguma forma, com esses cinco fatores em funcionamento. Porém, sem visão da totalidade do Sistema, esses fatores nos são difíceis de ser visualizados.

Comumente, o ser humano não se enxerga como um Sistema dentro de outro e procura impor sua visão particular àquilo que acontece externamente. Depois de estudarmos a organização nos próximos Capítulos, vamos examinar no Capítulo 12 alguns princípios fundamentais para facilitar a nossa convivência dentro do Sistema da organização.

Estamos propondo que nós,
profissionais, clientes, fornecedores,
cada um diferentemente do outro,
estudemos a possibilidade de convivência,
no nosso meio ambiente, comum para todos nós,
que é a organização.

A REALIDADE OBJETIVA DE UMA ORGANIZAÇÃO

2

Quais são os meios para se desenvolver as cinco funções de sobrevivência da organização?

O que é Realidade Objetiva?

Qual o pulo-do-gato para se observar uma organização?

CONTEÚDO SUCINTO DO CAPÍTULO

- As condições necessárias para uma organização tornar-se uma Realidade
- Padronização de critérios mínimos para se observar a Realidade Objetiva
- Quatro perguntas para definir Realidade: Onde estou? Qual é o local? Qual é a razão da existência desse local? O que é possível dizer sobre a idéia dominante nesse local? Que tipo de atividades estou desenvolvendo no local? O que estou sentindo em relação àquilo que estou fazendo?
- Organização como Realidade Objetiva

Comecemos tentando responder à pergunta sobre quais são os meios para se desenvolver as cinco funções de sobrevivência da organização. Para sobreviver, no entanto, existe uma condição primordial — a de existir, de fato, no seu meio ambiente; comecemos, portanto, por aqui.

Quando perguntamos às pessoas o que entendem por Realidade, em geral, a primeira resposta envolve um fato concreto: *"É aquilo que existe."* A Realidade consiste em fatos, atividades que todos comprovam: alguém comprou um carro numa oferta, está numa reunião com clientes, está num evento de boas-vindas para um diretor recém-contratado, e assim por diante.

Atualmente, há muitas descrições e conceitos sobre Realidade, mas há um consenso de que ela depende muito do observador. Por que a minha Realidade é diferente da sua? A capacidade de junção dos vários fatores de observação cria certa Realidade para determinado observador. Qual seria a mais autêntica?

O observador tem condições de aprimorar sua capacidade de observação e enxergar mais fatores dessa Realidade Objetiva que está sempre fora, independente da pessoa, e não dentro dela. Dentro está a representação que fazemos sobre ela, graças à vida interior de nossa mente. Nós, como observadores, somos sempre "visitantes" dentro da Realidade Objetiva.

Por outro lado, a percepção do lugar que ocupamos dentro dela depende muito da capacidade de nossa observação. Quando percebemos nosso lugar na Realidade, conseguimos nos posicionar e agir dentro dela, ou seja, começamos a mudá-la.

Podemos definir a Realidade Objetiva como a existência do mundo exterior. Ela é sempre algo externo a nós e independe do que nós "achamos" dela; não é nem boa nem má; ela existe e é representada sempre por fatores visíveis, que podem ser observados e analisados.

A Realidade Objetiva pode ser captada utilizando-se os seguintes aspectos como descrições espelhadas de sua totalidade:

- O local onde ocorre o fato;
- A razão de existência desse local, isto é, o objetivo principal do local, que pode ser comunicado às pessoas através de seu nome;
- A ação, como a da compra do carro, da reunião ou do evento;
- A motivação, que move as pessoas em função dessas atividades.

Por que fragmentar dessa forma a definição do que é Realidade? O motivo principal é perceber a presença de todas as condições necessárias para que algo se realize. Assim, podemos verificar se elas já existem ou não, ir em busca delas, ou ainda ajustar-nos às condições existentes, mesmo que isso venha a ser como uma etapa para uma realização maior.

Outra utilidade de se aprender os componentes da Realidade é a possibilidade de facilitar a comunicação entre as pessoas. Se observarmos narrativas sobre o mesmo fato feitas por diferentes participantes, cada um relata do seu jeito, segundo seu ponto de vista, usando referenciais particulares, segundo seu mundo interior. Lembrem-se das brigas de casais ou de colegas de trabalho, em que ambos descrevem o que aconteceu. Como observadores, constatamos que não estão descrevendo o que ocorreu, mas o que sentiram sobre o que aconteceu, partindo do que gostariam que tivesse acontecido. Às vezes, temos a impressão de que as pessoas nem estavam no mesmo local.

Não havendo consenso nos critérios do que seja a Realidade entre as pessoas em interação, nós, ouvintes, temos dificuldades para compreender e assimilar os relatos de nossos interlocutores.

Essa criação da Realidade através do observador só é viável quando ele contribui com algo. Qual seria a sua contribuição? A sua presença. E novamente voltamos aos principais aspectos que definem uma Realidade, utilizando algumas perguntas que nos servirão como guias.

Primeira pergunta: *Onde estou? Qual é o local?*

Ao responder objetivamente, o observador definirá o local – nome e localização exatos.

Segunda pergunta: *Qual é a razão da existência desse local? O local tem nome?*

A correta correspondência entre a razão da existência do local e a representação que a pessoa faz dele permite uma resposta bem objetiva: *"Eu sei por que estou aqui."*

Exemplo: *Estou na farmácia, pois necessito de remédio.*
Estou na feira para fazer compras.

Sempre há um objetivo pessoal que leva o indivíduo a determinado local, que de alguma maneira expressa sua razão de existir. Normalmente, a resposta a essa pergunta é sucinta, não necessitando de muitas palavras. Quando isso não acontece, é porque a razão de estar ali é pouco definida ou o próprio local não pode ser definido com clareza.

Ao compreender a razão da existência do local, é possível a realização daquilo que desejamos: ir à feira de pechinchas ou de carros, mergulhar na piscina ou almoçar no restaurante. Cada local tem uma finalidade própria para atender a necessidades específicas – trata-se de um local físico, com nome que lhe define a razão da existência.

Exemplo: *A biblioteca é para acesso a publicações e para leituras.*
A capela é para orações e rituais religiosos.

Os principais dados sobre o local, como o nome, o endereço e a descrição das principais atividades, evidenciam a possibilidade das pessoas ali se reunirem para realizar algo. Se a atividade desejada não acontece num certo local, as pessoas costumam abandoná-lo para essa finalidade.

Exemplo: *Ninguém vai procurar esquentar a marmita na sala de leituras da biblioteca.*

Terceira pergunta: *Quais são as atividades que estou desenvolvendo no local?*

Mais uma resposta bastante clara, pois sempre depende do seu objetivo e da necessidade de sua realização.

Exemplo: *Estou comprando um vestido;*
Estou vendendo roupa;
Estou passeando.

A ação, o fato que está ocorrendo, implica a descrição não só das atividades, mas dos personagens e dos materiais. É o relato da ligação entre personagens fazendo algo, equipamentos e mobiliário sendo utilizados.

O ser humano não vive só. Vive dentro da sociedade em inúmeros coletivos. Algo nos une: a vivência dentro de um mesmo local. Mesmo que aparentemente estejamos sozinhos como personagens, nunca estamos a sós, sem nenhum material ou produto do mundo civilizado. Podemos estar num congresso, podemos estar num avião, saindo de férias, ou sozinhos num cinema para assistir a um filme. Em todos esses casos, há um grupo de pessoas partilhando das atividades conosco.

Quarta pergunta: *O que estou sentindo em relação àquilo que estou fazendo?*

Essa pergunta é muito mais difícil de ser respondida, pois o observador nem sempre sabe o que está sentindo. Porém a qualidade da emoção, a existência ou falta de motivação são muito importantes para o local. No Capítulo 5, examinaremos extensamente os tipos de emoção e a sua influência sobre a Realidade.

Por enquanto, chamamos a atenção do leitor para a importância da quarta pergunta e para a necessidade de se quebrar o tabu de que a emoção é incompatível com a possibilidade de enxergar a Realidade Objetiva e não permite a sua análise correta. Consideramos essa uma visão totalmente equivocada: Muito ao contrário, sem descobrirmos a emoção individual relativa a determinada atividade, é impossível a análise dessa Realidade. Da mesma forma, sem descrever o tipo de motivação reinante dentro da Realidade, é impossível compreendê-la ou mudá-la.

A emoção individual em relação à ocorrência diz respeito à motivação de cada participante em relação ao fato. Existe uma motivação por estar ali. A expressão da emoção dá destaque ao personagem

Exemplos:

Estou finalmente no congresso que esperei tanto. A minha alegria de ouvir o professor X é imensa.

Fiquei mal-humorado numa viagem com a família, por não aceitar o hotel. As férias ficaram terríveis para todos!

Estou adorando o filme que está concorrendo a um prêmio; logicamente, o meu voto será a seu favor.

A motivação reinante no local sempre é uma interação das emoções das pessoas em convivência; e pode ser definida e analisada com bastante precisão, o que faremos com detalhes no Capítulo sobre Processo de Motivação.

Não costumamos perguntar "o que sentimos" nas situações. Comumente não incluímos o fator emocional na percepção da Realidade. As pessoas têm muito medo da emoção, justamente porque não sabem como ela funciona.

Muitas vezes, negamos o que sentimos, porque o medo de sermos marginalizados "se os outros souberem" é muito maior do que aquilo que sentimos. Outras vezes, nem prestamos atenção ao que estamos sentindo dentro de nós. Ou ainda, lembramos o que martelam no nosso ouvido: *"Não se deixe levar pela emoção porque ela distorce a Realidade."*

Portanto, para entender a Realidade, procuremos sempre encontrar as mais objetivas respostas para:

- *O local onde o fato está ocorrendo*
- *O nome que expressa a razão de existência do local*
- *A ação que está ocorrendo*
- *A motivação reinante no local*

A observação é sempre uma atividade mental. Ao juntarmos os três aspectos – nome, ação e motivação – dentro de um mesmo local, conseguimos enxergar muito mais. A capacidade de observação se torna muito maior e conseguimos trazer uma grande quantidade de fatos à observação, simultaneamente. A representação da Realidade se torna muito mais fiel, encontramos um lugar para nós dentro dela e sempre conseguimos ter idéias, como num passe de mágica.

Vamos especificar um pouco mais esses aspectos essenciais da Realidade. Podemos representá-la com um triângulo eqüilátero, a que chamamos de estrutura primordial[1], onde os vértices correspondem a cada um dos aspectos anteriormente descritos, fundamentais para a existência e percepção da Realidade.

---

1. O número 3 e a idéia da unidade das 3 forças no Absoluto está na raiz de muitos sistemas antigos, como a doutrina da Lei de 3, Lei dos 3 princípios, assim como o termo Tríade, Ternário, 3 em 1, estão igualmente presentes nas tradições. Guénon, R. *A Grande*

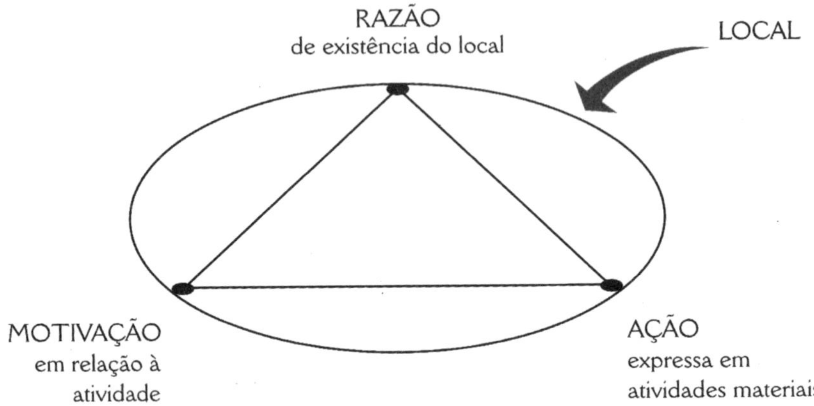

Fig. 1 - Estrutura Primordial

São três aspectos e uma limitação necessária – uma limitação física que permita as atividades das pessoas que, por sua vez, por meio de sua emoção, reforçam o nome do local.

Analisemos agora uma organização a partir desses fatores existenciais da Realidade.

Local

Cada organização tem um local de funcionamento onde a sua existência física é reconhecida. Dentro desse local, devidamente identificado, acontece a sua vida. A existência da organização como uma Realidade é impossível sem essa demarcação de limitação física, geográfica ou espacial.

Atualmente, embora o significado continue o mesmo, o local vem assumindo as mais variadas formas, abrangendo desde os endereços virtuais até os endereços múltiplos das grandes organizações.

No diagrama, o local é representado pelo círculo que limita e envolve todos os outros aspectos da Realidade.

Razão de Existir

A organização que não consegue explicar em poucas palavras para quê veio, dificilmente consegue sua visibilidade no Mercado. A capacidade de defi-

---

Tríade. São Paulo, Pensamento, 1990; Ouspensky, P. D. *Fragmentos de um Ensinamento Desconhecido. Em Busca do Milagroso*. São Paulo, Pensamento, 1988.

nir a sua razão social e o seu nome é muito importante para a sua existência como uma Realidade.

Quando acontece a correta reverberação do nome, as pessoas são atraídas por ele e reconhecem a existência da organização como uma Realidade.

Algumas organizações como as sociedades secretas, centros avançados de pesquisa ou serviços de espionagem não querem ser visíveis. Naturalmente, é impossível encontrar o seu endereço ou nome na lista telefônica.

Atividades

Cada organização tem suas atividades determinadas, realizadas por equipamentos específicos e pelas pessoas. Atualmente, não existe nenhuma organização que não se utilize de ambos.

Os equipamentos são os mais variados, deles se exigindo bom funcionamento. As pessoas dentro da organização têm determinadas funções técnicas que desenvolvem conforme sua capacidade. É o vértice do triângulo a que chamamos de ação, que sempre depende da razão da existência do local.

Motivação

Para desenvolver suas atividades no seu trabalho, os funcionários dependem da sua capacidade pessoal, do grupo e muitas vezes da própria organização.

Ao seu interesse e estímulo na convivência com os outros chamamos de motivação, que depende da capacidade para sua expressao. Quando as pessoas demonstram sua emoção em relação ao seu trabalho, a colegas e à organização, o ambiente transborda de vida e energia. Os funcionários motivados conseguem produzir mais e ficam mais felizes no seu trabalho.

No triângulo, é o seu vértice esquerdo. A motivação dentro da organização depende das atividades desenvolvidas e impulsiona o desenvolvimento da razão da existência do local.

Numa organização, quando ouvimos dizer *"não há produção"* ou *"não temos dinheiro"*, ambos os comentários são somente sobre a variável material. Os outros dois aspectos podem não estar sendo vistos e levados em conta na descrição da Realidade. Conseqüentemente, mesmo que arrume dinheiro e resolva a questão por algum tempo, a organização pode continuar com problemas, de qualquer forma, pois a causa pode não estar lá. Talvez o importante seja a criação de novas idéias (razão de existir) e para isso ela precise dar mais liberdade ao pessoal (motivação).

O terceiro elemento que introduzimos para definir a Realidade, que é o fator de motivação, hoje em dia está recebendo grande impulso. Ao introduzir esse fator na análise, é possível provocar uma mudança qualitativa na observação. Se há captação dos três fatores, há uma observação plena e, com isso, sempre há novas idéias sobre o que fazer nesse local.

Enquanto não definimos esses três aspectos, temos uma visão fragmentada da situação e qualquer análise se torna parcial. Além disso, com a utilização desse Modelo de percepção da Realidade é possível dar um enorme passo no combate contra a dualidade, que é sempre conceitual.

Temos o costume de analisar o mundo exterior a partir de conceitos morais ou gostos pessoais. Até concordamos com a facilidade dessas definições. Ao dividir o mundo entre capitalistas e comunistas, ladrões e honestos, o bem ou o mal, o posicionamento e as escolhas ficam muito fáceis. Porém a dualidade nunca descreve a razão da existência desses fenômenos como parte integrante do mesmo local. É impossível efetuar mudanças precisas a partir dessa percepção.

Procuraremos no decorrer do livro levar o leitor à compreensão e aprendizagem da percepção mais objetiva possível da Realidade, levando em conta os três aspectos que podem ser analisados. Afinal, eles fazem parte da Realidade Objetiva que é sempre visível. Basta aprender a vê-los!

Assim como fizemos no Capítulo anterior, definindo a organização como um Sistema, faremos com a Realidade Objetiva.

A Realidade como um Sistema consiste na existência dos três aspectos dentro de uma limitação, interligados, interdependentes e num movimento contínuo. A Realidade Sistêmica permite a realização das cinco funções de sobrevivência – adaptação, auto-regulação, manutenção, produção e comunicação.

Podemos dizer que, para se conhecer uma organização como um Sistema, é necessário definir a sua existência através da Realidade Sistêmica e da sua capacidade para sobreviver.

O modelo proposto envolve todos esses fatores e permite rápida definição de falhas ou problemas.

Queremos mostrar algo, comum a todas as organizações: o seu funcionamento sistêmico como uma Realidade Objetiva.

Uma organização sempre tem o componente humano que permite a existência de aspectos intelectuais e de motivação na Realidade. Juntamente com as máquinas e equipamentos, os funcionários criam a Realidade Sistêmica da organização e ajudam a mantê-la através das cinco funções de sobrevivência.

Um Sistema analisado e compreendido dessa maneira nunca é um inimigo. É um grande amigo que liberta o empresário das preocupações sobre sua sobrevivência, deixando tempo e energia para as atividades criativas de crescimento e desenvolvimento.

O QUE SÃO OS PROCESSOS

3

Qual a relação entre Processo e Sistema?
Como convivem no movimento, a criatividade e a estabilidade?
O que é posicionar-se no Processo?

CONTEÚDO SUCINTO DO CAPÍTULO

- O fator tempo no desenvolvimento do Processo
- Os Processos e a Realidade Sistêmica
- A viabilidade do Processo através do Produto Final
- Estrutura e movimento do Ciclo
  Campo Criativo Mutável
  Campo Estrutural Estável
- Três estágios ou Ciclos e tempos do Processo:
  Ciclo da Ordem, Passado do Processo
  Ciclo da Execução, Presente do Processo
  Ciclo da Liberdade, Futuro do Processo
  Convivência entre os Ciclos
- O posicionamento dentro do movimento do Processo

Vimos no Capítulo 2 que, para a Realidade Sistêmica de uma Organização, é necessária uma limitação física chamada *Local*, onde ocorre a interligação e interdependência de três aspectos, simbolizados pelo triângulo eqüilátero:

- A *Razão* de sua existência;
- A *Atividade* desenvolvida; e
- A *Motivação* das pessoas que estão no local, desenvolvendo determinadas atividades.

Uma vez criada, a Realidade da organização começa a se expressar no Mercado como um Sistema funcional. Como já foi dito, o objetivo principal do Sistema é a sobrevivência, dispondo para tanto de mecanismos próprios, as cinco funções tratadas anteriormente — a adaptação, manutenção, produção, auto-regulação e comunicação.

Convidamos o leitor, neste momento, a fazer um pequeno exercício antes de prosseguir com a leitura.

- Feche os olhos por um instante e lembre-se de um fato interessante de sua vida.
- Relate para si próprio, usando claramente os referenciais de local, razão, ação, motivação.

No relato, você provavelmente observou o fator tempo no desenrolar da história. A Realidade Sistêmica existe através dos três aspectos citados — razão, ação, motivação — que se desenvolvem num local, através do tempo. Estamos falando do espaço-tempo. Quando queremos descrever um fato ou uma situação, o tempo ocupa uma posição notável.

Voltando ao símbolo da estrutura primordial da Realidade, cada um dos fatores representados nos vértices do triângulo apresenta um tipo de movimento incessante. Porém, esse é um esquema simbólico da Realidade e não consegue demonstrar toda a complexidade do que acontece.

Para começar a entender e a desvendar o que é um Sistema, apresentamos um novo componente: o Processo.

No conceito popular, Processo é a seqüência contínua de fatos que representam uma unidade no decorrer de algum tempo.

A existência de um Sistema é viável a partir do cumprimento das cinco funções sistêmicas. O veículo usado para essa finalidade é o Processo que realiza tudo dentro do Sistema – cuida de seu funcionamento e cumpre a sua vontade.

Essas funções sistêmicas são iniciadas, desenvolvidas e finalizadas através dos Processos. O Sistema tem o domínio completo sobre a necessidade da criação, inclusive da definição do objeto e da finalidade de determinados Processos. Por outro lado, sem o funcionamento correto dos Processos, o próprio Sistema não tem como sobreviver.

O Processo é o movimento finito de desenvolvimento de um fenômeno por meio da transformação de sua forma. Começamos a sentir isso de modo intenso quando percebemos a passagem do tempo com o avanço da idade ou a mudança da estação do ano. Já faz algum tempo reconhecemos a existência desse movimento; aprendemos até a interferir corretamente quando acontece alguma interrupção.

A Realidade Sistêmica é bastante econômica em relação aos Processos. Cada organização funciona com inúmeros Processos para conseguir satisfazer as necessidades do Sistema. Porém existem apenas três tipos padronizados.

Os três aspectos da Realidade expressam bem essa sistematização.

- A razão da existência do Sistema é criada, desenvolvida e faz parte do *Processo Mental.*
- As atividades de qualquer natureza material são desenvolvidas pelo *Processo Funcional.*
- A motivação de cada pessoa envolvida no espaço existencial do Sistema, independentemente da função desenvolvida, faz parte do *Processo de Motivação.*

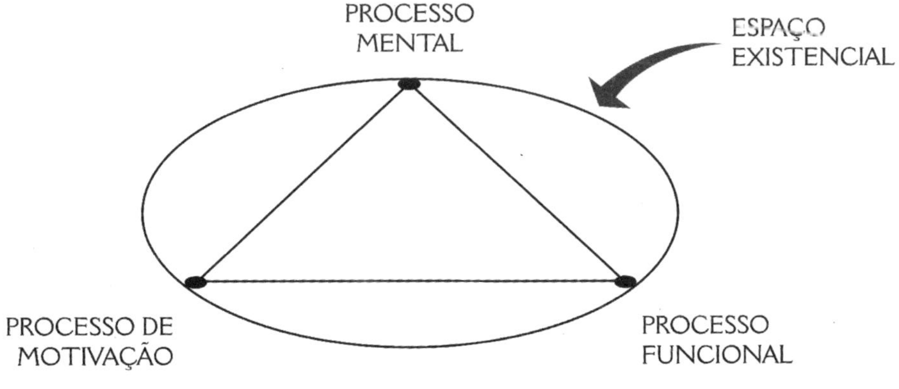

Fig. 2 - Estrutura Primordial com Processos

Ao funcionar em conjunto, os Processos garantem a existência e permanência cada vez mais sólida do Sistema, cumprindo as funções necessárias de adaptação, auto-regulação, manutenção, produção e comunicação.

Qualquer organização é uma Realidade Sistêmica, e tem esses três tipos de Processos em funcionamento. O mais familiar, cuja descrição consta em seus documentos, é o *Processo Funcional*, pois também é o mais visível. Normalmente, começamos a descrição da organização por esse Processo. Tudo o que existe de atividades materiais na organização está ligado ao *Processo Funcional* – as máquinas, os recursos financeiros, a tecnologia, o produto elaborado e os funcionários desempenhando determinadas tarefas.

Os outros dois, o *Mental* e o de *Motivação*, nos são menos conhecidos e são preenchidos pelos funcionários. Pode haver organizações onde a maior parte das atividades é realizada pela tecnologia; porém, quem pensa, fala e sente são as pessoas.

Hoje em dia, usamos bastante a informática para nos ajudar a pensar e a nos comunicar no Processo Mental, por exemplo, através da Internet. Porém, o computador ainda não conseguiu falar por nós.

A motivação, por enquanto, compete só ao ser humano. Não inventaram nenhuma máquina para nos ajudar a sentir e a expressar o sentimento através de algum tipo de motivação. Assim sendo, é impossível uma organização funcionar somente com a tecnologia, sem o ser humano.

O funcionário sempre atua simultaneamente nesses três tipos de Processo. Quando estamos dentro de uma organização, o seu Sistema utiliza 100%, tanto de nossos pensamentos verbalizados (externa ou internamente) como de nossas emoções, transformadas em motivação com relação à organização, e também de nossa capacidade para criar e exercer funções.

Enquanto percebemos a nossa atuação apenas no Processo Funcional, ou seja, cumprindo a obrigação profissional, não reconhecemos os movimentos dos outros dois e, portanto, somos dominados pelo Sistema.

Ao conhecer o Modelo da Realidade Sistêmica, conseguimos a percepção do funcionamento dos três Processos simultaneamente e, com isso, convivemos democraticamente com qualquer Sistema.

Para compreender a atuação dos Processos, partiremos do conhecimento da dinâmica de seu funcionamento, antes de detalharmos, nos Capítulos 4, 5 e 6, os Processos Mental, de Motivação e Funcional, especificamente.

A principal unidade dentro do Processo, responsável pelo desenvolvimento dos trabalhos, é o Ciclo. A existência do Ciclo, como representação de movimento e mudanças, é bastante conhecida. Basta lembrarmos das quatro estações do ano, quatro semanas num mês ou quatro trimestres num ano[1].

---

1. Um Ciclo em movimento é a suástica. É um grande símbolo do budismo. No Ocidente ficou associado à época terrível do nazismo. O cata-vento também representa a suástica.

O CICLO – ESTRUTURA E MOVIMENTO

Procuraremos entender as regras de funcionamento de um Ciclo, que é tanto a base do movimento de transformação do Processo como a sua unidade.

O Ciclo é representado por uma cruz de quatro braços iguais.

Esta estrutura usa o movimento provocado pelo giro recorrente dos braços da cruz, para sustentar a energia interna de maneira firme e estável, e ao mesmo tempo renovadora.

Cada braço tem sua função e significado dentro do Ciclo. O eixo vertical tem mais energia, sendo seus braços mais ativos. O eixo horizontal, com seus braços, é mais receptivo.

O braço vertical superior, de Recepção (R), é responsável pelo início do movimento; é a porta de entrada que recebe as informações, influências e materiais necessários ao seu funcionamento. É um momento importante, pois a vida do Ciclo é inviável sem o contato com algo que venha de fora.

A responsabilidade do braço horizontal esquerdo, de Transformação (T), consiste em assimilar e transformar aquilo que é recebido pela parte anterior, Recepção. É um momento de mutação de materiais e de grande criatividade em que tudo o que foi recebido é transformado radicalmente num novo conteúdo adaptado às condições do Ciclo.

O braço vertical inferior é de Definição (D). Aqui acontece a construção e a fixação da forma específica para o conteúdo criado no braço anterior. É um momento de muita lucidez e coragem de assumir a tarefa definitiva de formação; essa parte compreende todos os recursos do Ciclo.

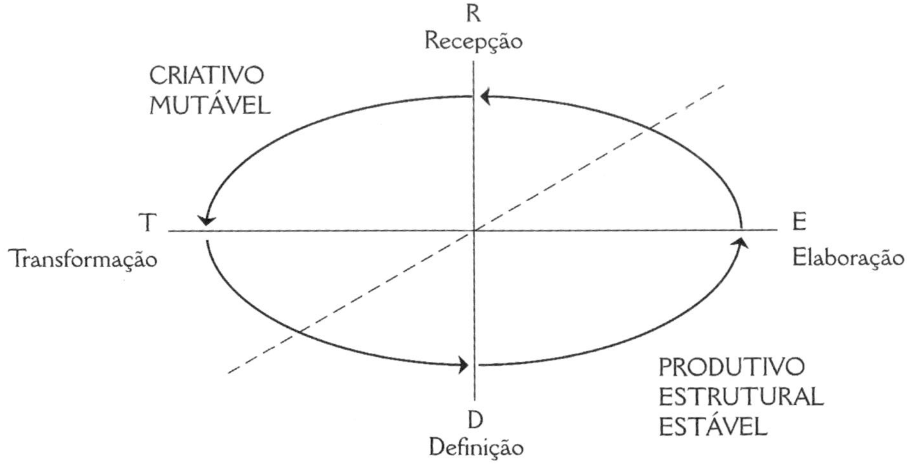

Fig. 3 - Ciclo

O braço horizontal direito, de Elaboração (E), cuida do crescimento e aperfeiçoamento de uma nova forma nas condições vitais específicas. É uma tarefa trabalhosa, responsável pela manutenção de tudo em perfeito funcionamento. Assim que a forma estiver pronta e for levada para fora, o trabalho do Ciclo estará encerrado.

O trabalho de consolidação do conteúdo criado pelo braço T, dentro da sua forma definida e palpável, pode ser chamado de produção do Ciclo.

Cada Ciclo tem tarefas diferenciadas, porém a sua principal função é servir de elo de ligação entre aquilo que entra e aquilo que ele mesmo elimina, quando o seu Produto está pronto. É impossível não o eliminar, pois, uma vez pronto, começa a desequilibrar o próprio Ciclo.

Os braços R e T são responsáveis pela fertilidade e criatividade e os braços D e E pela definição e elaboração do Produto.

Para a finalidade deste livro, vamos considerar o Ciclo como sendo constituído de duas partes ou Campos: o Criativo, Mutável, formado pela junção das fases de Recepção (R) e de Transformação (T) e o Produtivo, Estrutural, Estável pelas fases de Definição (D) e Elaboração (E). Ao usarmos sinteticamente como formado por apenas duas partes, o termo Ciclo torna-se inadequado; mesmo assim, usaremos com essa ressalva.

O 1º Campo recebe tudo do exterior do Ciclo, de braços abertos, sem discriminar nada, e percebe o que funciona. O 2º Campo trabalha com aquilo que funcionou.

É como se o lado Criativo do Ciclo fosse um campo fértil, cheio de vida, onde o vento sopra, trazendo sementes, abelhas, pássaros e onde caem as chuvas, etc. De algumas sementes dispersas não nasce nada. De outras, nasce alguma coisa. Tudo o que vinga passa por uma transformação.

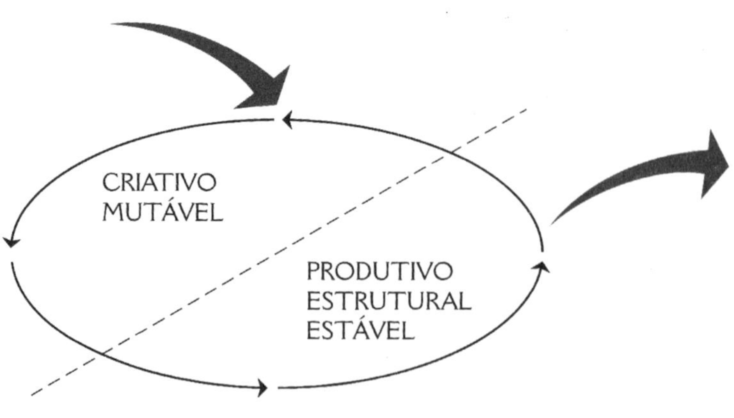

Fig. 4 - O Ciclo e seus dois Campos

Esse Campo tem o poder de escolher somente materiais que têm como se ajustar ao Ciclo e ali crescer.

Exemplo: *Quando queremos fazer algo, precisamos de dinheiro e algum projeto. Uma grande transformação acontece – compramos certa quantidade de materiais que vamos juntar conforme o projeto: e o novo conteúdo começa a nascer.*

Este Campo deu vida material para o que estava no papel. Depois que essa transformação acontece, o 2º lado assume.

O Campo Produtivo não conhece nada além do conteúdo chamado Protótipo, que recebeu e vai fazer exatamente o que precisa ser feito para se chegar ao fruto ou Produto do Ciclo. A produção estará subordinada à regra maior, da parte Criativa.

Uma vez conhecidos os procedimentos e condições necessários, este 2º Campo começa a solidificar o Protótipo numa forma, capaz de manter a sua independência.

Exemplo: *Querendo fazer um bolo, procuro uma receita que não tenho; e providencio os ingredientes – farinha, ovos, leite, açúcar e manteiga. A seguir, começo a misturar tudo de acordo com a receita, criando a massa do bolo. Essa é a parte criativa do meu trabalho. Assim que a massa estiver pronta, começarei a usar aquilo que já tenho – a fôrma para o bolo e o forno, além de toda a cozinha que é utilizada durante o meu trabalho. Cuidarei em olhar o fogo, enquanto o bolo estiver assando no forno. Todo esse trabalho é da parte Produtiva, Estável. Assim que o bolo estiver pronto, eu o levarei para fora da cozinha, a fim de o servir aos convidados.*

É importante definir dois momentos marcantes dentro do Ciclo:

- Criação de um novo conteúdo, a partir dos diversos ingredientes, que chamaremos de Protótipo;
- Escolha de uma "fôrma" para o Protótipo e submissão desse conjunto às condições específicas de consolidação para a elaboração do Produto.

No Ciclo:

- *O 1º Campo produz o Protótipo capaz de sobreviver dentro do Ciclo*
- *O 2º Campo utiliza o Protótipo e produz um fruto/Produto que consegue sobreviver fora do Ciclo.*

OS TRÊS CICLOS QUE COMPÕEM O PROCESSO

Cada Processo é composto de três Ciclos. Esse conjunto tem a finalidade única de elaborar algo que o Sistema necessita, nem sempre conhecido para cada um dos Ciclos. É importante notar que o Produto Final do Processo só pode ser elaborado pelos três Ciclos em conjunto.

Portanto, os três Ciclos estão interligados numa única missão, a de não interromper o movimento conjunto, fundamental para a existência do Processo. O Produto de cada Ciclo serve de alimento para o Ciclo seguinte.

Quando não elimina o Produto por preferir o seu uso interno, o movimento é interrompido, porque deixa de ser enviado para o Ciclo seguinte. Por outro lado, quando o Produto do Ciclo está fora de suas especificações, não atende às necessidades do Ciclo seguinte.

Em ambos os casos, o Ciclo seguinte fica sem se abastecer; sem insumos, não tem como trabalhar e, em conseqüência disso, o Processo acaba se isolando do meio ambiente[2] e perdendo a viabilidade para existir.

O movimento do Processo, dentro de cada Ciclo, e de um Ciclo para o outro, ocorre num mesmo sentido[3].

Passaremos a descrever as características gerais de cada Ciclo do Processo conhecidos como o Ciclo da Ordem, o Ciclo da Execução e o Ciclo da Liberdade.

Cada tipo de Processo — Mental, de Motivação ou Funcional — tem a sua

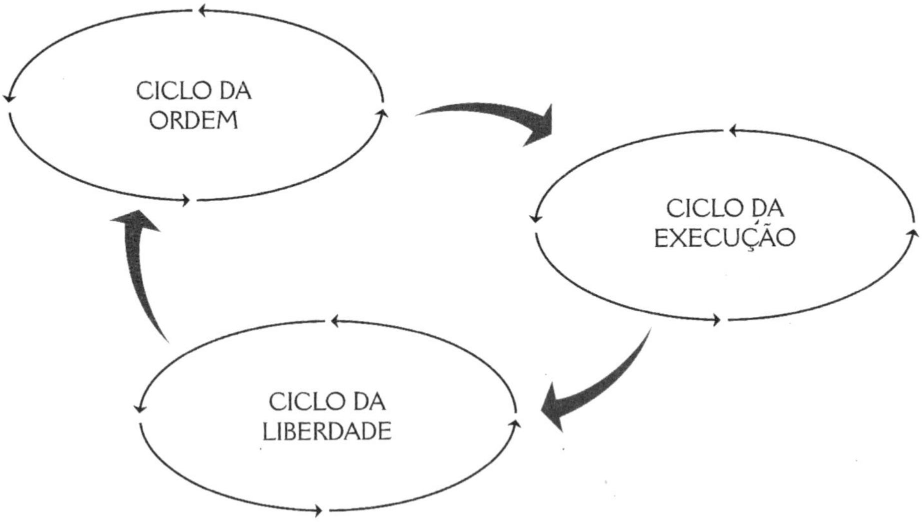

Fig. 5 - Ciclos do Processo

2. O meio ambiente para o Processo é o Sistema do qual ele é parte. O meio ambiente para o Sistema é outro Sistema mais amplo, do qual o primeiro faz parte.

3. Existe um outro movimento numa direção contrária, o qual, por ser bastante complexo, deixamos de apresentar neste livro.

linguagem específica para os três Ciclos, os quais serão detalhados quando estivermos tratando de cada um deles.

Ciclo da Ordem

Este Ciclo conhece a vontade do Sistema. É o mais poderoso entre os três, pois é responsável pela recepção da missão, sua tradução, e pela elaboração de uma "semente" que conterá todas as informações sobre a predestinação dessa finalidade. A preparação da "semente" é extremamente complexa, pois, juntamente com as ordens de funcionamento, a mesma é acompanhada pelos recursos necessários para a realização.

O Ciclo da Ordem representa regras e ordens existentes, muito sutis, por sua proximidade ao Sistema. Normalmente utiliza-se de linguagem específica para transformar o que recebe naquela "semente" que será levada para o próximo Ciclo, que é de Execução.

Quem tem o domínio do Ciclo da Ordem, tem poder sobre o Processo inteiro; sabe definir a necessidade do Ciclo da Execução, tem consciência do Ciclo da Liberdade, pois sabe o que se espera dele.

Exemplos: *Design de uma blusa*
Receita do bolo
Gerenciamento da construção de uma casa
Propostas eleitorais
Área de projetos de uma fábrica
Autor da peça teatral

Quando o homem aprendeu a lidar com esse Ciclo, a sua criatividade aumentou enormemente. Começou a criação do mundo civilizado. Os gênios da humanidade, com motivação necessária para a percepção de idéias inéditas e sua tradução em letras e números, foram responsáveis pelo aparecimento da ciência e o desenvolvimento do Ciclo da Ordem.

Esse Ciclo sempre foi um grande enigma, porém, hoje, com a enorme quantidade de Produtos inventados e projetados pelo homem, existe mais conhecimento sobre o seu funcionamento.

A conquista desse Ciclo permitiu o surgimento de uma sociedade tecnológica que não depende tanto da Natureza.

Antigamente, o Homem usava aquilo que já havia sido criado. No caso da matéria-prima, a principal sempre foi a de extração daquilo que a Natureza criou. Faz pouco tempo que conseguimos produzir matéria-prima própria, embora não saibamos muito bem o que fazer com o lixo produzido. Falta-nos percepção sistêmica.

O conhecimento e o trabalho com esse Ciclo são indispensáveis para a existência da organização, pois implicam a criação de algo que não existe como espécie na Natureza. Tudo o que nos rodeia foi criado pelo homem. A vida dentro da "civilização" ajudou o ser humano moderno a conhecer muito bem esse Ciclo do Processo.

Ciclo da Execução

Esse Ciclo é responsável pela recepção e hospedagem da "semente". A capacidade de utilizar a infra-estrutura do próprio Ciclo permite a utilização das informações e recursos contidos na "semente" e preparação de um novo conteúdo para a finalidade do Processo. A "semente" morre para que nasça algo novo, que é responsabilidade do próprio Ciclo da Execução. O Produto do Ciclo representará a vontade da "semente", numa nova forma, capaz de servir ao próximo Ciclo da Liberdade.

A matéria-prima e outros componentes, necessários para a elaboração do novo conteúdo, são adquiridos pelos recursos que acompanham a "semente". A definição da forma e a consolidação do novo Produto são de responsabilidade exclusiva do Ciclo da Execução.

Esse Ciclo consegue produzir a finalidade do Processo, numa forma individual, capaz de sobreviver no meio ambiente escolhido pelo próprio Sistema.

Exemplos: *Costurar uma blusa*
Preparar a massa e assar um bolo
Assentar tijolos de uma casa
O ato de votar numa eleição
Área de produção de uma fábrica
Ensaio de peça teatral
Arrumar as malas para uma viagem
A vida do feto

Ciclo da Liberdade

O Ciclo da Liberdade representa o meio ambiente onde o Produto do Processo será utilizado. Esse Produto, que vem do Ciclo da Execução, é recebido como um recém-nascido que necessita de todos os cuidados: alimentação, ensino, embalagem. É importante prepará-lo para uma nova missão que é a vida independente dentro da finalidade do Sistema: viver determinada situação num novo meio ambiente.

A apresentação correta do Produto nesse Ciclo é uma grande arte. Atualmente, existem diversas áreas que auxiliam nessa árdua tarefa, desde o *marketing* até a propaganda e área de comunicação.

O Processo não tem como dirigir a vida independente do seu Produto, dentro da situação necessária ao Sistema; porém, se ele não conseguir algum retorno por todo o trabalho executado, não terá como sobreviver.

Exemplos:
Blusa sendo usada ou vendida
Comer ou vender o bolo
Inaugurar ou vender uma casa
Candidato eleito
Área comercial da fábrica
Atores e público na peça sendo apresentada

PRODUTO FINAL – VIABILIDADE DE EXISTÊNCIA

Uma das principais características de qualquer Processo é o seu movimento, cuja duração depende da sua capacidade de fazer os giros.

O que são os giros? É a viabilização da existência. O Processo dinâmico não é linear. Ele é recorrente e transforma a finalização num recomeço que, por sua vez, começa a realizar a mesma necessidade de chegar ao Produto Final, que por sua vez corresponde à necessidade do Sistema.

Cada vez que o Processo chega ao Produto Final (diferente do Produto de cada Ciclo, pois não pertence ao Processo), acontece a transformação num Retorno, que permite a revitalização e o reforço repetido de sua existência. Essa tarefa acontece no Ciclo da Liberdade.

O Retorno pode ser o lucro ou a experiência, tanto de sucesso como de fracasso, com a conseqüente aprendizagem. Essa capacidade do Processo dinâmico é extremamente importante no cumprimento das funções sistêmicas, que conseguem ser realizadas graças a ela.

A essa revitalização chamamos de capacidade de "fazer giros" ou de viabilizar a existência, aprimorando cada vez mais o seu trabalho e em conseqüência disso, aquele Produto. Quanto mais giros fizer, mais aprimoramento e mais força terá o Processo, que finalmente cessa, quando o seu Produto se torna desnecessário ao Sistema.

O maior êxito do Processo é fazer o Produto Final. O maior fracasso é não fazê-lo. Muitas vezes, queremos ter controle total sobre os Processos em que estamos envolvidos, e chegamos a ficar doentes quando as coisas não saem como queremos; e nunca saem do jeito que queremos; sempre saem diferentes! A princípio, não há problemas em sair "errado" ou diferente do planejado, porque, no próximo giro, usaremos a experiência adquirida para reajustar a rota, escolher outra alternativa de desenvolvimento, etc. O imprescindível é levá-lo até o fim, pois aquele que não termina não traz o Produto Final. Não trazendo o Produto Final, é inútil para o Sistema e é eliminado.

Exemplo: *Um líder de um Sistema abre uma frente de trabalho que julgou necessária; investe... e... cadê o Produto Final?*

"Ah! Daqui a um mês vai ficar pronto"... "Daqui a dois meses vai ficar pronto"; e nada do Produto Final.

Ele acaba eliminando essa frente, por falta de giros e de retorno.

Processo sem Produto Final
é Inútil ao Sistema.

A RELAÇÃO DO TEMPO COM OS TRÊS CICLOS

Quando pronunciamos a palavra movimento, sempre entendemos a existência de tempo e de direção.

Essa visão do tempo é muito interessante. A duração do Processo em si depende de sua capacidade de sobreviver dentro do Sistema. Porém, internamente, o tempo tem enorme importância, justamente por ser extremamente determinista por sua finalidade.

A viagem no tempo sempre foi um grande sonho do homem. Dentro do Processo, esse sonho não somente é viável, como ocorre naturalmente.

Costumamos dividir o tempo em passado, presente e futuro. O Processo também tem essa divisão, sendo impossível fixar o contato com esses três tempos, pois tudo está em movimento. A qualquer momento, ocorre o contato com o Processo, por via de seu passado ou presente ou futuro.

Podemos definir cada um dos Ciclos como o Presente (PRE), Passado (PAS) e Futuro (FUT). Não estamos falando do presente, passado e futuro cronológico do leitor ou de qualquer um de nós, porém do tempo do Processo.

O Passado está ligado ao Ciclo da Ordem. A duração desse tempo não está bem definida pois depende muito da riqueza de seus arquivos – experiência e recursos; e das pessoas capazes de manter e reativar o contato com o Sistema.

A organização que tem uma história, tradição, *know-how* ou excelente posição financeira, pode dizer que tem a riqueza do Ciclo do Passado. A sua duração depende muito da capacidade de uso e de sua atualização permanente, através do Retorno recebido do Ciclo da Liberdade.

Ao Ciclo da Execução atribuímos o tempo Presente. A sua duração é bem conhecida, pois é definida pelas informações contidas na "semente" vinda do Ciclo do Passado. No momento em que a produção é definida, a sua duração é exata. Qualquer alteração traz complicações tanto para o Produto quanto para o próprio Processo.

Exemplo: *A gravidez, mais curta ou mais longa do que 9 meses, pode trazer muitos problemas. O mesmo pode ser dito sobre o bolo que fica no forno mais tempo que o determinado.*

Quando esse Ciclo está ocioso, sem produção, o seu tempo é dedicado a si próprio e usado para a manutenção de equipamentos. De qualquer jeito, o tempo é definido e finito. A boa manutenção pode prolongar a vida, mas por um período bastante limitado. No fundo, o seu tempo depende quase por inteiro da sua utilidade para o Ciclo do Passado.

O tempo do Futuro está ligado ao Ciclo da Liberdade. A sua duração é imprevisível e indefinida, exatamente por estar dividida em duas partes. Para o Processo, esse tempo vale enquanto não houve o Retorno. Para o Produto, o tempo depende das situações dentro do Sistema, que podem prolongar ou abreviar a sua vida. Mas isso já não depende do Processo. A capacidade do Produto de conviver num espaço de liberdade chamado Mercado também define o seu tempo.

Exemplo: *Dependendo dos cuidados com a embalagem individual, o acondicionamento térmico, o manuseio, etc., a duração do Produto varia.*

Usualmente, o Passado estabelece o tempo do Presente e tenta definir o do Futuro, que por sua vez reforça o tempo do Passado. Isso é a viagem no tempo, dentro do Processo.

Esses tempos podem ser facilmente definidos no Processo Funcional. Isso é praticamente impossível no Processo Mental e de Motivação, pois dependem exclusivamente das pessoas e da sua ligação com a Realidade Sistêmica.

A informática está ajudando muito o Processo Mental a manter a sua vida, a partir de seus arquivos e da capacidade de troca de informações. Porém, o tempo do Processo de Motivação só depende das pessoas. Quantas vezes a morte do dono da organização significou a morte da organização?

A vida independente dos Produtos pode durar segundos ou séculos. Os Ciclos anteriores são responsáveis pelo seu conteúdo e forma, mas as situações podem encurtar bastante a sua vida, que pode mudar por completo, em função de novas oportunidades dentro do Sistema.

Levando tudo isso em consideração, vamos a um pequeno exercício.

EXERCÍCIO – *Em que Ciclo ou Tempo de Processo estas pessoas trabalham em suas atividades típicas? Passado, Presente ou Futuro?*

Piloto de corrida..

Mestre de cerimônia..

Escritor...

Artista plástico...

Engenheiro..

Guia turístico ....
Compositor ....
Gari ....
Vendedor ....
Mecânico ....
Faxineiro ....
Pedreiro ....
Office boy externo ....
Diretor de escola ....
Gerente ....
Office boy interno ....
Juiz ....

Confira as respostas na pág. 43.

O MOVIMENTO DO PROCESSO E O NOSSO POSICIONAMENTO DENTRO DELE

O nosso contato com o mundo dos Processos é possível, com uma condição básica: ele depende da exatidão do nosso posicionamento dentro do movimento.

Podemos entrar num Processo em qualquer um dos Ciclos, mesmo sem participar em Processos inteiros. Aliás, comumente não o fazemos.

Exemplo: *Posso fazer pizza em casa, mas é muito mais fácil ligar e pedir: "Por favor, quero uma pizza." Ao encomendar uma pizza, incluo a pizzaria no meu Processo, substituindo o meu trabalho na cozinha. Não faço o Presente; uso a pizzaria para isso. O Ciclo do Futuro é dividido, com o pagamento da pizza e o seu consumo.*

O posicionamento dentro do movimento nos obriga a saber com exatidão onde estamos, para onde vamos e de onde viemos. Existem três possibilidades de posicionamento no Processo:

De onde viemos	Onde estamos	Para onde vamos
Ciclo da Ordem – PAS	Ciclo da Execução – PRE	Ciclo da Liberdade – FUT
Ciclo da Liberdade – FUT	Ciclo da Ordem – PAS	Ciclo da Execução – PRE
Ciclo da Execução – PRE	Ciclo da Liberdade – FUT	Ciclo da Ordem – PAS

Para melhor compreensão dessas possibilidades, analisaremos um exemplo que ajudará a definir com maior exatidão o posicionamento no Processo.

Exemplo: *Um autor escreve uma novela para a televisão; os atores interpretam; o público reage.*
Dependendo da interpretação, os telespectadores têm determinada reação; a partir dessa reação, o autor modifica o texto, cria um novo personagem e elimina aquele que não teve aceitação do público. Naturalmente, o ator que não "agradou" quanto à interpretação ou ao conteúdo do personagem não vai gostar muito de sair da novela, alegando perseguição ou ignorância do público.
Se o autor for muito teimoso e não quiser efetuar as modificações exigidas, perderá o seu lugar.
Só o público não depende de ninguém, pois tem toda a liberdade de mudar de canal e assistir ao que considera melhor.

Neste caso, o autor representa o Passado; os atores, o Presente; o público, o Futuro. Naturalmente, um depende do outro, mas, conhecendo bem as ligações, aceita-se mais facilmente as modificações.

Dependendo do enfoque, cada um deles se movimenta na direção definida da seguinte maneira:

A reação do público acontece através da interpretação dos atores. Essa reação induzirá o autor a modificar o texto.

- Momento de entrada no Processo: *Reação do público assistindo* (Futuro)
- De onde veio: *Atores representando* (Presente)
- Para onde vai: *Autor modificando o script* (Passado)

A mudança do texto mexe com a equipe de atores, que por sua vez sofre "baixa" e recebe a entrada de novos personagens; o público vai aprovar ou não as modificações.

- Momento de entrada no Processo: *Atores modificados representam* (Presente)
- De onde veio: *Modificação do script pelo autor* (Passado)
- Para onde vai: *Público aprova ou não a modificação* (Futuro)

O público exige as mudanças. O autor não aceita alterar mais nada, os atores continuam atuando conforme a definição desse autor; o público não assiste mais à novela, que sai do ar.

- Momento de entrada no Processo: *Autor se recusa a modificar o script* (Passado)
- De onde veio: *Público pressiona em favor de mudanças* (Futuro)
- Para onde vai: *Atores continuam representando, em vão* (Presente)

Esse exemplo permite o acompanhamento do movimento com precisão muito grande. Cada passo depende do PAS, PRE e FUT.

A definição do tempo do momento da entrada é fundamental, pois ele estabelece por onde começa o nosso contato com o Processo. Pode começar pelo PAS, PRE ou FUT. Tendo-se consciência da questão do momento, é possível saber de onde veio e para onde vai o movimento.

Mais um exemplo:
Um casal vive uma relação conturbada. Estão juntos porém sempre um lembra ao outro as brigas do passado, principalmente as razões da separação de alguns anos atrás. Eles resolvem fazer uma terapia conjunta e trabalho de autoconhecimento, após o que decidem deixar de lado o passado e começar a vida baseados nos novos princípios.

- Momento de entrada no Processo: *Terapia de casal* (Futuro)
- De onde veio: *Vida rotineira conjunta* (Presente)
- Para onde vai: *Lembranças de ofensas mútuas* (Passado)

O início da terapia em função da vida tumultuada do casal começa a mexer com as lembranças do passado.
- Momento de entrada no Processo: *As lembranças de ofensas mútuas* (Passado)
- De onde veio: *Terapia de casal* (Futuro)
- Para onde vai: *Vida rotineira conjunta* (Presente)

A tentativa de apagar as lembranças, considerando-as sob outro enfoque, permite à vida cotidiana não recorrer mais ao passado, tentando resolver as diferenças com as novas regras de conduta adotadas.
- Momento de entrada no Processo: *Vida rotineira conjunta* (Presente)
- De onde veio: *As lembranças de ofensas mútuas foram trocadas por novas regras de conduta adotadas* (Passado)
- Para onde vai: *Futuras experiências de convivência* (Futuro)

Uma nova tentativa de resolver as diferenças incluiu as novas pessoas que aparentemente nada tinham a ver com o casal (Futuro). *O Ciclo do Futuro trouxe novas regras, que conseguiram substituir as antigas lembranças* (Passado). *Essa mudança começou a mudar a convivência diária. O Processo começou a andar.*

Nos capítulos seguintes, na descrição dos Processos Funcional, Mental e de Motivação desenvolveremos os aspectos abordados aqui:

- *Objetivo do Processo;*
- *Nome, tempo e funcionamento de cada um dos três Ciclos;*
- *Especificidade do Campo Criativo, Mutável, e do Campo Estrutural, Estável, de cada um dos três Ciclos;*
- *Protótipo e Produto de cada Ciclo;*
- *Ligação entre os Ciclos;*
- *Produto Final do Processo;*
- *Retorno do Processo.*

Respostas do exercício da pág. 39

Ciclo da Ordem – PAS

Juiz – é o guardião das leis
Escritor – criador de idéias
Diretor de escola – gerencia todo o processo educacional da escola
Gerente – cuida para que os padrões de excelência e planejamento estabelecidos sejam seguidos pelo processo inteiro
Engenheiro – faz projetos com linguagem específica
Compositor – capta melodias e traduz numa linguagem de notas musicais

Ciclo da Execução – PRE

Faxineiro – cuida da infra-estrutura, executando
Office-boy interno – trabalha em infra-estrutura, em espaço fechado
Pedreiro – executa um trabalho repetitivo, conforme projeto definido em um local circunscrito
Artista plástico – executa com suas mãos (quando está vendendo, está no Futuro, e quando está projetando a sua obra, está no Passado)
Mecânico – trabalha basicamente com as mãos e com material concreto

Ciclo da Liberdade – FUT

Vendedor – trabalha com Produto Final
Mestre de cerimônia – trabalha com público
Gari – trabalha em espaço aberto, sujeito às alterações de situação na rua
Guia turístico – trabalha com público e em espaço aberto
Office boy externo – trabalha em espaço aberto
Piloto de corrida – Trabalha em espaço aberto e em competição (quando só está treinando, está no Ciclo da Execução)

O PROCESSO MENTAL

4

O que o Processo Mental tem a ver com inteligência?

Quem faz o Processo Mental da organização? O dono?

Pode haver Processo Mental com "cabeça vazia"?

Como ter insight, intuição?

Sou ótimo para dar informações. Por que as pessoas não fazem o que eu digo?

CONTEÚDO SUCINTO DO CAPÍTULO

- Objetivo do Processo Mental
- Protótipo e Produto de cada Ciclo
- Funcionamento em cada um dos três Ciclos:
  Campo Criativo Mutável
  Campo Produtivo Estável
- Movimento do Processo Mental
- Produto Final do Processo Mental
- Retorno do Processo Mental
- Convivência entre os Ciclos
- O posicionamento dentro do movimento do Processo Mental

A partir do conhecimento do funcionamento do Processo Mental dentro do Sistema, são possíveis: a criatividade no desenvolvimento do Produto da organização, a capacidade para a comunicação interna e externa, bem como a otimização do potencial de cada funcionário na sua capacidade de verbalização.

Ao se mencionar o Processo Mental, imediatamente nos vêm à lembrança idéias, pensamentos e a capacidade de expressá-los. De início, parece-nos impossível compreender o funcionamento da transformação e o desenvolvimento dos Pensamentos; e é mais difícil ainda compreender o que são o Produto Final e os Ciclos desse Processo.

Tentaremos desenvolver o estudo do Processo Mental utilizando os itens propostos no Capítulo anterior, onde tratamos de Processos de forma geral.

O OBJETIVO DO PROCESSO MENTAL

A finalidade máxima dos Processos é a materialização concreta da vontade do Sistema – fazer um Produto Final. Para chegar ao seu, o Processo Mental mantém seus três Ciclos em movimento contínuo e consegue ir transformando idéias inovadoras, muitas vezes "desconexas", até chegar ao seu Produto Final.

Vamos ver no decorrer do Capítulo qual é esse Produto Final, quais são essas idéias, qual é o caminho que elas percorrem e quais as transformações que ocorrem. Começaremos com o nome e significado dos Campos de cada Ciclo e, em seguida, trataremos do Protótipo e do Produto.

Campo Criativo – Pensamento Criativo e
Campo Estrutural – Mecanismo Cotidiano

Ao surgir uma nova idéia, é fundamental "vesti-la" com uma forma mental chamada Pensamento, um tipo de revestimento para as idéias existirem. Tanto o Campo Criativo quanto o Produtivo estão preenchidos por Pensamentos.

O Campo dos *Pensamentos Criativos* é aberto, capaz de criar algo novo e diferente, que possa mudar o meio ambiente; é onde estão os Pensamentos ligados

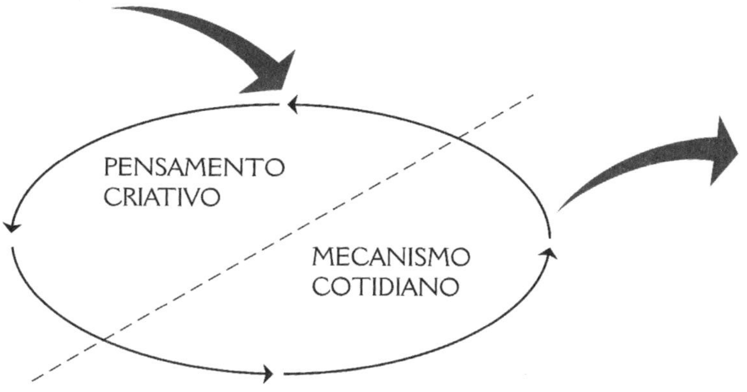

Fig. 6 - Os dois Campos do Ciclo do Processo Mental

à criatividade. O dos *Mecanismos Cotidianos* é o responsável pela estabilidade do Ciclo, da Realidade, do Sistema, e representa a ligação com aquilo que é seguro.

NO PROCESSO MENTAL:

Ao Campo Criativo, Mutável, chamamos de Pensamento Criativo e

Ao Campo Estrutural, Produtivo e Estável, chamamos de Mecanismo Cotidiano.

OS TRÊS CICLOS DO PROCESSO MENTAL

O Processo Mental expressa-se através dos Pensamentos e de sua verbalização; cada um dos seus três Ciclos expressa determinado tipo de Pensamento, com o seu jeito específico de criar, pensar, falar. O reconhecimento dessas características nos possibilita ter domínio de cada Ciclo e, posteriormente, do Processo inteiro.

O Ciclo da Ordem é representado pelo *Pensamento Abstrato* na parte Criativa, e pela *Moral* na parte Produtiva.

O Ciclo de Produção é representado pelo *Pensamento Concreto* na parte Criativa, e pela *Opinião Própria* na parte Produtiva.

O Ciclo da Liberdade é representado pelo *Pensamento de Fatos* na parte Criativa Mutável, e pelo *Discurso* na parte Produtiva.

Analisemos detalhadamente cada um dos Ciclos.

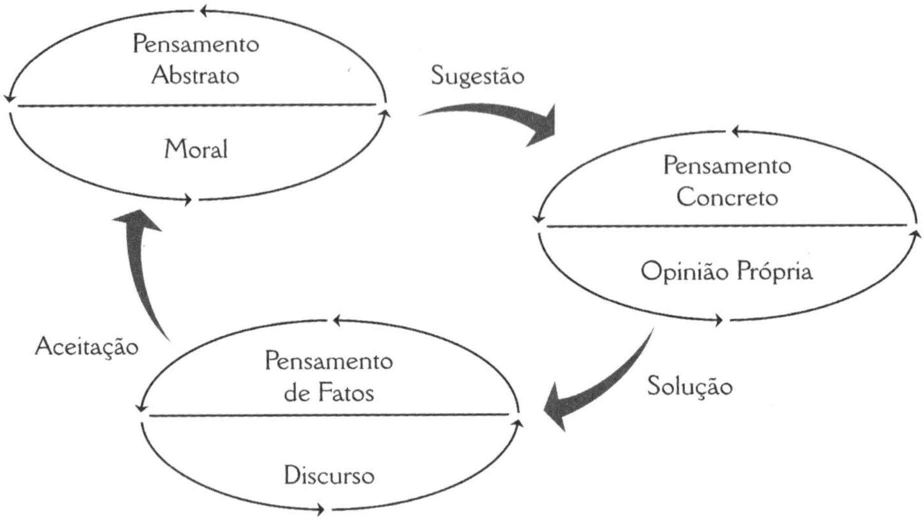

Fig. 7 - Três Ciclos do Processo Mental

Ciclo da Ordem

Campo Criativo *Pensamento Abstrato*
Campo Produtivo – *Moral*
Protótipo – *O Inédito*
Produto do Ciclo – *Alternativa*
Chave do Ciclo – *"O Quê"?*
"Link" para o próximo Ciclo – *Sugestão*

Pensamento Abstrato

O *Pensamento Abstrato* não está atrelado a nada. São idéias novas, inéditas, ainda ligadas a sonhos; vislumbres, palavras, sensações, tudo o que parece não valer nada e que ainda não tem Realidade.

Esse Pensamento ocorre como algo que não sabemos o que é, mas que nos interessa porque vem como informação totalmente nova e diferente; algo que ainda não pode ser aplicado de imediato, mas que vale muito porque é a base para a criatividade do Processo inteiro.

> Exemplo: *"Nesse último feriado, conheci um pessoal que conversava sobre algo muito interessante. Falavam de Sistema, de essência e de organização. Já estava 'dando um nó' na minha cabeça! Não sei explicar muito bem o que é, mas compreendi que lá tinha coisa! Não conseguia parar de ouvi-los."*

O *Pensamento Abstrato* é extremamente valioso, exatamente em função de não existir em nenhum lugar conhecido. A partir dele surgem possibilidades de mudança daquilo que existe; é a preparação das condições de renovação no seu meio ambiente. Ele projeta novas formas e, ao criar o Protótipo, descobre como implantá-lo e o impõe ao Ciclo seguinte.

As idéias abstratas sempre parecem maiores do que o próprio Sistema, pois não se encaixam em seu local. O Sistema maior interfere no Sistema menor, trazendo as novidades através de idéias que ainda necessitam de tradução e compreensão adequadas.

Usualmente, as idéias surgem para ser traduzidas inicialmente em pouquíssimas palavras, compreensíveis para as pessoas que sabem lidar com a abstração. As idéias, uma vez recebidas, estimulam a capacidade de transformação de Pensamentos em palavras, desde que exista linguagem apropriada para a codificação do conteúdo recebido.

Essa memória, que pode ser chamada de memória digital, consegue com poucos dígitos traduzir e introduzir a informação, transformando-a num Pensamento Criativo.

O *Pensamento Abstrato* traz facilidade para vários tipos de linguagem — facilidade de possuir muitas informações, capacidade para aprender línguas, facilidade de leitura, interpretação ou tradução das inúmeras informações que recebe, com vistas a uma linguagem certa para um público específico.

Esse Pensamento é extremamente difícil de ser compreendido. Requer do ouvinte abstração de tudo e muita bagagem para poder "traduzir" e entender o que a pessoa fala. Muitas vezes não conseguimos captar as relações de seu raciocínio; parece que as idéias não estão ligadas umas às outras. A pessoa começa a falar, e nós reagimos: *"Espere um pouquinho; do que você está falando?"*

Trata-se de um Pensamento bem rico, muitas vezes poético, musical ou "autodidata", que "se liga" a uma fonte. Toda criatividade passa por esse estágio, porém nem sempre com sucesso merecido.

O *Pensamento Abstrato* aparece em forma de intuição ou insight. Ambos surgem com poucas dicas, normalmente acompanhados de símbolos, os quais são decifrados pela memória digital de alfabetos. A idéia, ao ser traduzida, pode ser expressa pela fala; por exemplo, declamando-se a poesia recém-criada. Quando não encontramos essas palavras, a idéia é perdida para sempre. Muitas idéias se vão por dificuldade de expressão em alguma linguagem compreensível.

Atualmente, as organizações procuram muito pessoas que possam enriquecer o Processo Mental com pensamento original e extremamente inovador. Antigamente, não era assim. Basta lembrarmos de relatos sobre o sofrimento dos grandes inventores, escritores ou músicos, incompreendidos pelos poderosos e rejeitados pela sociedade!

Hoje em dia, o ser humano começa a descobrir o *Pensamento Abstrato* como seu grande tesouro, que permite o desenvolvimento da criatividade. Sem esse tipo de Pensamento, a inovação e a mudança radical são impossíveis.

Para o Sistema, o que vale é o que é verbalizado — o que for somente pensado não tem nenhum valor. As organizações, portanto, no nosso caso, correm atrás das pessoas que conseguem expressar o *Pensamento Abstrato*.

O Protótipo do Campo Criativo é uma idéia inédita, transformada numa linguagem que lhe é familiar, passível de verbalização interna ou externa; é o *Inédito* verbalizado. A idéia inédita é algo novo para a pessoa específica; pode não ser para quem esteja ao seu lado. A idéia inédita vem de repente porque ouviu alguém falar, ou porque a própria pessoa falou algo que nunca havia falado.

> Exemplo: *"No mês passado, conheci um pessoal que falava de Alquimia em organização. Não entendi o que significava, mas a palavra Alquimia ficou na minha cabeça. A pergunta – O que é mesmo? ficou me martelando. Fui atrás – comecei a procurar tudo o que me foi possível sobre Alquimia. Busquei explicações sobre como isso se aplica hoje, falei bastante sobre Alquimia com várias pessoas, porque fiquei muito interessado."*

> Exemplo: *"Nem sei de onde veio nem como veio, mas consegui falar sobre coisas que já andavam pela minha cabeça, mas não tinham nexo."*

O Inédito é o Protótipo
do Pensamento Abstrato.

O *Inédito*, quando começa a ser verbalizado, interna ou externamente, reina no Ciclo e obriga o Campo Produtivo a trabalhar e a colocá-lo numa forma que o faça surgir como Produto.

Moral

O comportamento do ser humano é regido por princípios éticos e padrões comportamentais, conhecidos como *Moral*, que lhe dá sustentação, estabilidade, segurança e permissão de existir. A *Moral* lida com os conceitos – os valores predeterminados que estão no nosso "automático" e que não mudam, apesar das mudanças no meio ambiente. A sua atuação dificulta a aplicação do *Inédito* ao Sistema existente.

Às vezes nos vem uma idéia nada convencional, "maluca", revolucionária. E quando a *Moral* é muito forte, ela nos diz "Sonhar não pode. Imagine! É pecado" ou ainda "Ah! Essa idéia não estará contra os meus valores ou os valores da organização?"

Cada organização tem suas regras que definem o código de comportamento dos funcionários. Antigamente esses conceitos eram extremamente dualistas, ligados a proibições e exigências, que iam desde o jeito de se vestir até o que e como falar. Hoje as coisas estão mudando, porém com certo perigo de anarquia. Não é muito fácil conciliar o *Pensamento Abstrato* com uma *Moral* liberal.

Quando ambos funcionam plenamente, ocorrem idéias inéditas, originais e inovadoras, como informações novas que não podem ser aplicadas de imediato. As informações recebidas são traduzidas e transformadas numa linguagem expressa numa forma mental codificada.

> Exemplo: *Seu filho se abre com você e lhe diz que é homossexual. Ao receber essa notícia, imediatamente você busca informações sobre o assunto em sua memória ou em outras fontes, para traduzi-la em linguagem de sua compreensão, e usa a sua Moral. A princípio você não sabe o que a sua Moral vai dizer.*

Quando a *Moral* é forte, estabelece e dita as regras, não permite a expressão do *Pensamento Abstrato* nem se subordina a ele, o *Inédito* passa a fazer o que a *Moral* quer, tornando o Ciclo estéril.

> Exemplo: *Se no exemplo acima você dissesse: "Não serve como meu filho; é uma ofensa; rua!"*

> Exemplo: *Durante todo o período de repressão, em qualquer país, escolhe-se com cuidado as palavras, tanto na fala como na escrita, pois a Moral vigente mantém controle rígido sobre as idéias, definindo as que podem ou não podem ser expressas. A criatividade sistêmica desaparece.*

> Exemplo: *Reação da direção superior de um grande hospital público quando uma de suas unidades solicitou patrocínio para um trabalho com astrologia: "Trazer aqui um pessoal esotérico? Você está ficando maluco! Já pensou o que podem falar de nós? Vão rir na nossa cara!"*

A falta de liberdade interna numa organização é muitas vezes pior do que a falta de liberdade externa. A *Moral* extremamente opressora elimina qualquer possibilidade de o *Inédito* gerar um Produto interessante, permitindo somente idéias previsíveis, já definidas e conhecidas, impedindo com isso o nosso acesso ao *Inédito*. Portanto, qualquer organização que tenha conceitos muito rígidos não pode esperar, jamais, o aparecimento de idéias de inovação e de mudança.

Cabe ao Pensamento Criativo e ao *Inédito* verbalizado convencer a *Moral* sobre a sua necessidade para o Ciclo e para todo o Processo.

> Exemplo: *Um funcionário tenta convencer seu chefe relutante quanto a aceitar uma abordagem alternativa de trabalho que esse chefe considera "extravagante":*
> Funcionário: *"Mas, chefe, ultimamente temos conseguido pontos a favor em re-*

lação aos nossos concorrentes, justamente porque buscamos saídas diferentes. E o senhor mesmo diz que estamos sendo mais respeitados no Mercado"...
O chefe: *"Isso lá é verdade... mas a gente entra em cada uma!"...*

Por outro lado, quando a *Moral* é inexistente, a idéia proclama-se como uma salvadora da pátria, sem compreensão da repercussão do seu papel conceitual dentro do Sistema:

- Aparecem várias versões de *Moral* e não dá para entender o que ela quer.
- Idéias inéditas proliferam, mas não têm estrutura para se concretizar. Ficam sem filosofia, "sem eixo" para a sistematização do Pensamento.
- Há o perigo de as pessoas simplesmente mudarem ou adotarem uma antiga *Moral,* trazendo enorme retrocesso com formas arcaicas de religião, fascismo, etc.

Exemplo: *É o que está ocorrendo no momento atual, em que a* Moral *habitual e a dualidade entre o que é Bom e o que não é Bom não satisfazem mais a Realidade. Ninguém obedece às regras, não sabe o que é Certo nem Errado e surgem os questionamentos como: "O casamento é importante?" "O que é sexo certo?"*

Embora pareça contraditório, é importante ver a *Moral* não somente como algo opressor, mas como o mecanismo de expressão da ordem maior existente no Sistema. O nome desse Ciclo — Ciclo da Ordem — já fala disso. Sem essa ordem, o Sistema perde a sua independência no meio ambiente, ficando sem o instrumento de filtragem do que entra; e tudo fica permitido. A qualquer idéia maluca que venha, diz *"Ah! Que bom! Vamos fazer!"* e pode ser invadido por qualquer *Inédito,* inclusive por aqueles que podem ser extremamente prejudiciais à sua sobrevivência. Mesmo alertado por terceiros de que isso pode destruí-lo, a *Moral* permissiva diz — *"Tudo bem!... Não há problemas!"*

Exemplo: *O leitor pode imaginar um exército sem disciplina? Quem daria crédito a ele?*

Os conceitos de comportamento permitem colocar o *Pensamento Abstrato* Criativo dentro de um esquema que possa ser aplicado ao Ciclo seguinte, de Pensamento Concreto.

O *Inédito* começa a ser revestido por várias possibilidades e alternativas em relação a um mesmo assunto, sob dependência da qualidade da *Moral,* de refletir as necessidades do Sistema. *Moral* sempre é uma ordem maior do Sistema; portanto, quanto mais abrangente for a sua visão, maior número de alternativas ela será capaz de extrair do *Inédito.*

Em outras palavras, a *Moral* é um padrão, um modelo que expressa as necessidades de todo o Sistema. Quando ela é estática, o *Inédito* que vem produz sempre uma *Alternativa* única, que é imposta para ir adiante no Processo, com o risco de não servir para o local. Quando ela consegue enxergar e expressar todo o Sistema, não há unanimidade no Produto; aparecem sempre diversas alternativas a serem aplicadas de acordo com as necessidades dos locais, momentos e situações específicos do Sistema. Ocorre também "permissão" para as *Alternativas* serem aplicadas quando a própria *Moral* abre o Campo, porque não vê nelas ameaça para a sobrevivência do Sistema.

Exemplo: *"Como a nossa organização é grande, dependendo do sucesso de sua primeira palestra, vamos poder fazer várias coisas: convidá-lo para uma de nossas reuniões do Conselho; ou fazer uma série de palestras para a nossa equipe; ou designar um de nossos projetos para desenvolver com eles."*

A Alternativa
é o Produto do Ciclo da Ordem.

A *Alternativa,* dependendo da qualidade de abrangência da *Moral,* é verbalizada como uma das possibilidades, deixando bem claro que existem outras; no caso de insucesso, uma outra *Alternativa* pode ser aplicada.

Exemplo: *"Vamos convidá-la para uma palestra para um grupo pequeno e seleto – os executivos de nossa filial da cidade X que estão muito curiosos sobre esse Modelo Sistêmico para o estudo da organização."*

Quem nunca passou, devido à necessidade de escolha, por enorme sofrimento, sentimento de culpa e medo de tomar uma decisão errada, achando que muita coisa estaria em jogo? Todos, porém, podem errar. O importante é não persistir no erro e usar outra *Alternativa* existente no Ciclo. As dúvidas, os riscos e a necessidade de decisão para a escolha da melhor *Alternativa* são muitas vezes extremamente exagerados, pois sempre existe mais uma possibilidade; além disso, a experiência da realização dessa idéia é muito valiosa e não pode ser menosprezada.

Quanto mais os nossos conceitos forem sistêmicos, escapando da dualidade, mais facilidade teremos na aplicação do *Inédito.* É possível criar um código de regras baseado no Sistema[1] e a *Moral* atual chegar a abranger todos os fatores, tornar-se também sistêmica e, assim, estar aberta para a inclusão de novos dados, não se limitando aos já conhecidos e aceitos. O Sistema é capaz de absorver qualquer nova informação por ter mecanismos funcionais para elaborar uma resposta de adaptação.

A *Moral* também transparece na nossa linguagem, mesmo quando nos consideramos muito livres e nada moralistas. Temos o vício de linguagem de

1. No Capítulo sobre Posicionamento do homem dentro do Sistema, incluímos os Cinco Princípios para facilitar a convivência sistêmica.

usar termos como *"tem que", "é preciso", "é meu dever", "é uma obrigação", "é necessário"*. Essas expressões indicam o óbvio, afastando para longe o Pensamento Criativo, gerando o inédito com uma só *Alternativa*; além de serem opressivas para quem as ouve, obrigam aquele que fala a estar certo, com uma *Alternativa* única, e o interlocutor tem a impressão de ser mandado. Essas expressões rejeitam *Alternativas* de idéias novas.

O *insight* ocorre quando não há nenhum tipo de obrigação quanto a desenvolver qualquer coisa. É muito difícil programarmos a sua vinda. Quando dizemos *"Preciso ter um insight para esta situação"*, falamos o óbvio e, quando isso acontece, com certeza nos fechamos às *Alternativas*.

Eliminar essas palavras da nossa fala, procurando não impor nada, traz alívio e permite a liberdade necessária para esse aspecto do Pensamento sonhar, elaborar novas *Alternativas* e ter novas idéias. Contrapor a essas expressões a pergunta *"Quais são as alternativas?"* torna-se um estímulo para a busca de *Alternativas* e idéias criativas.

> Exemplo: *"Temos que eliminar o desemprego."* É óbvio; mas *Quais são as alternativas?*

Deixar escapar qualquer *"Tem que..."* serve de lembrete de que o Produto do Ciclo não foi respeitado, pois compreende uma só *Alternativa*.

O Ciclo da Ordem, aberto com a criação do leque de *Alternativas* de novas idéias, é concluído quando conseguimos escolher uma delas, que se torna uma *Sugestão* com a melhor possibilidade de aplicação prática, tanto por razões técnicas e morais como pelos recursos disponíveis.

> Exemplo: *"Então, fica aqui a sugestão de começarmos o contato mais próximo com esse Modelo Sistêmico de organização com a palestra para os executivos da filial X, tanto porque eles mostraram maior interesse, como porque estão exatamente envolvidos num momento de revisão de seus trabalhos, além de ser um grupo aberto para experimentar o novo e também um grupo bastante crítico."*

A maior ajuda que pode ser oferecida a um ser humano são as idéias *Alternativas* aplicáveis a um lugar específico. Porém, ninguém pode escolher essa *Alternativa* pela outra pessoa, porque, nesse caso, a idéia aparece novamente como uma ordem moral imposta, e o Processo pára.

Convém enfatizar que uma *Sugestão* não é a solução, pois não dá detalhes; portanto, nunca pode ser única.

Só uma das *Alternativas* mentalmente elaboradas será utilizada. O Produto desse Ciclo é a *Sugestão* da *Alternativa* escolhida, a qual será levada ao Ciclo seguinte, o da Execução, como matéria-prima para ser trabalhada e detalhada.

A utilidade da *Sugestão* está em aparecer como uma grande contribuição inovadora ou conciliadora, porém nunca imposta.

As *Sugestões* são muito importantes para todo o Processo Mental, por ser do Ciclo da Ordem. As verdadeiras inovações têm sua origem nele, bem como as opressões mentais e comportamentais. Saber lidar com esse Ciclo permite abastecimento da organização com o verdadeiro tesouro criativo.

Ciclo da Execução

Campo Criativo – *Pensamento Concreto*
Campo Produtivo – *Opinião Própria*
Protótipo – *Meta*
Produto do Ciclo – *Estratégia*
Chave do Ciclo – *"Como?"*
"Link" para o próximo Ciclo – *Solução*

Pensamento Concreto

O *Pensamento Concreto* tem como característica principal a geração e o desenvolvimento da capacidade de síntese de todos os fatores existentes num mesmo local, o que inclui a capacidade de observação, a rapidez de raciocínio, a fixação e a interligação de detalhes.

A sua principal força está na capacidade de percepção da Realidade Objetiva. Ele se inicia com a percepção da existência de um local com limites bem definidos e mentalmente aceitos. Qualquer fator existente nesse local é reunido pela força de síntese num holograma[2] da Realidade ou espelho daquilo que existe no local.

Ao surgir uma idéia nova vinda do Ciclo anterior, o Ciclo da Ordem, há a necessidade de fixação dessa idéia dentro do holograma do local, através da sua percepção. É a fixação da qual falamos no Capítulo 2, para o reconhecimento da Realidade existente.

A capacidade de síntese trabalha a Alternativa escolhida e recebida pelo *Pensamento Concreto,* transformando-a em idéia bem definida e perfeitamente aplicável a determinado local físico. Exige-se para tanto a percepção objetiva do local. Qualquer detalhe tem o seu lugar dentro do holograma existente. Estamos nos referindo à síntese de todos os detalhes, numa única visão onde contenha tudo.

O holograma da Realidade ajuda a agrupar todos os aspectos numa só figura, e permite sua observação através da iluminação ou nossa capacidade de

2. A palavra HOLOGRAMA é de origem grega. HOLO = todo; GRAMA = mensagem, informação. Modernamente, seu significado refere-se mais especificamente à fotografia em três dimensões, que contém toda a informação em cada porção da sua superfície... Qualquer fragmento do holograma reproduz o todo porque cada parte recebeu e registrou luz proveniente de todo o objeto... (http://www.if.ufrj.br/teaching/otica/holograf.html).

visão. É muito importante frisar a necessidade da atenção permanente para não perder nenhum aspecto nem movimento existente no local.

A aplicação dos três fatores de reconhecimento da Realidade Objetiva – atividades, motivação e razão de existir do lugar – ajuda muito nessa empreitada. Ao se conhecer o holograma, a observação se torna concisa e otimizada, perdendo a necessidade de tanta atenção para a fixação dos detalhes.

Como o holograma é tridimensional, torna-se viável a visão do funcionamento do local como um todo, com as falhas e acertos.

Quem tem domínio do *Pensamento Concreto* não se perde em nenhum lugar. A sua capacidade de percepção dos fatores existentes no local exerce influência sobre o domínio da Realidade. O que é muito importante é saber que nesse tipo de Pensamento ninguém observa por observar. A partir do momento da formação do holograma, acontece uma necessidade, um impulso enorme de fazer algo nesse local, tornando-se impossível não criar Objetivo e *Meta* pessoais a serem ali realizados.

Trata-se do nascimento de uma nova razão de existir do local.

O Protótipo
do Pensamento Concreto
é um Objetivo ou uma Meta.

Enquanto no início do *Pensamento Concreto* há a visão holográfica, quando se forma o seu Protótipo, o mesmo pode ser verbalizado.

Como a visão é rica, detalhada e reflete não só a percepção da Realidade, mas o seu funcionamento, quando começa a falar sobre a *Meta*, a linguagem da pessoa torna-se muito precisa e criativa, com a capacidade de convencer os demais – inclusive a si próprio – com argumentos concretos, sobre a necessidade dessa idéia para o local. Porque a figura do observador é importante, também surge em conseqüência a finalidade de ele estar ali.

É importante notar que o *Pensamento Concreto* está sempre cheio de detalhes pertencentes a determinado local ou fato, com verbalização muito objetiva e rica em observações. Quando dominamos esse Pensamento, sempre tentamos mudar a Realidade em função das *Metas* definidas.

> Exemplo: *Um cliente entra numa loja e compra um objeto. Quando vai ao caixa, percebe que há uma diferença, embora pequena, a favor da loja; chama o balconista e lhe comunica o engano. O balconista tenta argumentar autoritariamente que o preço está correto, que não há dúvidas. O cliente não se abala e o leva à vitrine, onde a mercadoria está exposta com outro preço. O balconista cai na real, pede mil desculpas e toma as providências para alterar a nota.*

Opinião Própria

O *Pensamento Concreto* é moldado a partir da *Meta* estabelecida. A aplicação prática é viável quando é formulada uma *Opinião Própria* sobre a necessidade da mudança pretendida no local. Para isso é usada a lógica própria do observador ou dono da *Meta,* a partir da estruturação e produção de uma Realidade ainda inexistente, como se esta fosse imprescindível ao local.

Novamente aparecem inúmeros detalhes que justificam a *Opinião.* Os fatos desejados são apresentados como reais e tudo se transforma num jogo de convencimento do outro sobre aquilo que a *Meta* pessoal necessita. Estamos falando de análise — da busca de detalhes daquilo que queremos como nosso objetivo. Nunca fazemos análise daquilo que é — procuramos a percepção daquilo que é. Fazemos análise quando queremos introduzir algo na Realidade que existe. Buscamos todos os detalhes necessários para que aquilo que está sendo introduzido não "mate" o local.

Exemplo: *Quando ouvimos um vendedor, esquecemos que ele tem uma* Meta *pessoal que é a venda. Para vender o produto, ele começa a elogiá-lo, sem "empurrar" a venda, numa conversa cheia de detalhes sobre o produto, nos seduzindo e convencendo sobre as suas qualidades.*

Quem é perito e conhece a Realidade existente a ponto de convencer sobre uma Realidade projetada consegue grandes resultados materiais na vida.

O Produto do Ciclo é a *Estratégia de Ação* a ser aceita como *Solução* para a Realidade Objetiva modificada.

Quando a *Opinião Própria* aceita a *Meta* que foi definida, utilizando como base o holograma da Realidade Objetiva existente, inicia-se o trabalho de sua modificação; o que permite o aparecimento de um novo holograma que será a solução para o próximo Ciclo.

O novo holograma — o *Holograma Estratégico de Ação* ou simplesmente *Estratégia* — traz dentro de si configurações e ligações tais, que satisfazem a *Meta* desejada.

A Estratégia
é o Produto do Ciclo da Execução

Muitas vezes, a existência do *Holograma Estratégico de Ação* é confundido com o holograma da Realidade existente, e o Eu — o que quer — aparece muito mais do que os fatos da Realidade. Eles são como dois penhascos entre os quais a *Estratégia* serve de ponte. Se ambos não estiverem muito claros, não haverá como "amarrar" a *Estratégia.*

A capacidade de análise permite o detalhamento máximo do *Holograma Estratégico,* encontrando sempre novos detalhes e possibilidades para maior aperfeiçoamento, a fim de que dessa maneira seja aceito como a única *Solução* possível de mudança e sobrevivência.

A análise desenvolve muito a *Opinião Própria.* A validade da análise se deve ao profundo conhecimento do holograma da Realidade e da *Meta* que surge para atuação no local. Chamamos a isso de "amarrar o rabo do capeta". A *Meta* começa a assumir a forma mais adequada ao local e com isso se torna bem conhecida e familiar. Capeta é a *Meta*; portanto, está no segundo holograma – o desejado. Capeta porque a *Meta* é fugaz; ela vem e se vai embora muito rápido; ela nos escapa se não for rapidamente adequada e vinculada ao holograma, encontrando o local de aplicação. Para isso a *Meta* usa a lógica da *Opinião Própria,* "diabolicamente" convincente e sedutora, que dá crédito para sua realização. O Pensamento é brilhante, criativo e mágico, explicando o porquê das coisas.

É como iniciar um namoro. Você vê alguém, interessa-se, cria a *Meta,* as ligações e através da lógica começa a criar a *Estratégia* de conquista.

Conseguimos convencer outras pessoas sobre a realização de nossas idéias quando nos valemos de uma conversa criativa, baseada na descrição do local já modificado, inclusive nos mínimos detalhes, conforme a nossa *Opinião* e *Estratégia* de ação.

> Exemplo: *"Gosto de ouvi-la quando quero fazer alguma reforma na minha casa. Ela vai descrevendo de tal maneira como poderia ficar, a partir do que é, que parece que me leva para dentro de um filme que ela está assistindo antecipadamente, e que gira em torno das atividades acontecendo em cada espaço da casa já reformada."*

O Ciclo da Execução do Processo Mental se revela como uma enorme facilidade nas discussões em geral, quando a nossa *Opinião* e *Estratégia* prevalecem. Podemos dizer que o sucesso depende muito da capacidade para a observação e percepção da Realidade e daquilo que se quer realizar nela.

Quando se faz o diagnóstico de uma organização utilizando o Modelo Sistêmico que este livro propõe, o Modelo funciona como holograma da Realidade Objetiva da organização. Tanto que, ao localizar no Modelo um problema da organização, a solução vem imediatamente, inclusive com a redistribuição das forças atuantes.

É possível perder o contato com a Realidade. Isto é, o Ciclo ser tomado pelo irreal quando o pronome "eu" começa a entrar com mais freqüência na fala, não somente como um detalhe da percepção da Realidade.

A *Opinião Própria* não corresponde à Realidade, porque o Campo Criativo é mais forte que o Produtivo e vê uma Alternativa para a qual não consegue estabelecer o "*como*".

> Exemplo: *Discursos de políticos – brilhantes, sedutores, que as pessoas ficam ouvindo extasiadas – mas não estão "amarrados" numa estratégia que diga "como". Estão cheios de observações, porém sem soluções.*

Quando a conquista do local começa a ser feita sem a percepção da Realidade Objetiva, o *Holograma Estratégico,* neste caso, só existe como reflexo de sua *Opinião,* sem *Meta* de ação dentro da Realidade. E a futura ação é substituída pela expectativa.

A expectativa sempre é baseada naquilo que vai acontecer num local desconhecido. Portanto, o *Holograma Estratégico* é desenvolvido sem o reconhecimento da Realidade Objetiva do local.

A expectativa é rígida, premedita o futuro, criando um mundo imaginário que a pessoa quer que exista, "sem consistência". Isso elimina a agilidade da observação mental do *Pensamento Concreto,* deixando-o de olhos vendados, sem perceber o que, de fato, está acontecendo. Em vez do discurso brilhante, com o porquê das coisas, a fala se liga à expressão dos desejos, vontades, opiniões, e surge uma expressão típica, que é o *"eu acho",* aliás, muito freqüente na nossa linguagem, substituindo a determinação de Objetivos e *Metas.*

Exemplo:

"Estou muito desapontado com meus colegas porque eles foram embora e me deixaram com todo este trabalho, que precisa estar pronto para amanhã. Eu até acho que eles estão querendo me sacanear."

"Você pediu para eles ficarem para ajudá-lo?"

"Não."

"Eles sabiam que o trabalho era para amanhã?"

"Não."

O *"eu acho"* indica, geralmente, falta de detalhes do local, para convencer alguém sobre a idéia. Essa expressão denota *Opinião Pessoal,* que não corresponde à Realidade. É um sintoma de muitos Pensamentos daninhos e de total falta de atenção aos detalhes existentes. A fala se torna desinteressante e monótona, um discurso sem improvisação, sem nada a ver com o dinamismo do que estiver acontecendo. A substituição do *"eu acho"* pela descrição do que está acontecendo e do seu *Objetivo* nesse local faz surgir uma *Opinião* forte, passível de ser respeitada e ouvida por todos.

Fértil e Mutável, o Campo Criativo aceita quaisquer tipos de modificações, quando há a percepção da Realidade Objetiva. Nesse caso, não cabe nenhum tipo de premeditação, de expectativa nem de devaneio, pois a consciência sobre o local sempre estará presente.

Como já foi dito, a percepção da Realidade Objetiva cria imediatamente uma *Meta* de ação que chega a propor as mudanças para a Realidade existente. O Produto do Ciclo aparece como uma *Solução,* única, com os mínimos detalhes. O *Holograma Estratégico* mostra claramente *"Como"* efetuar as modificações propostas. A clareza da *Solução* é a base para a realização das *Metas* e Objetivos.

É importante reafirmar que os Pensamentos do Ciclo da Execução são muito ricos em detalhes convincentes, sempre muito claros. A *Meta* ajuda muito nisso. É impossível esconder algo nesse Ciclo; qualquer mentira ou falta de objetividade são claros e aparecem na expressão verbal. O mesmo vale para a *Estratégia* proposta de ação, como uma *Solução*. O "*Como*" se torna tão óbvio e certo que a dificuldade de realização desaparece e a ação se inicia com certeza e obstinação.

Ciclo da Liberdade

O Ciclo da Liberdade, e do tempo do Futuro, também é composto por dois Campos: chamamos ao primeiro de *Pensamento de Fatos* e ao segundo de *Discurso.*

São outros elementos do Ciclo:

Protótipo – *Informação*
Produto do Ciclo – *Divulgação*
Chave do Ciclo – "*Aceite*"
"Link" para o próximo Ciclo – *Aceitação*

Solicitamos atenção redobrada do leitor neste Ciclo, porque aqui surge um aspecto que o torna diferente dos dois anteriores. Neste Ciclo temos dois Produtos em momentos diferentes: o Protótipo, que é o Produto Final do Processo, e o Produto do Ciclo, que é o Retorno do Processo.

O Pensamento de Fatos

O Ciclo da Liberdade é compartilhado; nada acontece por imposição nem apenas por vontade pessoal, mesmo que ela seja forte. A sua criatividade está na capacidade de convencimento daqueles com quem convive, por meio do diálogo.

Um mecanismo importante para a transformação daquilo que é pessoal, vindo do Ciclo da Execução, em algo interessante para as outras pessoas, é a memória de fatos – de acontecimentos reais de diversas fontes, que possam ser utilizados como formas para a linguagem. Como esses são fatos notórios e conhecidos, existe a possibilidade de compreensão comum pelas pessoas. Ao receber uma Solução através do Holograma Estratégico, o Ciclo da Liberdade começa o trabalho de seu revestimento com uma linguagem comparativa; ou seja: aquilo que é proposto se junta a um fato real numa história comum.

Transformar uma Estratégia sempre clara e objetiva numa história que aparentemente não tem nada que ver com a Meta desejada é uma arte. Quem conta a história sabe o que quer, mas quem escuta não desconfia para onde está sendo levado. A história tem um alvo bem certo e definido: impor o seu objetivo pessoal para as pessoas.

No trabalho do Ciclo do Futuro a liberdade para o improviso é fundamental. Nada do que acontece no *Pensamento de Fatos* pode ser definido com toda a rigidez pelo Ciclo anterior. Contudo, o *Pensamento de Fatos* é incapaz de formular uma história enquanto a Estratégia a ser alcançada e compartilhada, da competência do Ciclo anterior, não estiver muito clara. A criatividade do Ciclo do Futuro lida com fatos que já ocorreram, a Meta desejada constituindo o pano de fundo. O conjunto de fatos e a Meta farão parte da nova história.

A história é recheada de acontecimentos reais compreensíveis para qualquer pessoa. A *Informação*, como resultado do *Pensamento de Fatos*, aparece já finalizada e "batizada", isto é, constituída de fatos conhecidos com algum significado dentro da sociedade. Se não forem conhecidos, não existirão meios para a sua comparação com outros fatos.

A Informação é o Protótipo
do Pensamento de Fatos.

A criatividade do *Pensamento de Fatos* está na arte de expressar algo novo, interligando fatos que todos conhecem muito bem. O melhor exemplo dela é a capacidade de contar piadas e histórias. É a arte de lidar com *Informação*, que sempre ocorre nas conversas entre pessoas desconhecidas. É a convivência com a Realidade Objetiva, onde a lei é a liberdade, tanto em relação a si próprio quanto em relação aos outros. Não há regras e tudo depende do improviso e da adaptação, sem que haja medo de falar a coisa certa ou a errada.

Aqui, não se desenvolve nada como no Ciclo da Ordem, nem se detalha nada como no Ciclo da Execução. No Ciclo da Liberdade não existem interesses em comum exceto a convivência "com gente desconhecida" dentro da sociedade. Essa criatividade exige espontaneidade, versatilidade, arte de voltar ao passado e de lidar muito bem com a sua própria história, a qual é usada como um grande arquivo de exemplos.

> Exemplo: *Dois pedestres vêm caminhando em sentido contrário e têm a sua atenção atraída para um contorcionista que faz uma demonstração, e eles param um ao lado do outro para observar.*
> *"Isso lembra minha infância."*
> *"Você já tinha visto algo assim?"*
> *"Freqüentei uma escola de arte circense."*
> *"É? Como foi isso?"*
> *"Sou do interior e gostava muito de ir ao circo. Quase me juntei a um deles."*

Porque estamos no Ciclo da Liberdade, não sabemos exatamente com quem estamos convivendo; a princípio são pessoas leigas nos assuntos de nossa especialidade. Transformamos o conteúdo da *Informação* em uma fala com poucas palavras, para que pessoas leigas possam entender. Chamamos a isso de "falar em no máximo cinco palavras", não querendo dizer que se use exatamente esse número, porém chamando a atenção para que a sua composição não seja extensa – que contenha poucas palavras e ao mesmo tempo seja capaz de expressar bem as idéias e causar interesse nas pessoas – para que posteriormente haja oportunidade para a sua continuidade.

A *Informação,* quando dada com poucas palavras, causa impacto tão violento que as pessoas entendem textualmente o assunto; isto é, acreditam naquilo que foi falado. Quando discutida, é usada para informar, comunicar e despertar o interesse das pessoas envolvidas nessa discussão. Essa *Informação* é o conteúdo do Produto Final de todo o *Processo Mental.* Porém, estamos ainda no Campo Criativo do Ciclo da Liberdade.

A razão de existência de um local é definida pelo Produto Final do Processo Mental. Quanto mais clara a informação sobre a organização, mais forte a sua fixação dentro da Realidade Objetiva interna e externa. Quanto mais fácil expressar e compreender essa razão, maior quantidade de pessoas poderão aderir a ela.

Daremos continuidade à descrição do funcionamento do Ciclo. Posteriormente, neste mesmo Capítulo, voltaremos a discorrer sobre o Produto Final.

O Discurso

O *Pensamento de Fatos* (a parte Criativa do Ciclo) faz os preparativos para o *Discurso* (parte Produtiva do Ciclo). O *Discurso* está ligado à *Informação* (Protótipo) recebida. Como não sabemos como vamos encontrar o nosso interlocutor – se ele está ou não preparado para nos receber – a regra é entrar em sintonia com ele e deixar sempre que ele tenha a primeira palavra. Se a pessoa falar de curso, falamos de curso. Se ela falar de pobreza, falamos de pobreza. O *Discurso* corre solto e livre, porém com um único objetivo: lapidar ao máximo a *Informação* para poder passá-la a outras pessoas e ter o seu objetivo alcançado.

O importante é não ser cansativo e apresentar em "5 palavras", aquilo que queremos. A *Informação* é curta, sem detalhes, sem exibir grandes conhecimentos, e expressa em linguagem que qualquer um entenda. De outra forma, esvazia-se qualquer conversa, mesmo com grande conteúdo; o *Discurso* não é ouvido, não é comentado e perde a possibilidade de materialização.

Lembremos novamente que este é o Ciclo da Liberdade, sem premeditação nem imposição. Quando tentamos decorar o *Discurso,* mantemos a nossa cabeça cheia e ficamos muito tensos; as palavras certas não vêm na hora e a desconfiança em relação à nossa capacidade torna-se total. Ao começar com aquilo que nos vem à cabeça e ao continuar com a interação com o público, com certeza lembraremos do conteúdo do discurso e não correremos o risco de rejeição. Nem divagaremos com o Pensamento Abstrato, nem entraremos em detalhes com o Pensamento Concreto, pois ambos têm um grande risco de levar um desconhecido ao tédio e à incompreensão.

É importante que a linguagem seja acessível e simples, sem preocupação com a expressão perfeita do conteúdo e que o próprio fato de conversar com os outros não tenha nenhum propósito especial.

O trabalho do Processo Mental no Ciclo do Futuro sempre aparece como a arte da comunicação. A pessoa que consegue se comunicar passa a informação desejada. Quando, além disso, ainda consegue prender a atenção, ganha um interlocutor, o que é muito importante para o enriquecimento do conteúdo da *Informação* e o desenvolvimento da conversa.

Quando o *Pensamento de Fatos* e o *Discurso* funcionam plenamente, eles recebem informações e as transformam em história compartilhada e passível de ser divulgada.

Exemplo: *Alguns professores são cativantes porque conseguem despertar curiosidade, usar tanto o lado prático de toda a sua experiência pessoal como usar o lado teórico acadêmico, conseguindo fazer a junção dos dois lados ao utilizar palavras de fácil compreensão, que todos conseguem repetir em suas conversas.*

Quando o *Discurso* estabelece e dita as regras e não se subordina ao objetivo da conversa, a Estratégia é esquecida e perde a sua razão de existir.

Exemplo: *Discurso de políticos que querem impor uma alternativa não experimentada e quer que acreditemos que isso vai dar certo, sem explicar nada fundamentado.*

Quando o *Discurso* não corresponde ao *Pensamento de Fatos*, o Campo Criativo é mais forte que o Produtivo, e o Ciclo torna-se anárquico. A *Informação* não é discutida com as pessoas, portanto dispensa o uso do Mercado. Começa a explicar o Produto Final com termos técnicos, não tem experiência para fazer a história e o interlocutor não entende nada.

Exemplo: *Muitas vezes, encontramos pessoas, inclusive professores considerados muito bons, que têm enorme domínio da informação, verbalizando-a muito bem e narrando pormenores bem urdidos numa história, sem se perder. Elas cativam as pessoas justamente pela capacidade de criar essas histórias. Têm uma conversa brilhante, cheia de exemplos de experiências pessoais; todos querem ouvi-las mais, como que num encantamento. Porém, poucos seguem a sua informação.*

O que aconteceu? Houve um monólogo, uma exposição por alguém que tem *Informação*. No Campo do *Discurso*, todas as pessoas são livres, sem obrigação de levar em conta o que o outro fala. Não havendo diálogos, discussões, não há como a *Informação* ser usada pelos ouvintes, por não se transformar em Produto do Ciclo que é o Retorno para si.

Atualmente, a pessoa conseguir falar, ser ouvida e compreendida pelos outros é uma das condições fundamentais para a garantia de seu sucesso profissional.

A *Informação*, discutida e aceita pelos participantes que convivem em sociedade, começa a ser repetida "boca a boca", ocorrendo a *Divulgação*, que é o Produto do Ciclo.

A Divulgação
é o Produto do Ciclo da Liberdade.

A *Divulgação* leva palavras, idéias totalmente novas como alimento/Retorno para o Ciclo seguinte, o *Pensamento Abstrato* do Ciclo da Ordem.

O Retorno leva consigo o "*Aceite*" do Mercado a esse Produto. Nesse caso não importa se essa *Aceitação*, que serve de "link" para o Ciclo da Ordem, é positiva ou negativa. Qualquer uma delas é importante.

O PRODUTO FINAL E O RETORNO DO PROCESSO MENTAL

Havíamos solicitado atenção redobrada do leitor no Ciclo da Liberdade porque, além do Protótipo e Produto do Ciclo, como nos demais, temos simultaneamente o Produto Final e o Retorno do Processo Mental.

A *Informação*, que é o Protótipo do Pensamento de Fatos, é o conteúdo do Produto Final do Processo Mental.

O Retorno desejado começa a surgir com o aparecimento dos debates e comentários das pessoas sobre esse Produto Final do Processo.

A atuação da *Informação* (Protótipo) no *Discurso* (Campo Produtivo do Ciclo) define o Retorno para o Processo Mental inteiro.

O *Discurso* e a troca de comentários sobre o assunto tratado se transformam num Retorno esperado para o Processo Mental como um todo, que normalmente aparece nas seguintes formas:

- Possibilidade de surgimento de novas idéias que alimentem o Pensamento Abstrato.
- Enriquecimento nos detalhes, necessários para a memória do Pensamento de Fatos.
- Aceitação ou rejeição do Produto Final.
- A venda do Produto Final.

Analisemos cada uma das formas de Retorno.

Alimento para o Pensamento Abstrato

O *Pensamento Abstrato* recebe idéias novas referentes ao Produto Final, em função de mais de uma pessoa participar da discussão sobre o seu conteúdo. Trata-se de um Retorno inestimável, onde cada comentário tem enorme valor.

Enriquecimento nos Detalhes

Nenhum Produto nasce totalmente pronto e acabado. A lapidação do conteúdo acontece nos giros, cada vez com maior e mais fácil aceitação por pessoas totalmente desconhecidas. Quanto mais pessoas conseguirem falar sobre o Produto Final, maior será a possibilidade de sua *Aceitação* dentro e fora do Sistema; afinal, as funções sistêmicas de Comunicação e Auto-regulação acontecem através do Verbo.

Na discussão sobre o Produto Final, as pessoas envolvidas dão a sua interpretação desse Protótipo, usando exemplos de sua organização ou de outras, que possam enriquecer a memória do *Pensamento de Fatos*. Quanto mais rica for essa memória, mais poderosa se tornará a história, com o acréscimo de inúmeros fatos para adorná-la.

Para a história, todos os detalhes são importantes; o que vale é a objetividade dos exemplos e informações citados, que constituem o único material que pode ser utilizado pelo *Pensamento de Fatos*.

Aceitação/Rejeição do Produto Final

O pior caso para o Produto Final é a da falta de comentários, porque isso significa a sua rejeição pelos participantes. As conseqüências são trágicas também para o Sistema, pois se a verbalização não aconteceu, o Produto "morreu". Para o Sistema, o Processo sem Produto é inútil e dispensável. É possível evitar isso, bastando para tanto envolver a todos na discussão e não esquecer as regras básicas do Ciclo da Liberdade.

O Retorno do Produto Final consiste em encontrar outros "pais" para a idéia e pessoas que comecem a compartilhar de sua vida e de seu desenvolvimento.

A Venda do Produto Final

No Processo Mental, vendemos a *Razão da Existência do Produto* e não o Produto concreto em si. O nosso objetivo é levar avante a *Informação*. Temos uma bagagem de conhecimentos sobre a idéia, que está lá, guardada na mente, e que pode ir sendo acessada.

As organizações de comunicação ou de propaganda lutam arduamente pelo seu lugar no Mercado através da criatividade de suas linguagens — faladas, visuais ou musicais. A sua repercussão é notada, quando mais pessoas sem nenhuma ligação entre si começam a repeti-las. O mesmo pode ser dito sobre os fatos e informações contidos nos noticiários; como dizem: "Falem mal, mas falem de mim."

REGRAS BÁSICAS DO CICLO DA LIBERDADE:

- *O Protótipo é expresso em poucas palavras e aceita discussão.*
- *Ninguém é mais ou menos importante: toda opinião é válida.*
- *O Discurso de apresentação do Protótipo é compartilhado e participativo.*
- *Quanto mais pessoas conseguirem opinar e discutir o seu conteúdo, maiores serão as chances de sobrevivência do Produto.*

LIGAÇÃO ENTRE OS CICLOS

Ao desenvolver a conversa criativa, a pessoa expressa o conteúdo nos três Ciclos do Processo, iniciando com a expressão do Produto Final. Ela espera o Retorno, porque, se falar muito, entedia o outro. Quando começamos a primeira informação com muitos detalhes, ninguém toma conhecimento dela. Avançamos quando no Retorno percebemos que o outro entendeu.

Depois, damos continuidade, enriquecendo com contexto, alternativas e conteúdo aberto (Ciclo da Ordem).

Voltamos novamente com detalhes do foco do assunto, com linguagem decisiva, objetiva e concreta (Ciclo da Execução).

Continuamos com o Ciclo da Liberdade, enriquecendo a nossa história e, finalmente, concluímos com um discurso mais elaborado e compreensível às pessoas.

Os três "Links" ou ligações entre os Ciclos estão presentes nesse movimento: *Sugestão – Solução – Aceitação.*

Normalmente, a nossa conversa cotidiana é "pesada", cheia de detalhes que ninguém entende; às vezes – pior ainda – não abrimos a boca, pois à medida que perdemos uma palavra das que premeditamos, já não sabemos o que falar e ficamos silenciosos.

O silêncio é um grande inimigo do Sistema. A Realidade Objetiva é incapaz de captar os Pensamentos; só capta a sua expressão falada ou escrita. Há muitas pessoas capazes, que não abrem a boca em presença de desconhecidos, por timidez, não conseguindo formular informações compreensíveis. Nesse caso, a conversa apenas interna não evidencia a sua presença dentro do Sistema; a pessoa que, além disso, não tem coragem nem para colocar as idéias por escrito fica com uma péssima imagem externa e começa a ser mal aproveitada.

A culpa por esse mau aproveitamento costuma ser atribuída à organização ou aos chefes, já que a pessoa que conhece a sua capacidade própria fica revoltada. O tímido faz tudo premeditado. É importante tirar a insegurança e começar a falar qualquer coisa, mesmo que seja pouco.

Muitas vezes, as pessoas buscam a perfeição, com medo de errar e parecer ridículas. Por "acharem" o seu discurso pouco interessante ou pouco brilhante inventam desculpas para não falar e não fazer.

Não é necessário nem conveniente mostrar todo o conhecimento que se tem, nem entrar desde o início em uma conversa séria. Muito ao contrário, é um grande erro. Começa-se com o simples e tradicional *"Como vai?", "Como estão as coisas?", "O que você veio fazer aqui?"*, que não precisam ser "inteligentes", mas apenas um gancho para puxar a conversa.

Portanto, uma condição básica para a viabilização da comunicação é a *liberdade de expressão*, tanto interna como externa. A liberdade externa depende das condições do local e é fácil de entender, mas a interna depende de libertar-se da repressão do discurso premeditado, considerado perfeito, mas que comete o crime de não mudar, apesar das alterações no meio ambiente. Entregar-se ao improviso gera a coragem de falar perante um público desconhecido e indiferente. Aprender a expressar um conteúdo sem pensar, mantendo a cabeça "vazia", elimina a conversa interna, refúgio dos tímidos.

A pior coisa é, por exemplo, dar uma aula amarrado a um resumo, ou ler uma apostila. O que vai ser falado dependerá sempre da troca com as pessoas, pois, sem troca, não há entendimento. Procuramos sempre escrever os *discursos*. Para comunicação, porém, isso é absolutamente desnecessário! Basta conhecer o conteúdo objetivo e contar, utilizando os três Ciclos e prestando atenção no comportamento da platéia.

O interlocutor nos entende mais e conseguimos também acessar a memória ao desenvolver a conversa, manter a atenção das pessoas, expressando o conteúdo nos três tipos de Pensamento.

As "coincidências" surgem e transmitem a reação do meio ambiente. Observá-las só é possível quando acontece a "integração no local", o que exclui as expectativas e desenvolve a capacidade de observação dos mínimos detalhes.

Quando o assunto é desconhecido, procure falar da parte que realmente entende. Quando entrar na parte abstrata, procure ver os referenciais claros que você tem. Se não os conhece, diga claramente que não sabe e desenvolva a parte que conhece.

Quando o poder de comunicação funciona, sempre surgem oportunidades imprevistas.

Os Pensamentos desaparecem; com isso, começa uma vida nova, baseada em fatos que antes não eram aceitos.

Esvaziando-se a cabeça, surge a visão dos futuros acontecimentos, que mostram novos caminhos a ser tomados. As visões ainda não são idéias, mas certezas de algo novo que vai acontecer. Ao trilhar o caminho pioneiro, a observação de coincidências é muito importante, pois elas transmitem a reação do meio ambiente. Essa reação é básica para a viabilização da nova direção tomada.

O desenvolvimento de idéias, Pensamentos e memórias mentais são conhecidos como inteligência ou intelecto. Dificilmente entendemos o movimento de transformação do Processo Mental. Porém a Realidade Objetiva contém dentro de si o Processo Mental completo, em movimento constante.

A organização realiza isso com o Processo Mental de seus funcionários, usando-o para conseguir sobreviver e desenvolver a sua razão de existir no Mercado.

O desenvolvimento mental dos funcionários, que interessa à organização, inclui primeiramente a capacidade de comunicação, de troca de informações e de expressão livre e espontânea de idéias. Nem todos os funcionários têm essa capacidade, porém isso pode ser desenvolvido. O domínio do movimento dos três Ciclos e de seu conteúdo faz a diferença entre as organizações.

A "obrigatoriedade" de ser criativo esbarra no total desconhecimento de como fazer isso. Muitas pessoas sofrem bastante devido à timidez, à dificuldade de expressar as suas idéias e ao medo de punição por cometer erros, que enfraquecem a sua posição profissional dentro do Sistema. O conhecimento sobre o funcionamento do Processo Mental pode ajudar enormemente, tanto a própria organização quanto os seus funcionários, no aperfeiçoamento da criatividade, na sua expressão verbalizada ou escrita, na realização de Metas e Objetivos, bem como na capacidade de comunicação interna e externa.

EXERCÍCIO – *Exercite sozinho ou em grupos.*
Use 20 minutos para preparar e apresentar.
Sintetize qualquer assunto. Por exemplo:

- *Uma informação sobre seu trabalho na sua organização;*
- *Uma manchete sobre a situação do país (imagine-se redator de jornais de grande circulação em seu Estado).*

Passos	**Exemplo**
1. Inicie com liberdade e espontaneidade pelo Ciclo da Liberdade, mostrando o Produto Final em poucas palavras, para não chocar nem cansar com um conteúdo muito denso, enigmático e pouco compreensível.	*"Você já viu usarem o mesmo esquema para estudar organização e família?"*
2. Dê continuidade com o Ciclo da Ordem, onde há a parte teórica, enriquecendo com o contexto, os padrões referenciais, as alternativas, hipóteses, conteúdo aberto.	*"É da Teoria da Abrangência! Isso é possível porque leva em conta parte essencial do estudo desses agrupamentos. Os sábios de antigamente já faziam isso...* *...Os cientistas muito "pra frente" também estão chegando às mesmas conclusões...* *...É um estudo sistêmico ...Puxa, fala-se tanto em Sistema!*
3. Passe ao Ciclo da Execução com os exemplos e aplicações. Demonstre detalhes voltados ao foco do assunto, com linguagem decisiva, objetiva e concreta.	*"O modelo tem sido usado em diagnóstico de organizações e também para seleção bem direcionada de pessoal técnico e administrativo."*
4. Volte para o Ciclo da Liberdade com resultados. Mostre alguns exemplos e preste atenção na reação das pessoas a esses exemplos.	*"Altos executivos de multinacionais e estatais que viram o modelo estão dizendo que isso é um 'achado'!"*

O PROCESSO DE MOTIVAÇÃO

5

Motivação, Emoções, Sentimentos, não são tudo a mesma coisa?

Quem faz o Processo de Motivação da organização? O líder? O executivo? O RH?

Eu me Motivo ou você me Motiva?

Por que fico doente quando desmotivado?

Ele vive brigando, como pode estar Motivado?

CONTEÚDO SUCINTO DO CAPÍTULO

- Objetivo do Processo de Motivação
- Funcionamento em cada um dos três Ciclos:
  Campo Criativo Mutável
  Campo Produtivo Estrutural Estável
- Detalhamento de cada Ciclo – Nome, Tempo, Funcionamento
- Protótipo e Produto de cada Ciclo
- Movimento do Processo
- Produto Final do Processo de Motivação
- Retorno do Processo de Motivação
- Convivência entre os Ciclos
- O posicionamento dentro do movimento do Processo de Motivação

O Processo de Motivação ainda é um ilustre desconhecido, embora a importância da Motivação seja atualmente indiscutível e interesse a todos compreender como funciona a nossa dedicação a algo. Hoje há, inclusive, concordância entre os vários estudiosos de que ela reforça a vitalidade e prolonga a vida; porém a abordagem do seu estudo ainda não corresponde a toda a sua complexidade.

Hoje em dia fala-se muito da Motivação, e com toda razão, porque começamos a ver a necessidade da junção das várias partes do Sistema, o que é possível a partir de um combustível que as esteja alimentando. Não dá para vivermos num Sistema que não esteja unido, e hoje já existe toda uma tecnologia que faz a união das diferentes partes mecanizadas de uma organização, mesmo quando transcontinentais, e diz: *"Juntamos tudo e já estamos em rede."*

É impossível, porém, haver rede humana sem combustível humano; e a Motivação é o nosso grande combustível que a tudo movimenta. Tudo o que já descrevemos sobre o funcionamento de Processos se aplica a este; e cada vez que conseguimos fazer esse tipo de movimento, conseguimos alimentar o Sistema.

O Processo de Motivação hoje é valorizado porque podemos importar tecnologia, instalar muitos equipamentos, porém não há como importar combustível humano para "unir" as pessoas, além de ser impossível conhecer a Realidade Objetiva sem o estudo ordenado da Motivação. O fato de estar motivado, ou seja, gostar de algo, amar, participar, tem enorme importância e é um dos três fatores que descrevemos no Capítulo 2 para a percepção da Realidade, quando reunidos num mesmo local.

A sua classificação e reconhecimento nos ajudam a ter uma nova percepção da Realidade, através de sua coloração.

OBJETIVO DO PROCESSO DE MOTIVAÇÃO

O principal objetivo do Processo de Motivação é manter a vitalidade do Sistema, unindo as emoções de todas as pessoas de um mesmo local da Realidade Sistêmica.

Isso se aplica a uma organização por ela ser uma Realidade Sistêmica. Estamos afirmando, portanto, que a vitalidade de uma organização depende do conjunto das emoções de cada um de seus funcionários, ligadas exclusivamente à organização.

Motivação é o conjunto das Emoções voltadas para uma única Realidade.

Antes de partirmos para o Ciclo desse Processo, vamos descrever como o reconhecimento de estar ou não motivado é fundamental para descobrir o nosso posicionamento dentro da Realidade.

Estou Motivado ou Desmotivado?

Quando queremos saber se estamos Motivados em relação a certa atividade, existem três respostas possíveis: podemos estar *Motivados, Desmotivados* sem sentir nada, ou *Motivados para Mudanças* por não concordar com o que está em andamento no local.

• Gosto	**Estou Motivado para manter** Motivação com Vida, Construtiva	Eu aprovo o que está ocorrendo no local.
• Não gosto	**Estou Motivado para mudar** Motivação com Vida, Destrutiva	Eu desaprovo; mas quero que a Realidade continue, com modificações.
• Não ligo	**Estou Desmotivado** Motivação sem Vida	Eu sou indiferente. É a pior das alternativas porque é a que mata a Realidade.

Quando estamos Motivados é porque aceitamos e aprovamos o local e a atividade ali desempenhada. Chamamos a essa Motivação de *Construtiva*. Quando ela aumenta, cresce juntamente a vitalidade da Realidade; e a nossa participação fica mais intensa e significativa.

Exemplo: *"Gosto de trabalhar aqui. Sinto algo muito bom, gosto do que faço aqui, venho para cá com vontade. Este lugar é convidativo; me atrai, parece me dizer "Fique"; e me ajuda a ter idéias que consigo realizar."*

Com Motivação, a mente sempre tem mais idéias novas ligadas ao local. Às vezes, uma pessoa é indispensável, não somente pela capacidade intelectual, mas pela vitalidade com que interfere no local, mesmo que tecnicamente possa não ser tão boa.

Normalmente, a *Motivação Construtiva* tenta manter o que já existe e não aceita nem crê na necessidade de mudanças. Quando não gostamos, também estamos Motivados, embora, nesse caso, para modificar aquilo que existe. Quando estamos com uma forte Motivação para mudar algo no local ou nas atividades, ela é de desaprovação, de não-aceitação, e a chamamos de *Destrutiva*. Ela sempre traz algum tipo de conflito; quer e consegue mudar a situação, usando a desarmonia e a discórdia entre as pessoas. É uma Motivação cheia de energia, embora leve a conseqüências bastante desagradáveis quando se precisa agüentar o peso da discórdia. Então, mesmo na *Emoção Destrutiva* — contanto que ela "toque" a pessoa de alguma forma — imediatamente ocorrem idéias sobre aquilo de que não se gostou nesse local. Se se conseguir expressar corretamente aquilo de que não se gosta e que se está fazendo, introduz-se a mudança. Quem está com a *Emoção Destrutiva* e quer realmente fazer mudanças consegue falar sobre aquilo de que não gosta e ter idéias de mudança.

> Exemplo: *Um funcionário indicado para um posto de serviço, num certo local, disse que não gostou (significando que algo poderá ser mudado).*
> *O chefe percebeu que o não gostar se devia à falta de compreensão da nova função a que a pessoa fora indicada. A mudança criada foi no discurso e não nas atividades. No seu discurso de chefe, começou a mostrar a Realidade para o funcionário porque, como acontece muitas vezes, ele não sabia muito bem onde estava, o que estava fazendo, o que estava acontecendo.*
> *Em outra ocasião, duas pessoas da matriz foram mandadas para filiais porque estavam insatisfeitas onde estavam; uma delas voltou diferente, satisfeita, depois de algum tempo; o outro não voltou mais porque ficou muito bem lá, e preferiu transferir-se definitivamente.*

Quando estamos Motivados temos idéias em relação ao local e temos ação dentro do local; mostramos tudo o que sabemos nesse local e vivemos plenamente o momento. Só quando existe alguma desaprovação é que há mudanças, porque, enquanto todos estão de acordo, continuam como estão.

Quando constatamos — "Não gosto", mas não damos atenção a essa constatação e não nos empenhamos em descobrir aquilo de que não gostamos, a *Motivação Destrutiva* se transforma, com o passar do tempo, em *"Sem Vida"*, em desinteresse. Quando não expressamos o que sentimos, a nossa atividade acaba sendo, em conseqüência, de destruição do local.

> Exemplo: *Todos nós conhecemos pessoalmente ou ouvimos falar de empregadas domésticas ou de outros funcionários da organização que não gostam da função ou não gostaram de alguma observação de seus patrões, nem conseguiram*

expressar verbalmente seu descontentamento. Eletrodomésticos são destruídos e outros equipamentos de trabalho se quebram sistematicamente nas mãos desses funcionários descontentes.

A Motivação inclui somente pessoas, ao contrário da ação que inclui aparelhos, máquinas. Portanto, ela existir dentro da Realidade depende exclusivamente de nós.

Quando alguém trabalha num local com o único objetivo de ganhar dinheiro, ou receber o salário, não está "ligado" a esse local. Ele está Desmotivado. Essa pessoa está fora dessa Realidade, mesmo que faça tudo para chegar cedo, faça o serviço bem-feito e pareça estar trabalhando bem.

A essa total indiferença ao local onde nos encontramos e em relação às atividades ali desenvolvidas chamamos *Motivação sem Vida*, por não participar da situação. Por não lhe trazer vitalidade ela é extremamente perigosa para a Realidade Objetiva.

Pelo mecanismo de compensação usado pelo Sistema, na auto-regulação interna para a sua sobrevivência, quando uma parte não funciona, a outra fica sobrecarregada. Quando uma pessoa é indiferente, não sente nada, a atitude é puramente energética e sobrecarrega o ambiente com essa *Motivação sem Vida*. E ainda mais: o próprio local começa a perder a vitalidade necessária, prejudicando e levando as outras pessoas da Realidade ao desgaste energético. Ao não dar nada e só tirar, o local de trabalho fica sem vida, "doente", gerando muito cansaço e tensão entre as pessoas que ali trabalham juntas.

Quando isso acontece, as pessoas prejudicadas, colegas que precisam gastar mais energia para compensar a indiferença da pessoa, ficam irritados, começam a reagir para que aquele profissional que está "sem vida" saia "de cima do muro", assuma uma atitude de Motivação e cumpra a sua parte; ou caia fora para não atrapalhar. É um movimento de defesa da Realidade para expulsar aquilo que está tirando a sua vitalidade. Dá-se o aparecimento da *Motivação Destrutiva*, com uma reação cuja intensidade nem imaginamos qual seja, querendo expulsar quem está agindo como vampiro, tirando vitalidade do local.

Portanto, se nos pegarmos com aquela sensação de *"Puxa, nem sei o que estou fazendo aqui. Que tédio!"*; ou ainda: *"Ah! Lá vem a segunda-feira... Em vez de ficar fazendo essas coisas aqui, eu poderia estar me divertindo, dançando, cantando"*, estamos perdendo tempo. É importante expressar o que estamos sentindo, porque se apenas nós sabemos aquilo que não gostamos, nada poderá ser modificado. E aquilo que não gostamos e que não expressamos acaba aparecendo na fala emotiva ou na não-fala[3]. Comecemos a nos mexer, a procurar alguma outra atividade com que nos sintamos bem no local; a realizar mudanças na vida em relação à atividade naquele lugar, antes que nos tornemos dispensáveis e a própria organização gere um conflito para nos mandar embora.

3. Ver Capítulo 12.

Exemplo: *Estamos dando uma aula, ou coordenando uma reunião, e alguém começa a cochilar. O fato de estar cochilando chama a atenção de várias pessoas que começam a se voltar com freqüência para ela, dispersando a atenção. Alguém o cutuca, outros dão um sorriso de desaprovação ou de complacência e sem falta começa a pairar no ar aquele conflito, certo desconforto pelo fato de o desinteresse começar a atuar sobre as outras pessoas.*

Exemplo: *O desinteresse (Motivação sem Vida) dos vários segmentos da sociedade, dos vários políticos e dos cidadãos em geral em relação aos pobres, os desempregados, por exemplo, pode trazer resultados inimagináveis de violência – saques, assaltos, invasões.*

Exemplo: *Isso acontece também nas famílias. Quando ocorre no casal, um deles não está "ligado", porque está inteiramente absorvido nas atividades profissionais e pessoais, ou porque tem uma segunda família com a qual está mais empolgado; assim, os filhos começam a brigar.*

A maior parte das "doenças" não ocorre em função da organização e sim da problemática familiar, onde a reação é muito mais violenta, porque há menos pessoas que na organização para compensar a falta de Motivação.

É um momento muito complexo, porém podemos dizer que, quando existe um conflito, sempre há pessoas indiferentes em relação àquilo que está acontecendo "no pedaço". Para haver bem-estar em qualquer lugar, há a necessidade de as pessoas presentes nesse espaço estarem envolvidas com a razão de existência desse local.

Conflito?
Quem está indiferente no "pedaço"?

Enquanto não estiver inteiro na Realidade, não terá Motivação correspondente. Quando estiver por inteiro, o seu agir aumenta a Motivação e encontra fonte de energia nunca antes imaginada.

Exemplo: *De repente, surge uma situação nova, totalmente inesperada, como um incêndio, quando um funcionário, que sempre foi motivo de troça entre colegas, por ser muito tímido e franzino, torna-se um herói, salvando várias pessoas.*

Cada atividade que estivermos desenvolvendo ativa determinado tipo de Motivação. Podemos sentir uma coisa e depois outra, mas não há como sentir coisas diferentes simultaneamente, sobre a mesma atividade. O que pode ocorrer é estarmos desenvolvendo mais de uma atividade simultaneamente e sentir Motivações diferentes em relação a cada uma delas.

Exemplo: *Estou no computador terminando uma proposta de trabalho urgente, e ao mesmo tempo atendendo ao telefonema de um cliente que faz questão de falar comigo e com ninguém mais; e um funcionário está na minha frente porque veio tirar dúvidas sobre um trabalho que solicitei.*

Cada um de nós tem a sua vida pessoal. Podemos estar muito bem em relação ao local de trabalho, e estar com um grande problema em nossa vida particular. Quando não conseguimos nos desligar dela, devolvendo-a ao seu lugar, carregamos essa vida pessoal nas costas. Chegando ao trabalho, continuamos "carregados", com mágoa, tristeza, sem condições de nos "ligar" ao trabalho. Mesmo que façamos tudo para não transparecer, queira ou não, ela aflora ao rosto, se manifesta no corpo, e todos perguntam o que está acontecendo.

- O 1º passo para lidar com a Motivação é detectá-la, classificando-a em três alternativas: minha Motivação é de *Indiferença* ou estou "ligado"? Isto é, estou presente ou não estou. Ao estar presente, gostei e estou bem, ou não gostei e estou com *Motivação Destrutiva*, com medo, ódio, raiva, tristeza.
- O 2º passo é captar essa Motivação no ato e não deixar que suba à cabeça. Após definir "o que estou sentindo", posso levá-lo ao intelecto para elaborar "o que fazer", a partir do local e de suas atividades. A solução poderá demorar para ser encontrada, mas não estará desvinculada da Realidade.
- O 3º passo é nunca absorver a Motivação somente por ela mesma, porque ela pode ser muito forte. Mantê-la sempre ligada à atividade e ao local, pois é esse o "pacote" que vai ser levado para a cabeça para elaborar o que fazer.

A nossa tendência é esquecer a ação e o local e ficar somente com a Motivação. A *Motivação Destrutiva* pode se tornar recorrente, e ficamos contra alguém, bastando acontecer algo absolutamente insignificante para desencadear uma reação desproporcional ao fato; trata-se de uma "tempestade em copo d'água".

Exemplo:
"Você dormiu bem hoje?"
"? # * @ # !!!?"
"Meu Deus, só perguntei se você dormiu bem hoje!"

Quando algo semelhante acontecer, faça um Stop e observe em que grau não está sendo objetivo, pare de se desgastar e veja:
"Espere aí, por que estou me sentindo assim por algo tão pequeno?"

Campo Criativo – Sentimento Criativo e
Campo Estrutural – Mecanismo Produtivo

Passemos ao estudo do movimento de transformação nos Ciclos do Processo de Motivação, com algumas palavras sobre a *Emoção*.

A emoção é uma reação afetiva àquilo que vem do meio ambiente. Quando direcionada para um foco – para o que estamos fazendo numa única Realidade, nós a chamamos de Motivação. As emoções de cada pessoa representam a sua vitalidade e são características instintivas a que chamamos de *Ser*. Complexas e não-palpáveis, é muito difícil conhecê-las e dominá-las, por serem expressão da própria pessoa. Podemos admitir que a emoção sempre se esconde de nós.

NO PROCESSO DE MOTIVAÇÃO:

Ao Campo Criativo, Mutável, chamamos de
Sentimento Criativo;

Ao Campo Produtivo, Estrutural,
Estável, chamamos de
Mecanismo Produtivo

O 1º Campo, o *Sentimento Criativo*, é aberto; aceita e recebe quaisquer tipos de emoções vindas do exterior do Ciclo, sendo capaz de sentir tudo aquilo que acontece no meio ambiente.

Podemos compará-la à Idéia do estudo anterior, do Processo Mental. Sabemos que as Idéias, para conviver num Ciclo e se transformar, conseqüentemente, num Processo, necessitam ser revestidas pelas formas mentais chamadas Pensamentos.

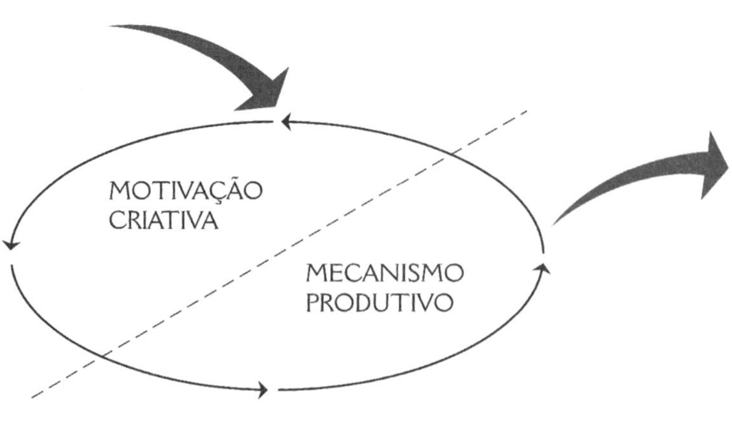

Fig. 8 - Os dois Campos do Ciclo do Processo de Motivação

No caso do Processo de Motivação, ao surgir uma emoção, ela é revestida com uma forma adequada de *Sentimento,* fundamental para não deixá-la escapar, tornando-a um estado afetivo duradouro.

O próprio impulso da emoção gera essa sua roupagem, que é o *Sentimento,* responsável pelo abrigo, classificação e trabalho com as *Emoções,* dependendo do Ciclo ao qual pertence.

A linguagem dos *Sentimentos* é extremamente complexa para a nossa compreensão, devido à nossa incapacidade de lidar com o "alfabeto" emocional. Tudo o que se refere à expressão emocional é incompreensível, pois não sabemos as formas dessa linguagem. Normalmente, notamos a existência da "conversa emocional" pelas reações corporais. Cada órgão do corpo serve de letra para o "alfabeto emocional". A medicina oriental entende muito bem desse alfabeto. A escola esotérica chamada Cabala também tem esse conhecimento. A ciência moderna ainda não conseguiu formular esse alfabeto na íntegra, embora admita a importância da expressão emocional do corpo.

O 2º Campo, o Produtivo, tem a capacidade de utilizar os mecanismos disponíveis em cada Ciclo, adaptando e transformando a Motivação em Produto, conforme as exigências e necessidades do Ciclo para a sobrevivência fora do Ciclo e para favorecer o Ciclo seguinte.

Esses conceitos serão detalhados a seguir.

OS TRÊS CICLOS DO PROCESSO DE MOTIVAÇÃO

Longe de ser algo homogêneo, seus três Ciclos, em permanente movimento, através de sua reação ao meio ambiente, expressam três jeitos específicos de Motivação, em determinada Realidade. O reconhecimento dessas características nos possibilita ter conhecimento de cada Ciclo e, posteriormente, do Processo inteiro.

O Ciclo da Ordem ou Motivação Individual tem *Sentimentos Individuais* como Campo Criativo e *Liderança Ambiciosa* como Campo Produtivo.

O Ciclo da Execução ou Motivação Grupal tem *Sentimentos Grupais* como Campo Criativo e *Liderança Carismática* como Campo Produtivo.

O Ciclo da Liberdade ou Motivação Institucional tem *Sentimentos Institucionais* no Campo Criativo e *Liderança Predestinada* no Campo Produtivo.

Ao conhecer o tipo de Motivação que temos, podemos descobrir onde é melhor trabalhar, como e onde nos desenvolver para ter destaque. Para uma organização é fundamental conhecer o seu Processo de Motivação, pois dele depende a sua vitalidade.

A Motivação traz em si a vitalidade pura, extremamente poderosa e bastante conhecida. Essa Motivação é importante para o Sistema e é reproduzida e implantada na parte Produtiva do Ciclo.

Neste livro, não falaremos dos alfabetos emocionais, pois o objetivo principal é a elaboração dos Protótipos para o funcionamento dos Ciclos do Processo de

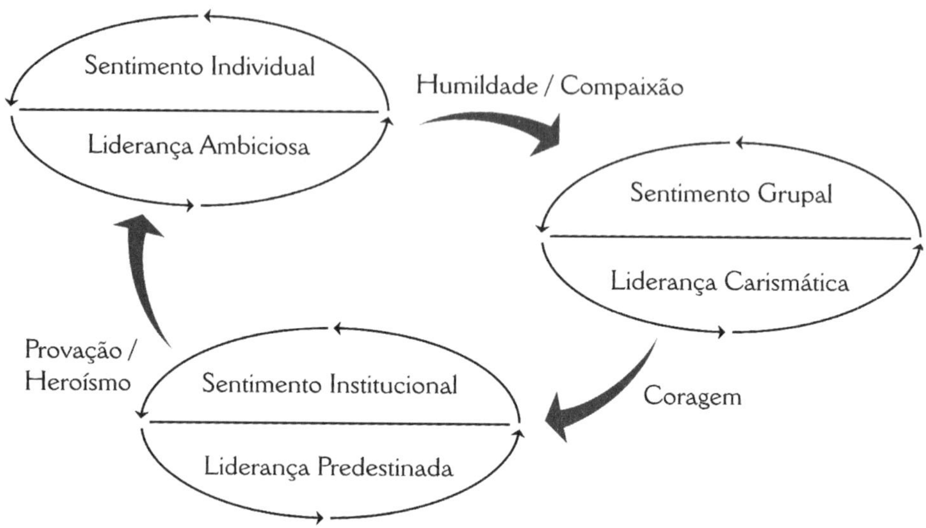

Fig. 9 - Três Ciclos do Processo de Motivação

Motivação. Podemos afirmar, no entanto, que a nossa consciência não consegue acompanhar e captar a rapidez da "tradução", ficando simplesmente com os resultados. Mesmo a definição do Protótipo não é simples, cada um se apresentando como certa forma de Motivação, que leva a certo tipo de ligação com o local.

Uma percepção mais exata dos tipos de Motivação reinantes ajuda muito na compreensão das necessidades Sistêmicas, pois além de serem muito mais rápidos e sempre anteriores à verbalização, são espontâneos e não manipuláveis como o são, cada vez mais, as verbalizações.

O Produto do Ciclo
é uma Motivação Aplicada.

O funcionamento interno do Ciclo do Processo de Motivação será analisado detalhadamente a seguir.

Ciclo da Ordem – Motivação Individual

Neste Ciclo, o indivíduo é o mais importante e tem lugar de destaque. Numa organização, as emoções deste Ciclo transformam o trabalho numa missão, e solicitam a dedicação individual a ele.

Os elementos que o compõem têm a seguinte nomenclatura:

O Sentimento Individual é o Campo Criativo
A Vocação é o Protótipo
A Liderança Individual, Ambiciosa, é o Campo Produtivo
A Esperança é o Produto
"O Quê?" é a Chave e
A Humildade/Compaixão faz o "Link" para o Ciclo da Execução

Sentimento Individual

A reação afetiva ao meio ambiente é captada e transformada em Sentimento, cuja intensidade uma pessoa é capaz de receber, guardando e utilizando somente para si própria, sem a dividir com ninguém.

A parte Criativa do Ciclo só se ocupa de emoções de *Amor*, seu principal referencial e "carro-chefe", que lhe define a relação com o meio ambiente, e tem em seu lado negativo o *Ódio*. Nesse Campo, acontece a transformação daquilo que foi recebido numa forma de linguagem específica inconsciente[4] para nós; e a geração de um forte *Sentimento* que tem possibilidade de existência dentro do Ciclo.

A *Vocação* consegue direcionar a parte Produtiva do Ciclo para a elaboração do Produto.

A Vocação é o Protótipo
do Sentimento Individual.

A maior criatividade do Ciclo da Motivação individual é a *Vocação*. O *Amor* é um *Sentimento* extremamente forte e duradouro; porém, se a sua fonte — a origem que alimenta o seu fluxo — não estiver definida, fica impossível o trabalho do Ciclo prosseguir.

Apesar de atualmente estar em moda falar da *Vocação*, definindo-a inclusive muito cedo, muitas vezes passamos vários anos sem ter clareza da nossa. Ela não é nada fácil, exatamente pela enorme dificuldade de se enxergar a fonte do *Amor*.

Amor é uma emoção individual. *"Eu amo a natureza, eu amo alguém."* É difícil juntar mais pessoas em torno dessa emoção. São emoções divisíveis, no máximo, com mais alguém com durabilidade para a vida toda; ou com alguma "alma gêmea", ou com alguém com quem se tem uma ligação inexplicavelmente forte.

Antigamente, a *Vocação* era definida como dedicação ao *Sentimento* em relação a uma outra pessoa. Toda a força do *Amor* era concentrada numa pessoa;

4. Inconsciente porque o Processo de Motivação precede o Processo Mental.

aliás, nem sempre sendo correspondida. Hoje, esse tipo de *Amor* divide o lugar com a *Vocação* em relação à nossa vida profissional.

A fonte, uma vez encontrada, desfaz a tensão e jamais é esquecida. Sentimos que em algum lugar existe algo que traz e define o que é *"O Quê?"* É a mesma chave do Ciclo da Ordem do Processo Mental. A *Vocação* é a definição clara da fonte do *Amor* e responde a esta pergunta: *"O Quê?"*

> Exemplo: *Henry Ford amava carros e dedicou a sua vida para desenvolvê-los. Bill Gates tinha certeza daquilo que queria antes de alcançar os resultados.*

> Exemplo: *Muitos jovens têm mais de uma* Vocação. *Têm grande amor por animais e por artes ou ciências exatas, e querem estudar, se desenvolver, dedicar-se em ambas as áreas, sem conseguirem decidir-se por uma delas.*

> Exemplo: *Ele era imigrante; começou no interior, lidando com a terra; depois, como ajudante de casa comercial, sempre foi conhecido como pessoa muito dedicada e responsável. Logo tornou-se sócio, e quando veio para a Capital, abriu seu negócio próprio.*

> Exemplo: *Os colegas já começavam a rir dele tanta era a sua teimosia em cima de experimentos em que só ele acreditava. Mas quem estava por perto o ouvia murmurar: "Ri melhor quem ri por último" – e continuava inabalável, metido em seu firme propósito.*

Há exemplos de pessoas que nasceram muito pobres e conseguiram criar organizações fabulosas graças à *Vocação* muito forte, e se tornaram vencedores na sua realização. Nem sempre são pessoas simpáticas, pois acham sua *Vocação* mais importante do que as pessoas. Mas a *Vocação* é o Protótipo do Ciclo; portanto, não tem independência.

As *Emoções Destrutivas* agem com a mesma intensidade das *Construtivas*, e conseguem produzir Protótipos e Produtos correspondentes.

> Exemplo: *A revolta de uma mulher ciumenta é terrível e pode durar a vida inteira, sempre abastecida com novo vigor.*

Liderança Ambiciosa

O mecanismo que governa a parte Produtiva do Ciclo é a *Liderança Ambiciosa*. Todas as cobranças são suas ou sobre si próprio. A importância do ser humano como indivíduo ser o centro das atenções é enorme neste Ciclo; sua dedicação à *Vocação* é total e não é passada para ninguém. Essa *Liderança* não compete com ninguém, nem procura convencer os demais da sua superioridade, pois já sabe que é superior. A *Liderança* é utilizada para maior dedicação àquilo que é o seu próprio caminho, e que normalmente aparece quando a *Vocação* é expressa e utilizada em diversos lugares.

Quando a *Liderança* começa a aparecer, a pessoa se dedica exclusiva e obstinadamente à realização de sua *Vocação*. Consolidando-a em expressão clara e definitiva, cria um Produto muito forte e fabuloso chamado *Esperança*, valiosa tanto na vida pessoal quanto para a vida de uma organização. Ela toma conta da pessoa, tornando-a capaz de remover montanhas e vencer qualquer tipo de obstáculo. A *Esperança* sempre abre horizontes para o futuro ainda desconhecido e leva vitalidade para o próximo Ciclo do Processo. Nas religiões, *Vocação* é chamada missão e é uma qualidade extremamente valiosa.

Esperança é o Produto do Ciclo da Ordem.

A Motivação Individual sempre consegue transmitir vitalidade para iniciar algo totalmente novo e persistir no caminho, que pode não ser expresso em palavras, mas que é iluminado pela *Esperança*. Quando isso acontece, o mundo se curva perante a *Vocação*, a qual é trabalhada ininterruptamente com dedicação e capacidade para a *Liderança Individual*.

A esse tipo de *Liderança* também chamamos de *Força de Vontade*, que é absolutamente inabalável. Quantas vezes sentimos inveja terrível daqueles que a têm e conseguem cumprir os seus objetivos. A *Força de Vontade* aceita qualquer desafio de bom grado desde que necessário a esse seu caminho.

Exemplo: *Muitas vezes, seus funcionários não sabiam bem para onde estavam sendo levados; mas ele era como um forte ímã. Era de poucas palavras, mas tomava a frente e todos o seguiam como exemplo e, por mais louca ou arriscada que parecesse a empreitada, iam atrás.*

Neste Ciclo é impossível convencer alguém com aquilo que se sente, pois a missão é individual. Porém, quando surge alguém com essa *Liderança* definida, a *Esperança* começa a tomar conta do espaço. A pessoa sente-se dona em relação à organização, mesmo sem nenhuma documentação que indique isso. É possível sentir-se "dono" de seu próprio corpo quando surge essa vontade para vencer, por exemplo, uma doença.

Pessoas que nasceram pobres e conseguiram ter uma *Vocação* muito forte, e que se tornaram vencedores na sua realização não escolheram o tipo de trabalho, mas aceitaram tudo de bom grado, pois tinham a *Esperança* de realização como a única ambição na vida. Tudo vale para alcançá-la: amor, ódio e dedicação muito grande ao trabalho.

Nas organizações pequenas e médias, sempre há lugar cativo para esse indivíduo; em geral, ele consegue ser aproveitado em trabalhos onde existe a necessidade de "se virar", assumir iniciativas e tomar decisões rápidas.

Em organizações ou instituições grandes, a Motivação Individual tem maior dificuldade de ser usada, bem como de ser reconhecida pelas outras pessoas. Um funcionário que a tenha em dose elevada, não costuma entrar em grupos porque tem interesses próprios; é muito dedicado à sua missão pessoal e não aceita muito nem brincadeiras nem descontração. A organização pode lhe designar um posto de trabalho onde essa iniciativa possa ser usada – um trabalho onde precise falar pouco e fazer tudo.

Exemplo: *Maria trabalha em hospital, e sempre gostou da Unidade de Terapia Intensiva e do Pronto-Socorro, onde, segundo ela, "dispara a adrenalina"; ali as decisões são instantâneas, e cada segundo conta.*

Exemplo: *João é do serviço de atendimento de emergências no reparo de equipamentos e instalações do próprio edifício. Nunca sabe o que vai encontrar quando é chamado, e acha esse desafio muito excitante: "Ele e o problema – e mais ninguém."*

A *Liderança Ambiciosa* é discreta e muitas vezes passa despercebida. Porém, quando aparecem os resultados, as pessoas ficam maravilhadas e admiradas com a sua dedicação e persistência. Quem tem Motivação Individual forte parece meio frio, orgulhoso e distante. Cria certa antipatia porque faz o que precisa ser feito e vai embora sem se misturar com os "simples mortais". Não enxerga as outras pessoas, fixado que está em alcançar a sua meta. Substituir centenas de funcionários por uma máquina é fácil para esse tipo de líder. O senso de hierarquia e desigualdade é muito forte neste Ciclo.

Essa *Liderança* nem sempre é bem compreendida, porque conhecemos ambição como aspiração, pretensão, ganância, interesse. Tudo isso faz parte da *Liderança Ambiciosa*, mas também é a realização da *Vocação*, dedicação total ao objetivo e nascimento da *Esperança* de vitória.

Exemplo: *Certo funcionário muito ambicioso, por medo, tinha dificuldade de dar mostras de que estava insatisfeito. Ao fazer isso, aflorava a revolta, o inconformismo e pouca dedicação ao trabalho, principalmente porque enxergava o dono como alguém sem a obstinação necessária à organização. Ao ser mandado embora, tornou-se um inimigo da organização e procurou a justiça.*

Quando a ordem no Ciclo é subvertida, duas situações podem ocorrer. No primeiro caso, a entrada de emoções novas é bloqueada e o Ciclo é alimentado apenas por si próprio. A criatividade cessa porque a parte Produtiva do próprio Ciclo só tem o já conhecido; ou seja, a *Vocação* não é produzida pelo Campo Criativo, que se torna estéril, levando essa parte cheia de vida ao *Tédio*.

Exemplo: *Pessoas que escolheram uma profissão pelo destaque social, sem sentir amor pela área, tendem a acabar fazendo tudo "by book" sem sentir nenhum frisson.*

No segundo caso, a *Liderança* não consegue captar as Motivações do Campo Criativo, que chegam com força total, sem nenhum limite; portanto, não sabe como transformá-las para produzir o Produto do Ciclo, que é a *Esperança*. A sua falta traz *Apatia,* que não permite nenhuma ação individualmente importante; ficamos bastante frustrados, sem saber o que fazer com uma vitalidade tão forte. Corremos, inclusive, o perigo de transformar esse amor em ódio. Esse sentimento é terrível, pois também pode gerar uma *Vocação* desastrosa para o Sistema. Basta lembrarmos dos exemplos de grandes vilões da humanidade, os quais não conseguiram, em determinada fase de sua vida, compreender a fonte do *Amor* e, como conseqüência, da sua *Vocação.* Hitler era um pintor mediano e Lenin, um advogado sem grande sucesso.

Exemplo: *Hackers que invadem e roubam números de cartões de crédito sobrecarregam e dão pane em serviços, danificam arquivos de Sistemas, invadem sistemas de segurança de Estado.*

São características do *Sentimento* e da *Liderança* desse Ciclo:

	COM VIDA		SEM VIDA
	construtiva	**destrutiva**	
Sentimento Individual	Amor, Suavidade	Ódio, Crueldade e Revolta contra autoridade máxima	Tédio
Liderança Ambiciosa	Dedicação, Obstinação	Inveja, Ciúme, Sofrimento, Medo do futuro	Apatia

Há também uma ligação muito forte e profunda entre música e *Sentimento.* A linguagem musical juntamente com o toque corporal é capaz de despertar e aumentar a Motivação nos três Ciclos.

Músicas que mexem com a Motivação Individual são as profundas, românticas, que tocam o coração – ou as de "dor-de-cotovelo", ou as que nos fazem sentir saudade. Falam de *Sentimentos* difíceis de serem colocados para fora. Pode falar daquele amor do passado, um amor em que o indivíduo é importante.

Ciclo da Execução – Motivação Grupal

Emoções deste Ciclo não são vivenciadas sozinhas. A pessoa consegue dividir com os outros o que sente, sendo impossível não compartilhar.

Os elementos que compõem este Ciclo têm a seguinte nomenclatura:

O Sentimento Grupal é o Campo Criativo
A Competição é o Protótipo

A Liderança Grupal, Carismática, é o Campo Produtivo
A Integração é o Produto
"O Quê?" é a Chave e
A Coragem faz o "Link" para o próximo Ciclo

Sentimento Grupal

Como diz o próprio nome, o grupo está acima de tudo, sobretudo o *"meu"* grupo, que é o mais importante – os *"meus"* amigos, o *"meu"* setor, o *"meu"* departamento.

A emoção mais importante deste Ciclo do Processo é a *Alegria de Viver.* Não existe grupo sem *Alegria de Viver.* O extremo dessa emoção é a Paixão, que conhecemos muito bem – em relação a uma pessoa, a um trabalho ou a um time.

O *Sentimento Grupal* é contagiante; é como rir e chorar – quando um começa, outros começam também: você encontra essa emoção numa alegre família italiana. Todos gritam e xingam da boca para fora. São emoções bastante claras, sem esconder nada.

Quem gosta e se sente bem no *Sentimento Grupal,* em geral canta e dança muito bem e consegue trabalhar com pessoas e grupos heterogêneos.

A enciclopédia nos diz que *Paixão* é um movimento violento, impetuoso, uma emoção excessiva, etc. A *Paixão* é um turbilhão de vitalidade que anima o local e as pessoas ali presentes, provocando sempre reações interessantes. Normalmente onde existe *Paixão,* aparece uma oposição que tenta proteger-se dela. A *Paixão* não deixa ninguém sem movimento e incita uma Motivação de *Competição* que é o grande Protótipo do Ciclo.

A Competição é o Protótipo
do Sentimento Grupal.

Parece fazer pouco sentido, porém, quando começamos a expressar *Alegria* ou *Paixão* em relação a algo, não perguntamos se a podemos sentir. É provável que já exista um "dono" nesse local, vivendo tranqüilamente, sem nenhum tipo de aborrecimento. Chegando a *Alegria* e a *Paixão,* a calma acaba; o turbilhão toma conta do pedaço, criando facções compostas dos que estão a favor e dos que estão contra. Numa competição normalmente há uma divisão natural a partir do jogo de sedução, sem precisar entrar em conquista sangrenta.

Exemplo: *Foliões de Carnaval em um acampamento de férias de repente acabam com o sossego de quem fugiu justamente do barulho, e alegram aqueles que preferem animação.*

É possível dizer que a *Paixão* e a *Competição* sempre terminam num ato conjunto, que pode ser sexual ou de outra natureza, contanto que haja interesse comum. Não existe amor platônico na Motivação Grupal. Sempre o outro está envolvido de alguma maneira, pois é impossível não ser contagiado por essas emoções.

A Liderança Carismática

Ao mecanismo que lida com a *Competição* chamamos de *Liderança Carismática.* O carisma é conhecido como um conjunto de características especiais que consegue manter a atenção das pessoas. A força da *Liderança Carismática* está na capacidade de unir as pessoas divididas pela *Competição* natural, numa atração única por algo. A oposição transforma-se numa necessidade de aperfeiçoamento e de percepção das falhas, tão importante num grupo.

Quando existe a *Liderança Carismática,* a *Competição* sai do campo pessoal e passa para o aprimoramento de idéias ou de qualquer objeto comum dentro do grupo. Aparece a resposta à chave do Ciclo — o "*Como?*"; a formação do grupo começa a gerar algo muito importante, que no próximo Ciclo gerará o Produto Final do Processo.

Fica a cargo do líder não desperdiçar ninguém e evitar as brigas pessoais. O líder do grupo aceita a todos usando para tanto a sedução natural e o jeito democrático de ser.

A *Liderança Carismática* consegue elaborar um Produto chamado *Integração* — a capacidade de manter o grupo unido em torno de um mesmo objetivo. Na natureza isso já acontece.

> Exemplo: *A necessidade de acasalamento consegue unir o macho e a fêmea, que são absolutamente diferentes. O macho tem por obrigação ser agressivo quando enfrenta oposição de outros machos para a sua conquista; demonstra alegria nas suas cores. A fêmea não aceita facilmente a corte e muitas vezes briga e repele o macho. Porém existe o objetivo comum da necessidade de conseguir filhotes, e depois alimentá-los e cuidar deles, que prevalece sobre a competição natural.*

A Integração é o Produto
do Ciclo da Execução.

Porém, uma vez alcançado o objetivo comum, a permanência do grupo unido perde sentido, a não ser que o líder nunca represente nem dê preferência a nenhum dos opostos, e crie um novo desafio. A necessidade de mudanças é muito importante no Ciclo da Execução. A Motivação de *Integração* não é estática, nem eterna. Cabe ao líder manter a atenção e a união do grupo.

Exemplo: *Para nós, que éramos crianças, eles eram apenas alguns adultos que se reuniam semanalmente para jogar xadrez; mas o que estava sendo cogitado pelo grupo unido era o firme propósito do nascimento de um pensionato para que filhos de imigrantes do interior pudessem cursar universidades na Capital, o que naquela época era mais do que uma ousadia.*

Exemplo: *Atualmente, a democracia é o regime político vigente em muitos países, constituindo uma grande conquista das leis que conseguem manter a troca de poder entre os opostos, a utilização da oposição para apontar os erros da situação, a vontade de melhoria para a população.*

Numa organização, a capacidade de manter os grupos unidos e motivados é um desafio muito grande. Quem assume a liderança mantém a união através dos objetivos da organização, tornando-os importantes ao grupo. Muitas vezes o líder sente necessidade de tirar o grupo do local da organização e promover encontros sociais, festas ou ajuda mútua entre os membros do grupo; tudo isso nem sempre ajuda a organização, embora una o grupo.

Quando os *Sentimentos Grupais* são fortes em uma família, não é muito fácil conseguir a inovação necessária com troca de papéis entre o fraco e o forte. Nesses casos, apelamos à psicologia ou a outros meios para buscar o conhecimento de si e do outro para conseguir melhor convivência. Nem sempre obtemos bons resultados e acabamos chegando ao divórcio, embora não seja o caminho mais correto, pois as brigas não significam o fim da Motivação neste Ciclo; elas clamam por mudança e compreensão dos opostos.

A aceitação das diferenças, por mais dolorosas que sejam, permite que uma organização consiga envolver muitas pessoas na elaboração de um único Produto.

Diferentemente da Liderança Ambiciosa, do Ciclo anterior, que não une as pessoas, o *Líder Carismático* sempre se destaca por unir o grupo e aceitar a todos.

Normalmente, reconhecemos a necessidade desse tipo de Motivação quando precisamos de alguém para liderar pessoas em igualdade funcional. Isso acontece nos ambientes de criatividade mental onde cada participante é importante para dar a sua opinião ou depoimento. Além das organizações, mencionamos as escolas, faculdades, grupos com interesses em comum. Nestes casos é importante ter alguém com *Liderança Carismática* que atraia, atue e contagie a convivência entre as pessoas, sem ser representante das forças da situação ou da oposição.

A violência reinante nas escolas, na atualidade, mostra claramente que os professores não estão conseguindo desempenhar o seu papel de *Líderes Carismáticos*. É outro exemplo do 2º tipo de subversão da ordem no Ciclo. Podemos afirmar até mais: essas pessoas estão com *Emoção sem Vida* em relação ao grupo, aumentando o desentendimento.

A importância de trazer essa *Liderança* ao grupo é muito maior do que possamos imaginar; a sua falta é sentida praticamente em todos os Sistemas dos quais participamos: organização, família, escola, partido político.

Acreditamos que é chegado o momento de promover treinamentos visando o autoconhecimento do indivíduo e o seu posicionamento dentro do grupo. As escolas e faculdades dão formação técnica, mas não dão esse tipo de conhecimento para as pessoas; cremos que cabe à organização preencher esse vazio[5].

São características da *Emoção* e da *Liderança* deste Ciclo:

	COM VIDA		SEM VIDA
	construtiva	**destrutiva**	
Sentimento Grupal	Alegria de viver, Paixão	Irritação, Tristeza e Melancolia por algo perdido	Indiferença
Liderança Carismática	Unificação do grupo, Necessidade de ser útil ao grupo	Ira, Raiva, Mágoa	Isolamento

O *Líder Carismático* sempre consegue juntar um grupo de pessoas diferentes à sua volta. Ao juntar os dois aspectos — *Sentimento* e *Liderança* — o objetivo do Ciclo é atingido e o grupo integrado começa a viver. Alertamos sobre o perigo da formação de "panelas" que não conseguem manter o grupo unido, pois não aceitam outros grupos da organização.

O *Isolamento* decorre do não envolvimento, da *Emoção sem Vida* em relação àquilo que está ocorrendo. O *Isolamento* é muito complicado, pois rejeita ajuda e exclui o indivíduo da participação e convivência com as outras pessoas. O resultado do *Isolamento* é sempre uma dificuldade de aceitar os opostos e não se conformar com a democracia na convivência.

Neste Ciclo, as músicas que conseguem despertar a Motivação Grupal são as alegres, as de danças de salão ou as que despertam nas pessoas a vontade de cantar juntas.

Ciclo da Liberdade — Motivação Institucional

Os elementos que compõem o Ciclo da Liberdade têm a seguinte nomenclatura:

---

5. Dedicamos para esse tema o Capítulo 13: Aplicação Prática do Modelo Sistêmico.

O Sentimento Institucional é o Campo Criativo
A Instituição é o Protótipo
A Liderança Predestinada é o Campo Produtivo
A Fé/Devoção é o Produto
"Aceite" é a Chave e
A Provação/Heroísmo faz o "Link" para o próximo Ciclo

Sentimento Institucional

Este terceiro tipo de emoção é ainda mais complexo que os anteriores, porque não trata de grupos nem de pessoas, mas da *Instituição*. São emoções permanentes, muito fortes e capazes de trazer grande vitalidade, sem mudar em função das circunstâncias.

Exemplo: *É o amor à pátria, a alguma instituição, a um lugar, à espécie humana, a Deus, a algo que ultrapasse a nossa vida, que seja "imortal".*

Esse *Sentimento* pode significar saber-se parte de algum grupo espiritual existencial. A religião fala da eternidade – a instituição Deus é eterna. O próprio dogma sobre a encarnação pesa muito, por nos ligar a algo eterno, e perde sentido se não for preservado.

A emoção reinante na parte Criativa do Ciclo é a *Felicidade* que sentimos quando estamos vivos, quando pertencemos a algo muito poderoso e especial, com capacidade de sobrevivência muito maior do que a nossa vida. A *Felicidade* é um *Sentimento* extremamente forte, pois todos sentem a mesma coisa; ela nunca é complexa. É um *Sentimento* simples, de estar protegido e amado de maneira incondicional.

A *Felicidade* como *Sentimento* principal da parte Criativa consegue gerar um Protótipo chamado *Instituição*. Não estamos falando da instituição como uma organização, mas como um nome suficientemente forte, capaz de despertar emoção poderosa e permanente em relação a ele.

Instituição é o Protótipo
do Sentimento Institucional.

Em nome da *Instituição* são feitas muitas coisas nem sempre compreensíveis para aqueles que estão fora dela. Ao pertencer à *Instituição*, a obediência é completa. Se mandar matar, mata-se. Se mandar excluir, exclui-se. O nome da *Instituição* permite fazer parte da imortalidade – algo extremamente poderoso e permanente. Aliás, a palavra "permanente" é muito importante; nada muda dentro da *Instituição*, pois tudo é tão perfeito, que é imutável!

Exemplo: *Temos a* Felicidade *de pertencer a um clube esportivo e somos muito fiéis a ele. Os fracassos são passageiros e o nome volta a brilhar novamente.*

Exemplo: *Bando de adolescentes que se sentem fortalecidos com o apoio mútuo.*

Exemplo: *Rede de "proteção" oferecida a camelôs e lojistas, por gangues em troca de "contribuição".*

Quando uma organização gera um nome que começa a ter luz própria dentro do Ciclo da Liberdade, isso se torna o seu maior tesouro, exatamente em função de despertar a Emoção permanente de fidelidade. A *Instituição* mantém ao seu redor gerações de consumidores que resistem ao máximo em abandoná-la. É muito complicado para uma organização manchar o seu nome. A possibilidade de reerguê-lo é remota e extremamente custosa.

O nome da *Instituição* é uma incógnita para o bom senso.

Exemplo: *Como podemos ser felizes tendo uma conta no Banco do Brasil? Porém, ficamos relaxados e confiantes de que nada acontecerá com o nosso dinheiro.*

A necessidade de proteção maior faz a pessoa sentir que não há possibilidade de traição nem de abandono, embora na prática isso possa não acontecer.

A família e os pais exercem esse tipo de função. Quando se tem *Sentimento Institucional,* a vida adquire sentido, justamente porque a *Instituição* não tem tempo para acabar, pois não depende de uma única pessoa e tem um lugar garantido dentro da sociedade.

É interessante observar que, no nosso século, as ideologias tomaram conta da força institucional, aparecendo justamente na época do enfraquecimento das religiões.

Atualmente as ideologias estão desacreditadas e estamos à procura de algo que possa substituí-las; o sentido de vida é muito procurado; queremos fazer parte de uma *Instituição* que consiga nos dar o sentido de eternidade. A ciência é muito fria para nos dar isso. Queremos mais. Procuramos as filosofias antigas, as ciências ocultas, voltamos à religião e ainda não estamos satisfeitos.

Por que isso acontece? A resposta não é tão simples. A *Instituição* nos protege, mas exige entrega e fidelidade totais, incondicionais; não aceita críticas e, o que é mais importante, não traz nenhum destaque à pessoa — não reconhece o cidadão nem pelo seu nome, nem pelo que ele representa. A força do nosso Ego desenvolveu muito a nossa personalidade como algo individual e respeitável; as nossas aspirações são muito elevadas, mas a *Instituição* não quer saber de nada disso.

O *Sentimento Institucional,* ao mesmo tempo que eleva a pessoa, faz com que ela perca a sua individualidade: a sua personalidade não tem valor. O fator institucional elimina as diferenças e todo mundo se torna igual, cada um se eleva "fazendo parte" e servindo à *Instituição.*

Exemplo: *No amor à pátria, a pessoa se eleva até a pátria, é parte da pátria; não existe como indivíduo.*

Costumamos pedir muito e, quando não somos atendidos, começamos a cair na desilusão e procuramos outra coisa que nos possa oferecer o que pedimos.

Por incrível que pareça, encontramos isso nas organizações também. Nós, consumidores, somos a força máxima para as organizações. A sua obrigação é o bom atendimento e elas existem para nos servir, mas, obviamente, exigindo determinado preço de absoluta fidelidade.

Liderança Predestinada

Quando já existe a *Instituição* como Protótipo do Ciclo, é possível dar início ao trabalho da parte Produtiva; e a *Liderança Predestinada* é o mecanismo para o desenvolvimento do Produto.

O líder que trabalha com a Motivação Institucional é o *Líder Predestinado* – ou ele é predestinado para alguma coisa, ou protege alguém que o seja, ou reafirma a existência daquele que é. Consegue transmitir a exigência e a vontade da *Instituição* com confiança, como representante dela. Esse tipo de líder chega a "perder" o seu sobrenome, passando a ser conhecido como o "João" da organização "x", identificado que está com a *Instituição* que representa.

O *Líder Predestinado* é uma figura bastante interessante. Nunca fala em seu nome, mas em nome da *Instituição* – ele é sempre um representante. Não tem nem vontade nem ação próprias, sendo dirigido pelas necessidades maiores, institucionais, e justifica muita coisa em função da *Instituição.*

Exemplo: *Nas grandes ditaduras, a aceitação do ditador ou da Instituição e a ação em função de suas necessidades torna-se superior a qualquer outra emoção. Matam-se irmãos, cônjuges, filhos, pais, amigos. Cultivam-se figuras que delatam a família, criando histórias de heroísmo cuja principal força é o rompimento com o seu grupo próximo para servir ao seu partido, à pátria. É a entrega à Instituição, acima de qualquer coisa, absolutamente incondicional.*

O regime político que atende muito bem a este Ciclo é a monarquia, o regime mais estável que já existiu na humanidade. A ditadura é uma caricatura da monarquia. Tem as mesmas deficiências produtivas, como baixa iniciativa, trabalho por dever, e permanece forte a partir do nome da *Instituição.* Normalmente, a ditadura não aceita continuidade, demasiadamente vinculada que está à pessoa do ditador, ao *Nome* do *Líder Predestinado.* Como o ditador não se curva nunca, a sua ligação com a *Instituição* maior que ele representa fica muito complicada, acabando em conflito, normalmente sangrento.

Um outro exemplo é o que sentimos quando protegemos um filho ou uma criança; ou quando, ao dar à luz uma criança, temos a *Felicidade* de ter dado a vida e de a criança "nos pertencer" por algum tempo. Esse tipo de emoção é importante quando se lida com a vida das pessoas – no caso de terapeutas e profissionais que atendem diretamente os pacientes, cuja recuperação da vitalidade está em suas mãos. Nas áreas de trabalho em que o funcionário representa a *Instituição*, o estado em que ele se encontra emocionalmente, reflete-se imediatamente no atendimento que ele dá.

Quando alguém não encontra uma *Instituição* em que se sinta feliz só pelo fato de pertencer a ela e em que acredite e tenha *Fé*, ou quando a pessoa se decepciona com a *Instituição* que é objeto de sua felicidade, essa pessoa perde a razão de sua existência, entra em depressão, fica infeliz, angustiada, perde o sentido de viver. É um exemplo da subversão da ordem dentro do Ciclo.

Exemplo: *Ocorre muitas vezes no pós-parto ou quando os filhos crescem e vão embora, principalmente quando a mãe tem pouca espiritualidade. A existência da fé em algo superior ajuda a superar essas dificuldades.*

O Produto só aparece depois que a ação do *Líder Predestinado* serve de exemplo de entrega e de contato com a *Instituição*, conseguindo dessa maneira despertar *Fé* ou *Devoção*.

A Devoção e a Fé são Produtos do Ciclo da Liberdade.

A religião cultiva muito esse Produto. Os milagres são severamente verificados e as graças alcançadas, rigorosamente constatadas. O *Líder* que representa a *Instituição* não pode agir errado nem conseguir algo dela. Ele é infalível e capaz de qualquer tipo de milagre.

O mesmo ocorre na organização como *Instituição*. Um representante legal é a autoridade máxima, capaz de qualquer atitude para servir a um cliente. Isso desperta a *Fé* e garante a volta dos consumidores, assim como a dos devotos ao objeto da sua *Fé* – o *Líder Predestinado* que a representa. Servir uma organização faz sentido porque ela, como *Instituição*, não tem tempo de vida definido, podendo chegar a ter séculos de história.

Numa democracia, as *Instituições* passam por enormes transformações e geralmente ficam enfraquecidas em função de dar grande importância aos grupos. Como conseqüência, a *Instituição* perde o *status* de ser eterna e começa a servir o homem; com isso, a *Fé* e a *Devoção* ficam cada vez mais raras.

A *Liderança Predestinada* não aparece, comumente, ligada a uma função formal. As pessoas que trabalham muito tempo na organização, independentemente de suas funções e cargos, sentem-se seus representantes e defendem a *Instituição* com força total.

Não podemos esquecer que nós, o povo, temos necessidade da *Felicidade* de pertencer a uma *Instituição*. Os meios de comunicação usam esse conhecimento e impingem a nós, simples mortais, novos heróis – atores e esportistas – que, embora tenham vida muito curta, são suficientemente fortes para despertar interesse e até certa *Devoção.*

São características do *Sentimento* e da *Liderança* deste Ciclo:

	COM VIDA		SEM VIDA
	construtiva	**destrutiva**	
Sentimento Institucional	Felicidade, Defesa da instituição	Angústia, Deserção, Infelicidade, Covardia	Vazio
Liderança Predestinada	Proteção Capacidade para servir a todos	Ansiedade, Vingança, Traição, Decepção	Descrença

Quando estamos sem *Instituição,* sentimos um vazio muito grande e a vida fica sem nenhum sentido.

A ausência da *Fé* ou da *Devoção* provoca a descrença em algo maior; é outro tipo de subversão da ordem no Ciclo. Isso é muito perigoso, pois dá ao homem a sensação de ter poderes que ele não tem. Parece que o universo existe em função do homem e vive para servi-lo, já que não se crê em nada superior. A existência da força exagerada do consumidor começa a exigir da *Instituição* aquilo que ela não pode dar, pois não é de sua competência.

A música que desperta a Motivação Institucional é a que atinge todas as pessoas em geral. São os ritmos tocados em festas tradicionais dos povos, músicas folclóricas, as de ciranda, hinos nacionais, marchas militares. Todos vibram com a mesma emoção, como quando a torcida vibra por um time que está jogando e entoa seus "gritos de guerra"; entre os da torcida, supõe-se que, mesmo que o time perca, a infelicidade será passageira.

O PRODUTO FINAL E O RETORNO DO PROCESSO DE MOTIVAÇÃO

O Ciclo da Liberdade, como já descrevemos nos capítulos anteriores, difere dos outros Ciclos por apresentar além do Protótipo e Produto do Ciclo, o Produto Final e o Retorno do Processo.

A *Instituição* é o Produto Final do Processo de Motivação; a *Fé* e a *Devoção* são o Retorno.

No Processo de Motivação vendemos um só Produto – que é a felicidade de pertencer à *Instituição.* O nosso objetivo é torná-la mais forte e representativa no Mercado.

O Retorno, que consiste em fazer crescer a auto-estima e fazer as pessoas se sentirem mais fortes e confiantes por meio da *Fé* e *Devoção,* enriquece o Processo de Motivação de diversas maneiras:

- Possibilidade de aparecimento de nova fonte de *Amor,* que alimente o Sentimento Individual;
- Aparecimento de novas pessoas que são felizes em contato com a *Instituição;*
- Aceitação ou rejeição do Protótipo;
- A força do Produto Final, que é o Nome institucional e sua aceitação pelo Sistema maior.

Analisemos cada um dos Retornos.

Alimento para o Sentimento Individual

Ao despertar a *Fé,* sentimos uma enorme força para superar qualquer desafio. A *Devoção* torna-se fonte de amor individual e de *Vocação* e *Esperança* permanentes, que não passam no decorrer dos tempos.

Aparecimento de Novas Pessoas Felizes com o Contato com a Instituição

Nenhuma *Instituição* nasce pronta e totalmente acabada. A lapidação do *Nome* acontece nos giros do Processo, tornando a sua aceitação, por pessoas totalmente desconhecidas, cada vez maior e mais fácil. Quanto mais pessoas conseguirem se entregar à *Instituição,* maior será a sua aceitação dentro e fora do Sistema maior onde a organização está inserida.

A grande força do Nome da organização aparece exatamente na sua capacidade de responder pela identidade de algo inanimado e que apesar disso tem vitalidade. O seu Nome funciona como ímã para os consumidores.

A tentativa de promover a *Instituição* por meio de eventos populares é sempre importante, pois atrai novas pessoas. Os participantes enriquecem o estudo comportamental das pessoas e formam uma história da tradição do Nome. A importância dos rituais sempre foi muito grande nas instituições religiosas ou governamentais. Porém, as organizações começam a descobrir o poder do ritual e da música, para trazer a força da tradição e enriquecer com isso a *Instituição* como Produto Final do Processo de Motivação.

Aceitação/Rejeição do Produto Final

Nesse caso, todos os detalhes são importantes; o que vale é o envolvimento emocional das pessoas naquilo que é permanente. Mudanças constantes na interpretação da tradição é mortal para o cultivo da *Instituição.*

O pior caso para a *Instituição* é a falta de envolvimento emocional. A reação emocional não transparece nas palavras; ela é totalmente irracional e toca qualquer pessoa que esteja presente. A falta dessa reação significa a rejeição ao Nome.

A Força da Instituição e sua Aceitação pelo Sistema Maior

As conseqüências da rejeição da *Instituição* são trágicas também para o Sistema, pois demonstra fraqueza vital e, em conseqüência disso, pouca repercussão no Mercado (Sistema maior). Para fortalecer a *Instituição* podemos sugerir algumas dicas básicas:

- Nome curto, sonoro, logotipo colorido. É importante efetuar todos os estudos possíveis para a escolha do Nome;
- Todas as pessoas são importantes para a *Instituição*; e também a *Instituição* serve a todos;
- Escolher muito bem o acompanhamento que influencia os cinco sentidos das pessoas;
- Quanto mais pessoas estiverem envolvidas no contato com o Nome, mais fácil será detectar a sua reação emocional;
- O que vale é a reação emocional de felicidade; nenhum envolvimento intelectual é capaz de demonstrar a força do Nome.

LIGAÇÃO ENTRE OS CICLOS

O Processo de Motivação faz parte do Sistema e da organização. Portanto, os três Ciclos devem ser preenchidos por emoções as mais variadas possíveis. Nenhuma pode ser desperdiçada; todas são importantes; porém, as pessoas não têm obrigatoriamente todas as emoções desenvolvidas. Devido a características individuais, as pessoas têm mais força em umas e mais deficiência em outras. Não há uma distribuição ideal, porque todas as emoções são importantes, dependendo de onde cada pessoa esteja e que função desempenhe.

Conhecendo o tipo de emoção em que a pessoa específica é mais forte, é possível não só conseguir utilizá-la, como melhorar o relacionamento dessa pessoa com as outras pessoas. Quando há harmonia perfeita entre o lugar funcional e a emoção correspondente, não existe cansaço ao fim de cada dia de trabalho.

Para trabalhar com a emoção, o 1º passo é aprender a sentir. *"O que estou sentindo?"* Depois, entender mais que tipo de emoção está sentindo: *"Emoção construtiva, destrutiva ou sem vida?"* É importante nunca esquecer que essas perguntas sempre estão voltadas ao local, isto é, à Realidade. A necessidade da Motivação é sistêmica. Sem demonstrar a sua relação de vitalidade com o local, é inútil esperar qualquer resposta do Sistema.

Para conhecer mais o Processo de Motivação, é importante passarmos pelos três Ciclos, aprendendo a expressar a Motivação, tanto Individual como a Grupal e a Institucional. A Motivação de um Ciclo é a fonte de emoções para o próximo Ciclo, formando um movimento dinâmico.

O Produto de cada Ciclo do Processo de Motivação é extremamente importante para conseguirmos aumentar a vitalidade através do movimento de uma organização, de um grupo, ou de uma pessoa. O Processo de Motivação é um movimento, como qualquer outro Processo, sendo fundamental, portanto, sair de um Ciclo e ir para o outro. O Sistema faz isso utilizando diversas pessoas para dar continuidade ao Processo.

A Passagem da Motivação Individual para a Motivação Grupal

A Motivação Individual permite o surgimento da *Esperança.* A sua falta provoca a *Apatia,* que elimina a vitalidade neste Ciclo do Processo.

O movimento da Motivação Individual para a Grupal acontece, normalmente, quando a *Esperança* começa a ser compartilhada com muita *Humildade,* para ser aceita pelas outras pessoas. Passando pela dor e vencendo-a a partir da *Esperança,* a pessoa aprende a ser *Humilde* e a conseguir dividir a experiência com os outros. Há uma comoção no grupo, pois o exemplo da pessoa que supera a dor a coloca em destaque e exige que a pessoa assuma a liderança.

A *Humildade* permite partilhar o seu sofrimento com os outros e sentir a *Compaixão* das pessoas por você. É algo diferente da "pena", pois há vontade de ajudar efetivamente. Por outro lado, há a necessidade de partilhar a experiência com os outros por sentir compaixão pelo sofrimento e por querer ajudar, já que se sabe como. A disposição de servir as pessoas ajuda a ser aceito no grupo.

Ao levar a *Esperança* para os outros, a *Humildade* é fundamental. Nem tudo o que é importante para a pessoa será uma fonte de *Alegria* e *Paixão* para o grupo. Saber transformar a sua *Esperança* em *Alegria do Grupo* é o principal exercício quanto a servir o próximo. A religião fala muito da *Compaixão;* é a 1ª condição para tirar o homem daquilo que só interessa a ele e aprender a dividir não o dinheiro, mas a *Esperança.*

A Passagem da Motivação Grupal para a Motivação Institucional

A Motivação Grupal produz a *Integração;* a sua falta, a instalação do *Isolamento* e da solidão, que eliminam a vitalidade nesta parte do Processo.

Se se quiser sair da Motivação Grupal para passar para a Institucional, é necessária a *Coragem.*

Coragem para deixar o pequeno grupo com que se tem idéias em comum, onde se sente protegido, e onde já se é um "grande líder" e juntar-se à massa, onde não se é nada. É difícil buscar um ambiente maior, que pareça ameaçador: a pessoa pode ter a "síndrome de pânico".

Essa saída está ligada à mudança do *Nome* pelo qual se é reconhecido dentro da Instituição. Muitas vezes assume-se o *Nome* da Instituição ligando-o ao seu próprio. Essa coragem permite viver com os dois pés numa mesma canoa, saindo da dualidade, ou seja, anunciar para o mundo a que Instituição se pertence.

A *Coragem* de revelar o *Nome* da Instituição é o fator fundamental para crescer emocionalmente e ampliar a sua influência.

A Passagem da Motivação Institucional para a Motivação Individual

A Motivação Institucional produz a *Fé*; a sua inexistência permite o surgimento da *Descrença*, que elimina a vitalidade nessa parte do Processo.

Para passar da Motivação Institucional para a Individual, é importante ter *Devoção* e dedicar nossa vida a essa Instituição. A *Fé* é despertada em nós pelo exercício da *Liderança Predestinada*. Quando temos essa *Fé* e começamos a exercê-la como indivíduo, levamos a *Fé* para a *Emoção Individual* e tornamo-nos *Heróis*.

Porém, a *Fé* sempre passa por *Provações*. Parece que tudo conspira contra, e a pessoa não consegue a entrega individual, sempre esperando o apoio da Instituição. Há a necessidade de passar por *Provações* e testar a sua *Força de Vontade*. Sem testar a sua *Fé* é impossível dizer se ela funciona. Isso é feito quando a pessoa é colocada em situações onde o seu comportamento já é conhecido. Quando acontece a mudança desejada, o crescimento é incontestável e a pessoa pode dizer: *"Sim, eu posso; eu sou um herói para mim."*

Um *Herói* consegue dedicar sua vida e *Vocação* a uma Instituição e serve como exemplo de crescimento inacreditável de força e realização. Dizemos: *"A minha vida é dedicada a isso e vou começar a transmitir a outras pessoas aquilo em que acredito."*

Muitas vezes esse *Heroísmo* permite suportar o sofrimento, a dor ou qualquer tortura com enorme dignidade e *Esperança* de que servirá de exemplo às pessoas.

Em outras palavras, para que um combustível, que é individual, possa circular por todo o Sistema, é importante que haja persuasão e *Humildade* para convencer o indivíduo a transmitir essa emoção a mais pessoas. À medida que conseguimos ultrapassar a barreira do indivíduo para o grupo, a partir da persuasão e *Humildade* (que muitas vezes aparece também como *Compaixão*), conseguimos o combustível para alimentar outra parte do Sistema. E quando um grupo consegue elaborar esse combustível, ele passa a ser ouvido por todos do Sistema; estaremos falando da parte de todas as pessoas do Sistema, porém, isso ainda não é o fim do movimento. Este continua, e o *Nome* é suficientemente forte para poder criar uma razão de viver para determinadas pessoas, voltando a ser individual.

Podemos dizer que:
- *a Esperança é acompanhada da Humildade;*
- *a Integração necessita da Coragem para continuar no Processo;*
- *a Fé, para existir, necessita da Provação*
- *que desperta o Herói dentro da pessoa,*
- *para gerar a Fonte de Amor.*

Cada vez que conseguimos fazer esse tipo de movimento, conseguimos realmente alimentar o Sistema. Este normalmente tem aqueles a quem chamamos de líderes, habitualmente pessoas em quem predomina um determinado tipo de emoção. O que é mais difícil é fazer a ponte entre os líderes.

Um líder que consiga passar por todos os Ciclos tem destaque e importância enorme dentro do Sistema; porque ele não somente circula, mas tem condições de ascender às pessoas e começar a alimentá-las no nível Sistêmico.

O PROCESSO FUNCIONAL

6

Fazer Projetos é Funcional e não Mental?
Quem entra no Processo Funcional da organização? O executivo? O RH?
A minha organização não "produz" nada; ela é incompleta?
E a minha, onde quem produz é a máquina?
É possível enxergar tendências futuras?

CONTEÚDO SUCINTO DO CAPÍTULO

Este é o Processo que nos é mais familiar. É aquele que lida com atividades que envolvem a produção de algo material – caneta, televisão, casa, cadeira, roupa, bolachas, etc. Tudo aquilo que foi produzido pelo ser humano a partir de uma idéia e que normalmente chamamos de produto de consumo. É impossível sobreviver sem participar ativamente dele.

A importância do Processo Funcional dentro do Sistema se deve ao fato de que, com o conhecimento de seu funcionamento, são possíveis a Manutenção essencial da organização, a Produção e a Adaptação ao ambiente, tendo em vista a vida de seu Produto desprotegido no ambiente muitas vezes hostil, e a Regulação a partir do Retorno pela venda de seu Produto.

Ao mencionar este Processo, lembramo-nos imediatamente de algo concreto que necessita de execução e de cuidados especiais, pois não nasceu pronto. A necessidade de gestação, alimentação adequada e permanente vigilância em relação ao projeto previsto também são sempre lembrados. Mas como tudo isso funciona?

O Processo Funcional não é diferente dos outros em termos de seu movimento; a diferença estará no conteúdo. Analisaremos o funcionamento da transformação e do desenvolvimento das ações, compreenderemos o que são o Produto Final e os Ciclos desse Processo, utilizando os itens propostos no Capítulo 3, onde tratamos de Processos de forma geral.

O OBJETIVO DO PROCESSO FUNCIONAL

A finalidade última dos Processos é a materialização concreta da vontade do Sistema – fazer um Produto Final. Para tanto, o Processo Funcional mantém os seus três Ciclos em movimento contínuo e consegue ir transformando o Projeto até se tornar o seu Produto Final materializado, com uma forma sólida e imutável.

Vamos ver no decorrer do capítulo qual é esse Produto Final, quais são essas ações, qual é o caminho que elas percorrem e as transformações que ocorrem.

Nos Processos já analisados, o Mental e o de Motivação, os seus componentes principais são as Idéias e Pensamentos, e Emoções e Sentimentos, respectivamente. No Processo Funcional, a "vedete" é uma Função específica revestida de uma *Forma Material*, conforme o Ciclo correspondente. Essa Função aparece a partir da necessidade do ambiente – o Mercado – ou da criatividade do próprio homem.

Campo Criativo – *Forma Material Criativa*
Campo Estrutural – *Mecanismo Produtivo*

Utilizaremos para o estudo do funcionamento dos Ciclos o mesmo esquema utilizado nos Processos anteriores.

Cada Ciclo tem o seu Protótipo, que permite a expressão do conteúdo numa forma provisória, e seu Produto, que estabiliza o mesmo conteúdo dentro de uma forma definitiva.

NO PROCESSO FUNCIONAL:

Ao Campo Criativo, Mutável, chamamos de
Forma Material Criativa e

Ao Campo Estrutural, Produtivo, Estável,
chamamos de
Mecanismo Produtivo

O primeiro Campo, o da *Forma Material Criativa*, aceita qualquer tipo de necessidades funcionais; recebe o apelo do exterior do Ciclo, transformando-o numa forma adequada.

O segundo Campo, o do *Mecanismo Produtivo*, é responsável pela vida do Protótipo; cuida de lhe dar forma definitiva, permitindo a sua existência fora do Ciclo.

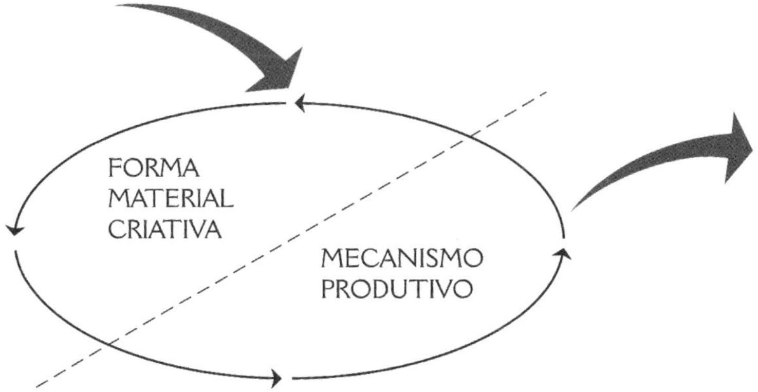

Fig. 10 - Os dois Campos do Ciclo do Processo Funcional

NO CICLO:

- *O 1º Campo dá a vida e produz o Protótipo chamado Forma Material, capaz de sobreviver dentro do Ciclo.*
- *O 2º Campo utiliza o protótipo e produz o Produto, que consegue sobreviver fora do Ciclo.*

OS TRÊS CICLOS DO PROCESSO FUNCIONAL

Para a expressão do Processo Funcional através das formas materiais e para o seu aproveitamento, cada um dos seus três Ciclos trabalha com determinado tipo de matéria, com o seu jeito específico de ser utilizado. O reconhecimento dessas características nos possibilita ter o domínio de cada Ciclo e, posteriormente, do Processo inteiro.

O Ciclo da Ordem é representado pelo *Projeto*, na sua parte Criativa, e pela *Organização*[1], na sua parte Produtiva.

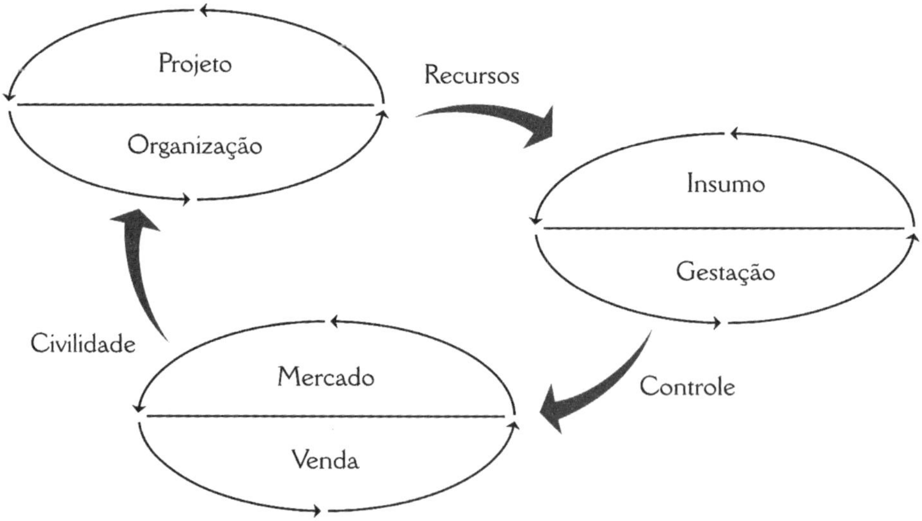

Fig. 11 - Três Ciclos do Processo Funcional

1. Esta parte do Ciclo é o "coração" da organização, que define a direção, os princípios, o retorno, a forma definitiva do Produto; portanto, resolvemos usar o mesmo nome para reforçar a sua importância.

O Ciclo da Execução é representado pelo *Insumo,* no seu Campo Criativo, e pela *Gestação,* na parte Produtiva.

O Ciclo da Liberdade é representado pelo *Mercado,* na sua parte Criativa, e pela *Venda,* na parte Produtiva.

Os participantes do Processo Funcional têm muitas oportunidades de aprender a lidar com os dois lados do mesmo Ciclo do Processo. Quando conseguimos juntar *Projeto* e *Organização, Insumo* e *Gestação, Mercado* e *Venda,* temos condições de lidar com o Processo Funcional por inteiro.

No entanto, nunca a parte Produtiva pode ser mais importante do que a Criativa. Isso é muitas vezes esquecido e à medida que ela começa a ser mais predominante, dá-se o óbvio, ou seja, a *Organização* fica mais importante do que o *Projeto;* economizar na aquisição do *Insumo* é melhor do que *Produzir,* e ter sucesso na *Venda* torna-se mais importante do que sobreviver como uma *Unidade* no Mercado.

Ciclo da Ordem

Os elementos deste Ciclo são os seguintes:

O Projeto representa o Campo Criativo
A Viabilidade é o Protótipo
A Organização é o Campo Produtivo
O Planejamento é o Produto
"O Quê?" é a Chave
Os Recursos são o "Link" para o Ciclo da Execução

Projeto

O *Projeto* tem por objetivo a criação de formas inéditas. Usando linguagem específica, a *Função* começa a aparecer em forma bidimensional, escrita ou desenhada no papel. Esse *design* adota determinado padrão de símbolos, que consegue expressar corretamente a *Função* numa forma projetada.

O que caracteriza a etapa de criação de *Projeto* é a dedicação e disposição total a algo, que poucos compreendem. As palavras, notas musicais ou cores e gráficos começam a se juntar em combinações. Essa etapa do trabalho não se encaixa na vida habitual do restante da organização.

Hoje, existem lugares especiais como universidades, centros de pesquisa e grandes laboratórios, mais voltados para essa fase, de estudo científico, de sonhos e vislumbres; a fase envolve ter ouvidos atentos e olhos abertos, faro para captar e transformar as tendências do momento. Envolve o contato com "loucos" que, diante do que é evidente, enxergam algo que ainda não existe — alguma conexão entre coisas aparentemente desconexas. Essa fase traz novas formas para o mundo quando se constata a sua necessidade funcional.

A inexistência de cobranças é primordial; é fundamental ter o canal aberto à recepção e à capacidade de "tradução" e registro das impressões recebidas.

A casa "dos sonhos" de um cliente, uma música ou um perfume são transformados em formas que podem ser codificadas num determinado padrão de linguagem de símbolos — a planta da casa, a partitura, a fórmula — permitindo a compreensão por mais pessoas. A informação é rabiscada, registrada no papel, para poder ser apresentada à instância que vai aprová-la e viabilizar seu detalhamento. As formas começam a se tornar visíveis e a ser entendidas, embora ainda estejam muito longe da concretização.

É muito importante compreender a diferença entre a fase de Idéias Inéditas do Pensamento Abstrato e esta, a do *Projeto*. Cada vez que colocamos algo no papel, usamos a Idéia na sua funcionalidade, obrigatoriamente expressa em formas simbólicas que posteriormente começam a ser materializadas. Aquilo que é registrado em algum objeto material não desaparece mais e tem a sua existência visível.

Não é fácil colocar na funcionalidade aquilo que parece tão óbvio no pensamento. Inclusive, a arte de falar (Processo Mental) nem sempre consegue ser materializada numa forma poética, literária, matemática, artística. Quando se consegue possibilita-se a sua existência posterior numa forma definitiva.

O bom escritor ou projetista consegue realmente transformar a necessidade do momento numa forma material compreensível. Quando isso acontece, a humanidade recebe um presente maravilhoso — a sua vida começa a ser enriquecida com diversos objetos que não existem na natureza e foram criados pelas pessoas que têm condições de transformar em objeto bidimensional aquilo que não tem nenhuma forma.

O mundo bidimensional é plano e transforma tudo em duas dimensões espaciais: largura e altura. O pedaço de papel consegue ter enorme capacidade de conter informações quando existe a sua expressão em palavras, números ou desenhos.

O arquivo desses símbolos define a capacidade de detalhar e criar a *Forma* adequada, que se encaixe dentro do mundo material já existente.

> Exemplo: *Leonardo Da Vinci concebeu e projetou máquinas de vôo, cuja base não mudou fundamentalmente no que tange às construções das aeronaves modernas.*

Os coletivos, como universidades, centros de pesquisas e organizações especializadas, lidam com a criação de *Projetos* de alta tecnologia, que, patenteados, são utilizados por diversos Processos, algumas vezes muitos anos depois, mediante pagamento de direitos autorais. Podem sofrer diversificações nas etapas seguintes do Processo e se tornar Produtos Finais de aspectos diferentes, sendo utilizados por muitas outras organizações ou pessoas.

A *Viabilidade,* Protótipo do Ciclo, além de adquirir a forma adequada à *Função,* consegue também se enquadrar num mundo já existente.

A Viabilidade é o Protótipo do Ciclo da Ordem

Fica por conta da *Viabilidade* levar adiante a existência de determinada Função numa forma criada e devidamente justificada pelo *Projeto,* adequado aos padrões já existentes, usados como medida comparativa.

Organização

A parte Produtiva do Ciclo, atualmente muito desenvolvida, trabalha com o mecanismo chamado *Organização.*

A esse Campo compete atividade de decisão sobre a *Viabilidade* do *Projeto,* usando critérios e experiência. Decidem-se quais serão os recursos necessários à materialização dos *Projetos,* procuram-se esses recursos para a implantação da produção. Aqui se guarda aquilo que pode servir como referencial para avaliação e aprovação: conhecimentos, tradições, assim como guarda os recursos financeiros. Gerencia também a aplicação de todos esses recursos à produção.

Exemplo: *Projetos de construção de equipamentos para comprovação de descobertas teóricas, como de cosmologia, muitas vezes esperam duas, três décadas, até se conseguir conhecimentos técnicos e recursos financeiros para concretização.*

O *Projeto* aprovado e com os recursos liberados é levado às condições reais numa forma ainda simbólica, porém já detalhada ao máximo. Esses recursos abrangem todo e qualquer tipo de necessidade que poderá surgir durante o Ciclo seguinte, de Execução.

A planilha detalhada, juntamente com os recursos necessários designados para a sua realização, é "impressa" ou registrada em papel, sem o que facilmente se perde. Chegar a essa impressão traduz a capacidade para preparar um molde "teórico", escrito, que espelhe suficientemente o conteúdo necessário para a futura materialização.

Esse molde teórico registrado em algum lugar é uma grande conquista do ser humano, por conseguir manter uma matriz que servirá para acompanhamento, controle e direção da futura materialização. O Produto do Ciclo será exatamente essa matriz ou aquilo a que chamamos de *Planejamento.*

Exemplos: *Os critérios de excelência para várias áreas de atividade humana são determinados por órgãos de classe profissional, órgãos públicos, e alguns internacionais como o ISO, marca da organização – International Organization for Standardization – sediada na Suíça, que trata da normalização.*

Padrões definidos para Acreditação de Hospitais.
Fundação para o Prêmio Nacional de Qualidade.
CQH – Certificação de Qualidade Hospitalar – dada pela Associação Paulista de Medicina e Conselho Regional de Medicina

---

O Planejamento
é o Produto do Ciclo da Ordem.

Aqui se exerce o poder financeiro. A aprovação do *Projeto* implica a liberação de recursos guardados que permitirão a abertura dos novos caminhos para a continuidade do Processo. Várias frentes podem ser abertas para ser executadas. São fundamentais para a continuidade do movimento as capacidades para elaborar o mapa de *Planejamento,* de lidar com quem cuida da infra-estrutura, de fazer manuais de instruções conhecendo bem as suas necessidades.

Exemplo: *Procedimento gerencial de descentralização de Centros de custo é um mecanismo para os gerentes de áreas estarem cientes do significado do montante de verbas que está sendo liberado e usado.*

Sobre o significado da coleta de dados, trataremos posteriormente no Ciclo da Liberdade.

- Projeto – *expressa a idéia da Função em determinada linguagem simbólica técnica.*
- Organização – *decide sobre a Viabilidade do Projeto, designa recursos, elabora o "mandamento", administra o Processo.*

Como exemplos de subversão da ordem do Ciclo, cada um de nós conhece casos de pessoas muito boas em *Projetos* – criativas, capazes em pesquisas – que não sabem o que é *Organizar* seu próprio trabalho. Elas não conseguem detalhar o que inventam, de tal maneira que outras pessoas possam decifrá-la. Quem não conhece pessoas assim?

Por outro lado, quando a força da *Organização* é maior em relação à do *Projeto,* este perde a criatividade para impor sua novidade – é a burocracia. A *Organização,* assumindo importância vital, passa a dominar, usando todos os recursos para si própria, tornando-se muito criativa e inventiva. Ela usa a parte da criação de *Projetos* para fortalecer a sobrevivência da própria burocracia. Onde reina a burocracia, o Campo Criativo se torna estéril.

Exemplo: *O serviço público é muito criticado pela grande burocracia e baixa criatividade, facilitando a corrupção – uso dos recursos em benefício próprio – inclu-*

sive na alta hierarquia. É citado também o número relativamente maior de executivos e funcionários em geral nesses serviços em comparação com a área privada, onde a criatividade é vital para a sobrevivência da organização. A problemática de corte de pessoal é significativa em todos os níveis, inclusive neste Ciclo, quando ocorre a privatização.

Hoje em dia, o Ciclo da Ordem do Processo Funcional tem muita importância na vida da sociedade. Grande parte da população economicamente ativa da civilização atual procura "serviço limpo", trabalhando em escritórios, em atividades gerenciais e de administração, que se tornaram extremamente valorizadas. O fato de as atividades produtivas serem realizadas cada vez mais com o uso da tecnologia, muitas vezes nos dá a ilusão de que o Ciclo da Ordem é auto-suficiente, e de que estamos fazendo um serviço completo. Trata-se, porém, apenas de uma etapa do Processo, provocando grande dependência em relação às pessoas ou organizações que fazem as outras partes, para se chegar ao Produto Final e se obter o Retorno.

O Ciclo da Ordem do Processo Funcional, como qualquer outro, tem o seu movimento cíclico interno, que produz e aperfeiçoa a produção. Uma vez pronto, o Produto é passado para o Ciclo da Execução, onde encontra infraestrutura para se materializar.

Ciclo da Execução

O Ciclo da Execução do Processo Funcional também é composto pelos seus elementos:

O *Insumo* representa o Campo Criativo
A *Mistura Líquida* (crua) é o Protótipo
A *Gestação* representa o Campo Produtivo
O *Conteúdo Sólido* (cozido) é o Produto do Ciclo
"O Quê?" é a Chave do Ciclo
O *Controle* é o "Link" para o Ciclo da Liberdade

Este Ciclo tem dependência cada vez maior da tecnologia que vem substituindo o homem na produção. Os equipamentos e máquinas têm competência, rapidez e capacidade muito superiores à do ser humano, na execução de trabalhos repetitivos. Cada vez que aparece um equipamento novo e mais perfeito, a produção cresce e a qualidade melhora muito.

O Insumo

O Campo do *Insumo* é alimentado e ativado com a "comunicação impressa" do *Planejamento*, que vem com força e credibilidade de lei, como um mandamento. O *Insumo* envolve:

- A existência de *Infra-Estrutura* atuante, com capacidade de fornecer matéria-prima necessária à aplicação do *Planejamento* às condições reais;
- A *Matéria-Prima* que não se encontra no local, necessária para o trabalho de produção, conforme planejado;
- A *Mistura dos Ingredientes* conforme especificação, e preparação do "estado líquido" do Produto.

A *Infra-Estrutura* nos dá as condições básicas para a materialização. São consideradas aqui as matérias-primas propriamente ditas, os trabalhadores braçais, os técnicos especializados de todos os serviços de apoio.

As pessoas que trabalham na infra-estrutura, com exceção dos técnicos especializados, não têm profissão qualificada e por isso não são muito notadas na produção, além do que há muita atividade aqui, com pouco resultado material. Elas normalmente recebem baixa remuneração, embora sejam absolutamente indispensáveis, pois, sem elas, é impossível começar qualquer materialização.

Atualmente, a grande participação de máquinas e equipamentos nos trabalhos de infra-estrutura permite liberar o homem dos serviços pesados, embora a organização não saiba como aproveitar os funcionários liberados, tendendo apenas a dispensá-los, com repercussão na vitalidade da organização, como vimos no Processo de Motivação.

Para adaptar o Produto recebido do Ciclo anterior, que é o de *Planejamento*, para as condições reais, é necessária a junção de todos os ingredientes numa mistura e mantê-la numa forma sólida provisória. É a tentativa de realizar algo que aparecerá com forma concreta.

A mistura segue a receita contida no *Planejamento*.

É a fase mais criativa do Ciclo. Aqui é feita uma tentativa de nascimento do Produto do Ciclo. Acontece o milagre da criação; o *Planejamento* teórico é transformado numa forma capaz de sobreviver dentro do Ciclo. Ao Protótipo da parte Criativa do Ciclo da Execução chamaremos de Mistura Líquida, que é a mistura materializada de ingredientes.

O segundo Campo do Ciclo irá encontrar uma forma tridimensional; ao conhecer bem as condições de infra-estrutura, é possível definir adequadamente o tipo de material de revestimento, que agüente o conteúdo planejado.

> Exemplo: *Os kits do tipo "Faça você mesmo", "Pegue e Faça", trazem, além de todas as peças necessárias para a montagem do objeto, próprias deste Ciclo, o Planejamento, do Ciclo anterior, com todas as instruções passo a passo, de como proceder para se chegar ao objeto individualizado e independente, pronto para ser utilizado.*

A Gestação

O Campo de *Gestação* inclui toda a organização para a produção, que consiste em:

- Encontrar a forma tridimensional para a "mistura líquida[1]".
- Transformar a mistura líquida em sólida, usando os recursos disponíveis.

A forma do Ciclo da Produção é espacial, tendo, além do comprimento e largura, a espessura. A principal tarefa dessa parte do Ciclo consiste exatamente em encontrar uma fôrma adequada à "mistura líquida".

Exemplo: *A fôrma feita de placas ou ripas de madeira e a mistura fresca de concreto, que a preenche para modelar vigas, colunas, tetos, etc. nas construções.*

Exemplo: *A massa crua do bolo, recém-misturada, e a fôrma refratária, ou de outro material, onde a massa é colocada para ir ao forno.*

Para permitir a solidificação, são necessárias condições específicas de alimentação, temperatura, material, tempo e local. Quando alguma das especificações não é atendida podem ocorrer falhas fatais para a vida futura do Produto.

Chamamos a essa fase de *Gestação*, justamente por ser análoga à vida do feto. O seu crescimento e desenvolvimento dependem muito da estabilidade, das condições necessárias de crescimento, alimento específico, bem como do local especial (útero da mãe) e tempo de gestação (9 meses). A mesma coisa acontece em qualquer trabalho de *Gestação* de Produto.

Nessa parte do Ciclo, o montante das despesas é bastante previsível, embora normalmente muito dispendioso.

É impossível encurtar o tempo da *Gestação*. Cada vez que tentamos apressá-la, temos graves problemas na Produção.

Ao Produto do Ciclo chamamos de *Conteúdo Sólido*. A forma sólida tridimensional consegue vida própria. É o milagre da Execução que conseguiu produzir algo independente, com vida.

No Ciclo da Execução, tudo se expressa através do fortalecimento da Função numa forma definitiva, que tem o seu espaço tridimensional e o tempo de vida como feto, bem definido. A produção é feita sempre a partir da matéria-prima planejada e encontrada para produzir a nova forma. Nessa fase, procura-se trabalhar obedecendo fielmente às rotinas estabelecidas. A preocupação do Ciclo é com a manutenção do movimento e a exatidão na repetição do padrão. Ao estar pronto, o Produto adquire a forma definitiva, imutável e individual, com potencial para a existência independente, podendo ir para o Ciclo seguinte, da Liberdade.

O Ciclo exige recursos de diversas espécies como matéria-prima, infraestrutura, recursos financeiros, funcionários especializados, e é totalmente dependente do Ciclo da Ordem.

O Campo de *Gestação* tem dois momentos muito importantes. O primeiro depende da concretização de uma forma definitiva a partir da provisória, im-

---

1. "Líquida" no sentido de assumir a forma do receptáculo ou fôrma.

pondo o padrão confiável e experimentado; é uma fase bastante intranqüila e delicada, em que acontece a prisão definitiva na casca sólida do Produto. O segundo momento está na possibilidade da reprodução com vistas à produção em série, onde a exatidão na repetição é muito importante.

Em ambos os casos, a estabilidade e o cumprimento das rotinas planejadas são de vital importância. Para manter a produção é fundamental a existência de especificações exatas para os procedimentos.

> Exemplo: *Em hospitais, quando a medicação individual dos pacientes é preparada nas próprias enfermarias, há um desperdício na passagem do 1º para o 2º Campo; principalmente em hospitais pediátricos, onde as dosagens prescritas são muito pequenas.Os medicamentos vêm das indústrias em embalagem para adultos, e o restante é geralmente desprezado porque a validade após a abertura da embalagem original é muito curta. Nos medicamentos em pó, a validade passa de anos para horas, após a mistura em diluente.*
>
> *Quando se adota o "sistema de dispensação de medicamento por dose unitária", a farmácia se responsabiliza desde a análise do pedido (Mandamento), os fracionamentos, as diluições, a embalagem personalizada, até a entrega à enfermaria específica. Além da economia, isso facilita o seguimento de um padrão, difícil de assegurar quando existem dezenas de pessoas executando o procedimento, cada um em um local.*

O Ciclo tem problemas quando a parte Produtiva, de *Gestação,* se torna mais importante do que a parte Criativa, de *Insumo*; esta fica estéril e a produção, arcaica. Neste caso, a infra-estrutura fica sem a matéria-prima necessária à produção. Há a confinação da produção à pobreza tecnológica e à estagnação. Tudo falta: matéria-prima, mão-de-obra, recursos financeiros vindos do Ciclo anterior. A parte Produtiva do Ciclo começa a usar jogo de cintura para não parar, usando para tanto a parte criativa do Ciclo que, em vez de trabalhar para a implantação de produtos novos, traz invenções práticas, bem interessantes, embora arcaicas, para garantir a sobrevivência do Ciclo.

> Exemplo: *Há um filme usado em treinamento de pessoal chamado "O Trem", em que os passageiros vão trocando de maquinista à medida que falham as providências de cada um deles para torná-lo mais rápido – colocar mais lenha na fornalha, trocar peças de lugar, enfeitar, descartar "excesso de peso" como bagagens e componentes da estrutura do vagão, colocar os próprios passageiros para puxá-lo, etc. Um passageiro, que durante todo esse tempo tenta mostrar, sem sucesso, a planta de um trem moderno, e que finalmente é posto para fora, volta dirigindo o seu trem, que facilmente ultrapassa o anterior.*

O controle de qualidade da atividade é pertinente ao Campo Produtivo deste Ciclo. As queixas dos consumidores serão captadas no Ciclo seguinte, de

Liberdade, porém serão retornadas para este Ciclo da Execução para os reajustes necessários.

- Insumo – *providencia as condições básicas de infra-estrutura para a materialização, transformação da forma bidimensional em tridimensional, embora em estado "líquido", necessitando de fôrma provisória.*
- Gestação – *lida com o crescimento e solidificação da fôrma para alcançar a independência; manutenção das condições permanentes e específicas de alimentação, temperatura e outros condicionantes.*

O Ciclo responde muito bem à sua Chave: *"Como?"* Usualmente, as organizações têm os segredos de produção e mistura guardados sob sete chaves e nem sempre é possível confiar nas máquinas para elaborar uma mistura de alto nível. O mesmo pode ser dito sobre a constância nas condições para a geração da forma definitiva. São os pequenos detalhes e às vezes as condições imponderáveis como a perícia das mãos do profissional que definem a perfeição do Ciclo.

Saibamos dar o devido valor aos especialistas, que têm enorme sensibilidade em relação ao Ciclo da Execução. As organizações têm a tarefa muito difícil de conseguir sistematizar de alguma maneira essa riqueza.

É possível dizer que a Execução obedece totalmente ao *Planejamento* recebido, pois só tem como riqueza específica a sua matéria-prima, que se encontra dentro de sua infra-estrutura; os outros recursos estão sob domínio do Ciclo da Ordem, embora dependa da Execução para a realização da sua vontade. Esse Ciclo tem grande disponibilidade em aceitar a densificação da mistura para formar o Produto em 3 dimensões. Sem esse sacrifício, é impossível o "milagre" da criação, que só se completa com sua materialização individual em três dimensões.

As técnicas de melhoria da Qualidade em geral, como *Melhoria Contínua, Downsizing, Reengenharia, Benchmarking, Just in time, 5 S,* são instrumentos gerenciais do Ciclo da Ordem, para aplicação no Ciclo da Execução.

Ciclo da Liberdade

O Ciclo da Liberdade é composto pelos Campos *Mercado,* Criativo, e *Vendas,* Produtivo. Este Ciclo assume atualmente lugar muito importante na sociedade; o contato direto com o consumidor emprega cada vez mais pessoas. Saber lidar com esse aspecto é uma grande arte, pois não há regras estabelecidas para o seu funcionamento e ele acontece em total liberdade. Ao querermos criar regras rígidas para o *Mercado*, eliminamos a vitalidade do Processo Funcional inteiro.

São os outros elementos deste Ciclo:

A Unidade, como o Protótipo

O Lucro, como o Produto do Ciclo

O "Aceite", como Chave do Ciclo

A Civilidade, o "Link" para o Ciclo da Ordem

No Ciclo da Liberdade a *Unidade* e o *Lucro* são também, respectivamente, o Produto Final e o Retorno do Processo Funcional como um todo.

O *Mercado* inclui as seguintes atividades:

- Embalagem, distribuição e transporte da *Unidade* para o *Mercado*;
- Condições de comercialização;
- Entendimento do comportamento do *Lucro* no *Mercado Livre*;
- Análise do comportamento do próprio *Mercado*.

O *Mercado* trabalha com Produtos prontos, vindos do Ciclo da Execução. Porém, para participar ativamente no *Mercado*, que já existe e não vai mudar nenhuma regra por causa desse Produto, há a necessidade de sua preparação e aprendizagem.

Novamente é possível fazer a analogia com o ser humano. Ao nascer, a criança depende exclusivamente dos adultos, em geral da mãe, e de cuidados especiais para poder sobreviver – o alimento, a roupa, a casa como abrigo, carinho. Além dos cuidados essenciais, entra a educação para poder sobreviver dentro da própria família ou no meio das pessoas conhecidas.

A educação mais formal, que lhe ensina como sobreviver no meio da sociedade, se constitui em outra etapa de aprendizagem. Atualmente, a lei obriga os pais a mandar as crianças estudar em escolas. Cada vez existe maior quantidade de escolas e o acesso ao conhecimento se torna importante para a ascensão social. Além disso, a própria sociedade tem exigências de comportamento e de aparência exterior que funcionam como permissão para a participação ativa na vida civilizada da humanidade.

Dá-se o mesmo no caso do Produto Individual. A parte Criativa do Ciclo trata do Produto Final como se fosse um recém-nascido. Há a necessidade de cuidados especiais que ainda competem à organização, embora a participação de intermediários venha se tornando cada vez maior – as organizações de embalagens, de transporte, os institutos de pesquisa, os distribuidores e supermercados têm por objetivo a introdução do Produto Final no *Mercado*.

O Ciclo se inicia com a recepção daquele Produto pronto, produzido pelo Ciclo anterior, da Execução. Esse Produto começa a sua adaptação às novas condições vitais para ter a sua sobrevivência no mundo garantida. Espera-se que as informações vitais, impressas pelo projeto e utilizadas na execução, assegurem a eficácia de sua capacidade de sobrevivência no *Mercado*.

Durante a sua infância, esse Produto passa por diversos testes de sobrevivência. A sua forma sólida é enfeitada e protegida pela embalagem. Os serviços de transporte e estudos logísticos levam aos pontos de exposição para o consumo e também fazem parte dos cuidados de adaptação do Produto às novas condições.

Normalmente, essa fase não tem prazo definido, nem as regras são sempre idênticas, porém é impossível escapar dela. Para facilitar essas tarefas, as organizações utilizam diversas pesquisas de *Mercado*.

A análise do comportamento do consumidor, bem como a convivência com os produtos da mesma natureza, fazem parte da aprendizagem fundamental para a convivência no *Mercado*.

Esses Produtos estarão no ambiente, juntamente com outros tantos de marcas e tipos diferentes, nas prateleiras dos mesmos pontos de venda ou da proximidade. Embalagens chamativas e ao mesmo tempo o *marketing* são feitos para anunciar a sua existência.

As organizações gastam vultosos recursos para esse tipo de estudos. A análise do comportamento do *Mercado*, a existência de competição no caso de produtos semelhantes, o estudo do preço, a propaganda e o *marketing*, são algumas áreas de atuação do Campo de *Mercado*.

> Exemplo: *Os "quatro Ps" trabalham com* marketing *neste Ciclo:*
> *Produto – objeto de venda*
> *Preço – valor de venda do Produto*
> *Praça – mercado do cliente potencial*
> *Propaganda – divulgação do Produto e suas vantagens (preço) aos compradores potenciais*

Os cuidados com a vida do Produto dentro das condições livres de *Mercado* permitem a sua vida individual, tornando-se uma unidade independente da organização. A esse Protótipo do Ciclo, que tem sobrevivência no próprio Ciclo, chamamos de *Unidade*.

Uma *Unidade* está pronta a desempenhar uma Função necessária dentro do *Mercado* e também a alimentar de alguma maneira a própria organização mãe. Depois de se tornar uma *Unidade*, o Produto Final (e Protótipo) está pronto para ser vendido e se transformar em Retorno do Processo Funcional (Produto do Ciclo) que é o *Lucro*.

Uma *Unidade* compreende a procedência, qualidade, utilidade e outros fatores importantes na hora da venda, e tem condições de passar pelo teste dos cinco sentidos do consumidor: pode ser tocado (tato), experimentado (paladar), visto (visão), ouvido (audição) e cheirado (olfato). Está pronto para enfrentar duras condições de concorrência e passar por diversas situações impostas pela vivência da liberdade.

A convivência de Produtos "em liberdade" no ambiente acontece, como dissemos, em espaço aberto, onde suas informações estão disponíveis para quem as conseguir captar.

As impressões sensoriais são importantes no Ciclo da Liberdade. Elas pairam no ar e são captadas pelos cinco sentidos.

A parte Estrutural do Ciclo da Liberdade mantém a *Unidade* dentro do *Mercado* com o objetivo de receber o Retorno para a organização, a que chamamos *Lucro*.

Existem diversos tipos de *Lucro*:

- Financeiro.
- Experiência do comportamento do Produto em condições de liberdade.
- Aceitação do Produto pelo consumidor.
- Percepção de novas tendências do *Mercado*, usando o Produto como um indicador.
- Novas oportunidades a partir do aparecimento de situações imprevistas pelo Planejamento.

Saber manter contato com o Produto Final depois da sua Venda é um grande desafio para as organizações. Atualmente, esse conhecimento faz a diferença para se chegar ao sucesso duradouro. Quanto mais intenso esse contato, maior o fluxo e permanência do Retorno.

> Exemplo: *Contratos de manutenção, pesquisas pós-venda da qualidade do produto, informações de consumidores que usam produtos similares, etc.*

> Exemplo: *Num hospital, foi implantado um Centro de custos sob a responsabilidade de gerentes. A responsabilidade da coleta de dados é do pessoal de ponta, sendo que cada funcionário sabe a finalidade e importância da informação que está sendo coletada e sabe que são utilizadas para o Planejamento de sua área e do hospital como um todo.*
>
> *Quando somente os gerentes ou uma comissão são responsáveis, a coleta tende a ser feita em decorrência de uma ordem, sem envolvimento e com riscos de muitos erros, pois são muitos os dados.*

O Retorno Financeiro normalmente está no recebimento do valor indicado como preço do Produto. Nem sempre o *Mercado* aceita o que foi planejado. Às vezes, o preço é maior ou menor. Aqui entra a força e o bom senso do vendedor, responsável na hora de negociar o preço com o consumidor.

Conhecemos pessoas que querem ou gostam de fazer vendas, e que, entretanto, fazem abatimentos sem saber quanto custou aquilo que estão vendendo, e sem nem sequer se interessar pelo Retorno Financeiro da organização, preocupados que estão apenas com o seu salário. A qualidade do vendedor reflete diretamente na quantidade do Produto vendido.

O dinheiro é um dos Produtos da Venda. O *Lucro* é muito maior do que simples Retorno Financeiro. Cabe à organização e ao vendedor tornar esse Retorno mais completo e duradouro. O Retorno novamente passa ao Ciclo seguinte, que é o da Ordem, para ser guardado como recurso e ser investido em novos Projetos, na manutenção da produção no Ciclo da Execução e na viabilização do Processo Funcional inteiro.

As informações sobre a aceitação do Produto pelo *Mercado*, assim como as informações pós-venda da impressão do consumidor sobre o Produto, também fazem parte do Retorno para o mesmo Ciclo. A *Unidade*, nesse contexto, se torna fonte de informações do ambiente, para o Ciclo do Passado e para o Processo inteiro, tanto para comprovar a capacidade de sobrevivência como para atualizar o Ciclo, pela experiência de vida nas condições reais do ambiente.

Pessoas sensíveis captam e fazem conexões num *insight* e encontram novas oportunidades de *Venda* para o mesmo Produto, além de ter a percepção de novas Funções necessárias ao ambiente. Não existem registros para se lidar com um novo conteúdo que antecipa o aparecimento de uma Função inexistente hoje. A sua "tradução" ocorre, como já vimos, no lado Criativo do Ciclo seguinte, o do Passado, quando pessoas em sintonia fina com esses visionários conseguem transformar a percepção sem registro em linguagem compreensível e utilizável.

A importância do Processo Funcional consiste na capacidade para a materialização. A vivência dos 3 Ciclos culmina no nascimento do Produto Final Individualizado, que é a *Unidade*. O Produto que começou como um registro de conteúdo, com necessidade funcional do ambiente, conseguiu se desenvolver e nascer com forma material tridimensional. E sobrevive com essa forma, adquirindo a roupagem exterior adequada ao novo ambiente para assim participar da vida do *Mercado*.

Os profissionais que conseguirem conhecer e lidar com ambos os lados — o Criativo e o Produtivo — de um mesmo Ciclo do Processo, onde estão funcionalmente inseridos, têm uma enorme facilidade de movimento dentro do mundo livre, onde vigora a possibilidade de rejeição ou aceitação. Tudo depende da capacidade para a percepção do momento adequado e da vivência daquilo que o mundo quer. Viver sem imposição de suas regras nem previsão de lucro, mas saber tirar o máximo daquilo que o *Mercado* quer no momento — eis o lema do Ciclo da Liberdade.

Essas pessoas passam a ter destaque no seu ambiente de trabalho. Além disso, aprendem a lidar mais com a sua própria vida, pois têm condições de participar inclusive do Processo inteiro, que vai do Projeto até o aparecimento do Produto Final.

Dentro do Ciclo da Liberdade é possível descobrir as novas oportunidades, bem como enxergar as tendências futuras. Quem sabe utilizar o Ciclo tem todos os meios disponíveis; trata-se apenas de fazer bom uso dos cinco sentidos, que levarão ao objetivo desejado.

Como já vimos na descrição do Ciclo da Liberdade, o Produto Final é a existência do Produto como uma *Unidade*. Quando começamos o Processo Funcional, o risco de gastar os recursos e não conseguir nenhum resultado positivo foi muito grande. Para poder avaliar o resultado, é importante ver o Retorno que chega novamente ao mesmo lugar que liberou os recursos. E para isso é fundamental chegar ao Produto Final como uma *Unidade*.

Como já sabemos, uma *Unidade* traz em si o conteúdo do planejado e a visibilidade da forma sólida que pode submeter-se aos cinco sentidos dos consumidores. Só a *Unidade* é capaz de ser analisada e checada individualmente. O Retorno, sem o qual a continuidade do Processo Funcional é impossível, vem a partir desse contato.

MOVIMENTO ENTRE OS CICLOS

Passagem do Projeto/Organização para o Insumo/Gestação

Para que essa passagem ocorra, é fundamental que o *Planejamento* seja acompanhado pelos recursos necessários à Execução. Quando acontece a decisão de fazer algo ainda inexistente, sempre há riscos na obtenção dos resultados desejados, os quais sempre envolvem os recursos necessários para o trabalho.

Dominar o futuro é impossível, porém o Ciclo da Execução está sob o domínio do Ciclo da Ordem.

É importante saber: Como é dada a ordem? É entendida pela equipe de gerentes e adaptada ao Ciclo da Execução? Quem é responsável pela assinatura dos cheques? Como o gerente passa a ordem adiante? O gerente tem experiência no que se refere à sua função? Ele entende da parte técnica?

Quando existem respostas claras a essas perguntas, o risco sempre é amenizado, embora nunca eliminado. São necessários recursos de diversas fontes, principalmente os financeiros. Portanto, é possível se afirmar que a passagem do Passado para o Presente, ou seja, do *Planejamento* para a Execução, é impossível sem *Recursos*. Qualquer coisa planejada exige gasto, sem que se tenha certeza do Retorno.

Não adianta criar *Projetos*, detalhá-los e não ter recursos para realizá-los. Sem tirar algo de si é impossível seguir adiante no movimento do Processo. É possível falarmos de doação ou de sacrifício. Investimos em algo que ninguém garante que dará certo. Nem sempre esse ato é bem compreendido;

porém, sem ele nada funciona – é impossível realizar algo sem os recursos correspondentes.

Tanto a necessidade de produção quanto de recursos variam conforme as condições do local. Porém, sempre existirá uma ordem e os recursos para realizá-la. A experiência, nesse caso, também vale bastante, pois a otimização de recursos depende muito do saber como fazer.

A ordem falada, que funciona muito bem no Ciclo do Passado, não funciona no Ciclo do Presente. O gerente do Processo, para se tranqüilizar quanto à existência da passagem, elabora a sua ordem por escrito, como receituário, acompanhado dos recursos destinados para as despesas necessárias.

Passagem do Insumo/Gestação para o Mercado/Venda

O Ciclo da Liberdade não escolhe o que vem do Ciclo da Execução, que envia algo já pronto. O bom gerente vai verificar na saída do Ciclo, se aquilo que deveria estar produzindo está realmente saindo; o controle de qualidade é sempre necessário.

A qualidade é o fator cuja presença é a mais importante no movimento entre esses dois Ciclos. Só o Produto que tenha qualidade satisfatória consegue sobreviver no Ciclo do Futuro. Qualquer defeito de Produção traz enormes problemas, pois é devolvido pelo Mercado. Os consumidores e os intermediários nas vendas são muito exigentes com relação à qualidade do Produto. Só a perfeição no que se refere à qualidade permite ao Produto existir no Ciclo da Liberdade; o controle dessa parte é muito importante.

A verificação do que foi Planejado chama-se *Controle*. Atualmente, o Planejamento e o *Controle* são tão indispensáveis ao Processo Funcional, que há um número considerável de organizações que fazem apenas o trabalho referente a essa etapa, existindo várias opções para a sua realização. Esse acompanhamento permite a atualização da opção assumida, inclusive com a possibilidade de alteração de todo o Ciclo da Execução.

Porém, não adianta controlar antes de executar e gastar. É impossível saber, nas fases intermediárias, como estão os gastos. Às vezes, uma etapa requer mais coisas do que outra. O que se respeita e normalmente não é alterado é o montante dos recursos. O Produto pode não ser tão perfeito, mas o importante é produzir algo com os recursos disponíveis.

Há diversos tipos de checagem. O *Controle* pode ser técnico e financeiro; pode abranger desde o funcionamento dos equipamentos até o cumprimento das ordens pelos funcionários.

A qualidade, indispensável, requer a existência do *Controle*, que é a ligação entre os Ciclos da Execução e da Liberdade. Sem o *Controle* é impossível saber o preço final do Produto.

Passagem do Mercado/Venda para o Projeto/Organização

Quando ocorre a Venda, começa a haver o Retorno Financeiro. Para não se perder o fio da meada, há a necessidade de um órgão que cuide do acompanhamento da vida do Produto cujo indicador seria:

- A quantidade de pedidos;
- A quantidade de dados sobre a vida do Produto, cuja informação, por escrito, é mandada para o Ciclo do Passado.

Exemplo: *Uma lavanderia que, em troca de lavagem gratuita, pede informações sobre o seu atendimento. Ela recebe poucos dados, mas fundamentais, sobre a satisfação quanto ao serviço e ao atendimento.*

É sabido que o Retorno, tanto o Financeiro como o referente à experiência de contato com o Mercado e com os consumidores, requer algo muito importante – honestidade na devolução. Essa é a parte vital na sobrevivência da organização. Quem lida com Vendas sabe das perdas financeiras e só se inquieta com os outros prejuízos, muitas vezes bem piores do que os simples roubos.

Portanto, a existência da *Civilidade* no exercício da profissão é a ligação com o movimento entre os dois Ciclos e a permissão para esse movimento justamente porque no Ciclo da Liberdade não existem regras internas rígidas. Cada vez que queremos regular o *Mercado* com muitas leis e mandamentos, amarramos as Vendas e dificultamos o movimento.

A única regra é a existência da *Civilidade*, ou seja, dos princípios morais de cada um dos participantes. A honestidade é algo absolutamente indispensável. O melhor profissional torna-se nocivo quando perde a credibilidade moral no Mercado. Portanto, a presença de *Recursos*, de *Controle* e de *Civilidade* permitem o movimento entre os Ciclos.

INTRODUÇÃO AO FUNCIONAMENTO SISTÊMICO

7

O que significa "3 organizações em 1"?
Que estranha diferença de visão é essa de quem está dentro e de quem está fora da organização?
Há milhares de produtos e você me diz que só há 3 categorias?
O que é gerenciar Redes ou ser Executivo de Rede?

CONTEÚDO SUCINTO DO CAPÍTULO

- Três categorias de Produtos Sistêmicos
  - De Consumo
  - De Propriedade Intelectual
  - Essencial para manutenção da vida
- Qualidades intrínsecas dos Produtos
  - Conteúdo
  - Forma externa
  - Pagamento
- Sistema Interno Tríplice
  - Rede Material
  - Rede Intelectual
  - Rede Institucional
- Rede como Processo Gerencial
  - Centro Gerencial
  - Centro de Execução
  - Centro de Uso
- Forças Internas Sistêmicas
- O Executivo da Rede

O estudo dos três Processos demonstrou a complexidade do funcionamento sistêmico. Cada Processo tem a sua finalidade e a grande necessidade de não perder de vista o retorno de seu Produto Final. Ao estarmos no movimento de apenas um Processo, é impossível percebermos o funcionamento dos outros.

A partir deste Capítulo, mostraremos como pode ser efetuado o gerenciamento conjunto de todos os Processos em uma organização. Obviamente, isso é impossível quando a observação do conjunto tenta ser feita a partir de um único Processo. Nesse caso, parece que tudo gira em torno de seus objetivos e necessidades e não há mais nada além desse Processo. A percepção da Realidade não alcança a totalidade sistêmica da organização.

Começamos a tentar perceber o funcionamento do Sistema analisando apenas o seu Produto Final, sem entrar em contato direto com o Sistema.

A primeira reação à observação, de que o consumidor e os funcionários da organização que produziram o objeto de consumo possam ter visões diferentes sobre o Produto, parece óbvia. Quem o está produzindo deve conhecer muito mais, afinal está instalado nas entranhas da organização; mas, muito pelo contrário, quem está dentro, como funcionário, tem uma visão muito mais fragmentada, a não ser quando ele próprio se transforma em consumidor, desempenhando, nesse momento, o papel de quem está "lá fora".

É certo que cada Produto lançado no Mercado tem determinadas características que fazem lembrar suas origens. Qualquer Produto é uma expressão material da organização que o produziu e de como essa produção aconteceu. Porém, a partir do momento em que fica pronto, é embalado e sai da organização, ele começa a adquirir vida própria, servindo ao ambiente onde se encontra. Essa característica foi detalhadamente explicada no funcionamento do Produto Final do Ciclo da Liberdade, principalmente do Processo Funcional.

Se observarmos as prateleiras de supermercados, lojas e quaisquer pontos de venda, notamos que, de algum modo, cada um dos infindáveis Produtos está tendo vida própria, o que depende da loja, dos locais onde são colocados, daquilo que as pessoas que irão comprá-los vão fazer com o Produto, etc.

Qualquer Produto sempre é visto pelo consumidor como algo a ser usado como ele quer, a ser incorporado ao Sistema em que ele é o principal mandante. O consumidor não está vendo a fábrica, mesmo que ocasionalmente se lembre de que parte do preço pago se destina à fábrica. Percebemos claramente essa postura de "usar como eu bem entender" quando compramos brinquedos para as crianças e elas poucas vezes os usam "como recomendado pela fábrica"!

O Produto interessa pela sua utilidade. Mesmo sem ter muita consciência disso, o público busca certas qualidades múltiplas, externas, naquilo que compra; interessa-lhe saber sobre a sua marca, mas ele também quer ter certas sensações que lhe permitam falar sobre o Produto.

É fácil imaginar que um livro, qualquer que seja o nosso interesse, desperte em nós algum tipo de conteúdo intelectual. No entanto, isso ocorre até mesmo com os Produtos aparentemente sem nenhum conteúdo intelectual, mas que sempre causa algum impacto emocional. Ao despertar os nossos cinco sentidos, poderemos dizer algo sobre ele — é gostoso, bonito, vistoso, útil; e ele trará algum tipo de idéia.

3 CATEGORIAS DE PRODUTOS SISTÊMICOS

Qualquer Produto, sem exceção, possui, intrinsecamente, três qualidades pelas quais é reconhecido pelas pessoas que estão fora da organização:

- O seu conteúdo;
- A forma externa específica;
- O pagamento do preço.

Pelo seu conteúdo, cada Produto pode ser classificado segundo uma das três categorias específicas:

- *Produto de Consumo;*
- *Produto de Propriedade Intelectual;*
- *Produto Essencial à Manutenção da Vida.*

A forma externa do Produto depende muito do seu conteúdo interno. Normalmente, o *Produto de Consumo* tem sua forma individualizada passível de ser apreciada pelos nossos cinco sentidos — o tato, o paladar, a visão, o olfato, a audição. Quando queremos comprar uma geladeira, imediatamente usaremos a nossa impressão sobre ela a partir da reação dos nossos cinco sentidos.

O *Produto de Propriedade Intelectual* não tem forma individualizada nem finalizada, e normalmente é apreciado e utilizado por diversas pessoas simultaneamente, como o teatro, um curso, etc., sendo aprimorado durante o uso. É impossível confiar nos cinco sentidos para descrever esse tipo de produto, pois ele ainda não existe. Desde já introduzimos uma característica específica do produto intelectual: a sua elaboração é feita após a venda. Quando alguém quer fazer um curso, é importante encontrar uma escola e um professor. Porém, o aluno aprenderá durante o período estabelecido. O pagamento será feito durante a elaboração do Produto. O Produto Final é o aluno formado, que conseguiu concluir o curso. É até possível afirmar que houve transmissão de conhecimento.

O *Produto Essencial à Manutenção da Vida* tem uma forma única, que serve para todos. Normalmente, a sua produção é feita através dos serviços de manutenção da vida ou do ser humano ou de algum equipamento adquirido.

Existem os médicos para as pessoas e os técnicos para as máquinas; é importante que ambos pertençam a instituições absolutamente idôneas, que conheçam tudo a respeito desse tipo de serviços. O Produto é adquirido, mas pode falhar durante a sua vida útil. Para isso, foi inventada a garantia, a assistência médica ou técnica. O contrato define o prazo de sua utilização, como ser sócio de um clube, participar de convênio de assistência médica ou a validade de garantia de manutenção de um veículo.

O conteúdo e as formas externas do Produto definem como é feito o pagamento. O *Produto de Consumo* tem um preço para cada unidade, podendo ser levado imediatamente para ser utilizado. Cada comprador paga integralmente pela mercadoria que estiver levando.

O *Produto Intelectual* tem o seu preço diluído, ele é dividido entre as pessoas que o utilizam "simultaneamente" – o preço de um filme é dividido entre todos os espectadores, que compram seus ingressos.

O 3º tipo de pagamento é o de mensalidade, paga pelos serviços que eventualmente possam ser efetuados. O convênio de assistência médica é pago mensalmente, na expectativa de poder usá-lo quando for necessário. Em geral, temos o contrato de uso desse tipo de serviço mais como uma garantia no caso de emergência do que propriamente para usá-lo mensalmente. A mensalidade do contrato de manutenção garante os serviços caso necessário, permitindo tanto a nossa comodidade como a prorrogação da vida do Produto.

Atualmente, os Produtos têm diversas formas de pagamento, pois as exigências dos consumidores estão aumentando. Um único Produto oferece diversas vantagens tanto na aquisição quanto no posterior acompanhamento.

Podemos dizer, simplesmente, que cada organização tem uma obrigação – produzir aquilo que o Mercado quer. O Produto é identificado pelo Mercado segundo esses três elementos: conteúdo interno, forma externa e preço.

Como essas três qualidades são incorporadas ao Produto? Se vamos comprar um desinfetante, um refrigerante, etc., por que devemos saber tudo isso?

Por exemplo, ao comprar uma garrafa de refrigerante de certa marca, posso querer saber sua história até ela ir para as prateleiras onde a encontrei, ao lado dos refrigerantes de outras marcas. Qualquer Produto que vemos, como por exemplo, uma caneta, nos deixará perceber a sua forma externa, como uma unidade. Além disso, posso pegá-la e também observar o seu funcionamento, que será o seu conteúdo; mas, por trás disso, há uma indústria que, independentemente de seu tamanho, tem toda uma estrutura e funcionamento interno para produzir essa caneta. Conhecendo o Produto, podemos falar muitas coisas, durante horas, sobre essa indústria, sem nunca tê-la visto na vida, pois temos um modelo que nos posiciona com relação ao mundo interno de uma organização.

Para quem está dentro da organização, não existe a garrafa de refrigerante. Para os funcionários de determinada área, essa garrafa só existe no papel como projeto, ou como mistura de ingredientes de insumo para a área de produção. Para outra área, ela só existe como produto contábil. Quando ela começa a existir, caracterizada como "garrafa de refrigerante", já está quase "na porta de saída" da organização, no setor de embalagem e expedição. A garrafa de refrigerante, na sua forma habitual, praticamente só existe fora da organização, no Mercado.

O consumidor passa a tomar o refrigerante e, se não gostar, se comunicará com alguém da fábrica que o produziu. Essa relação de quem é de dentro com quem é de fora não é fácil. O consumidor está no Mercado, que é sempre o mundo exterior à organização e que depende de fatores completamente diferentes dos internos. O mundo interno da organização é um Sistema. O mundo externo é outro Sistema mais amplo, onde convivem vários Sistemas, como unidades, entre as quais está essa organização.

O mesmo Produto é uma unidade no Mercado, fazendo parte da vida dos consumidores. Ao mesmo tempo, ele foi produzido por um Sistema que permitiu a sua existência. O Sistema interno muitas vezes não vê o Produto, já que os Processos necessários para produzi-lo são múltiplos e cada um responde por uma parte.

Essa fragmentação dificulta bastante a visão do conjunto, que é exatamente o que o consumidor percebe com facilidade, porém sem reconhecer a complexidade do Sistema interno do Produto.

O consumidor então vai à fábrica falar sobre o Produto adquirido. Quem o atende, como representante da fábrica, necessita de grande capacidade de síntese para chegar ao nível em que o consumidor se encontra e conseguir conversar sobre o Produto. É como se o consumidor viesse conversar sobre algo simples, que está na superfície de um terreno, e o funcionário tendesse a falar de problemas estruturais ou de funcionários dos vários andares subterrâneos, os quais o consumidor não conhece e pelos quais ele não tem o menor interesse.

Tudo o que sobrevive no ambiente como unidade, com certeza tem um Sistema que o apóia, que é o seu interior, com toda a sua complexidade. O Sistema interno pode ser chamado de Microcosmo. O mundo externo, que usa o Produto como uma unidade, pode ser chamado de Macrocosmo. Os filósofos antigos usavam muito essas expressões.

Hermes Trismegisto, considerado um grande sábio de sua época, definiu a relação desses dois mundos numa célebre frase:

"O que está embaixo é como o que está em cima, e o que está em cima é igual ao que está embaixo, para realizar os milagres de uma coisa única.[1]*"*

A sua interpretação não é simples: uma *Unidade* está nos dois mundos, permitindo o seu funcionamento conjunto. Sem interligar o Mercado com o Sistema interno da organização, o Produto não tem chance de se manter vivo. O mesmo pode ser dito com relação ao Macrocosmo e ao Microcosmo. Ou seja, o Micro faz parte do Macro, realizando uma unidade. É impossível existir o interno sem o externo, e vice-versa.

Mas, como é possível unir os dois lados? Novamente usaremos como resposta as definições e princípios dos antigos filósofos.

Cada Produto contém os três tipos de Produtos que descrevemos. Quando essa descrição é impossível, o Produto não tem a sua existência individual assegurada. Os *Produtos de Consumo, Intelectual e Essencial* pertencem a um mesmo Produto. Dependendo da participação maior ou menor de cada uma das partes, o Produto tem o conteúdo, a forma e o preço diferenciados.

Por outro lado, o Sistema interno produz, de algum modo, cada uma das três partes. Podemos dizer mais: ela continua responsável por sua vida no Mercado. Portanto, a divisão essencial do Sistema interno é *Tríplice.*

DIVISÃO TRÍPLICE DE ACORDO COM A ALQUIMIA

As regras de cada Sistema foram muito bem definidas por Paracelso[2], famoso médico que, analisando os segredos da alquimia, dizia haver três substâncias cujos corpos sempre vemos reunidos em cada um dos seres; ou seja, cada corpo pode ser dividido em três. Essas três substâncias – enxofre, mercúrio e sal – ao se reunirem, compõem o corpo, ao qual nada poderá ser acrescentado, exceto o sopro da vida, e com ele se relacione.

Paracelso continua:

"Quero dizer que sempre que tenham um corpo qualquer em suas mãos, estão também tomando as três substâncias sob uma só forma ou espécie.

...Assim, quando pegam com as mãos um pedaço de madeira, o testemunho do que estão vendo dirá que se trata apenas de um só corpo.

...Se realmente chegarem a percebê-los separadamente, seja por seu aspecto ou contato, digo que terão adquirido finalmente os olhos e a visão de um verdadeiro médico, já que o médico deve perceber essas três substâncias com a mesma precisão com que o camponês vê a simples madeira.

---

1. Tábua de Esmeralda. Hermes Trismegisto.
2. Paracelso – médico, filósofo e alquimista suíço (1493-1541) – baseou sua medicina e sua química no conhecimento da natureza. Paracelso, *A Chave Alquímica*, São Paulo, Editora Três, 1973, cap. 2, pp. 165-167.

...três substâncias estão perfeitamente interdependentes entre si.

...(as) três substâncias (têm)... suas propriedades no macrocosmo...

...voltaremos ao exemplo da madeira: se queimarem o corpo da madeira e observarem o que acontece, verão que existe uma coisa que arde – o enxofre – outra que faz a fumaça – o mercúrio – e uma outra que se transforma em cinzas, o sal.

...Somente o enxofre arde, e nada pode se transformar em fumaça além do mercúrio, assim como nada pode virar cinzas sem que seja sal.

...Fiquemos, pois, com essa idéia de que as três substâncias são encontradas separadamente em todas as coisas e que existem igualmente em todas elas. E que tais substâncias não são perceptíveis à primeira vista, podem se revelar e se tornar visíveis sob a influência da arte."

É claro que o enxofre, o mercúrio e o sal alquímicos não têm nada que ver com os seus homônimos químicos. São nomes que definem três partes de cada corpo ou de cada Sistema.

Novamente afirmamos, em uníssono com os Antigos: qualquer Produto é composto de três partes visíveis numa unidade. O Sistema interno também é dividido em três partes, responsáveis pela sua existência no Produto Final.

Analisaremos o assunto mais detalhadamente com a introdução das *Redes Sistêmicas* que correspondem a essas 3 substâncias.

3 REDES SISTÊMICAS

Vamos mergulhar para dentro de uma organização, a partir da existência de seu Produto Final, como a viagem dentro do corpo, de Asimov[3]. Usaremos a nossa nave para entrarmos dentro da organização e conhecer como ela funciona.

Ao adentrarmos a organização, encontramos o equivalente a 3 organizações dentro dela, como se fosse um conjunto de 3 grandes cidades, cada uma delas responsabilizando-se e cuidando da produção de um dos 3 subprodutos distintos ou qualidades do Produto Final único – a garrafa de refrigerante, como o exemplo anterior.

São 3 subsistemas ou 3 Redes[4] de fluxo de informações, responsáveis tanto pela junção de todos os Processos que ocorrem na sua respectiva área, como pela gestão específica, contatos com o mundo exterior e pela forma e conteúdo da organização e do Produto. Para existir, a organização usa o trabalho de 3 Redes, cada uma numa determinada área.

---

3. Filme "A viagem insólita".

4. Ver nota 1 da Parte 2. Aqui estamos usando Tríplice como Rede e não como triângulo. Por fora vejo 1, porém dentro é feito de 3 componentes complexos.

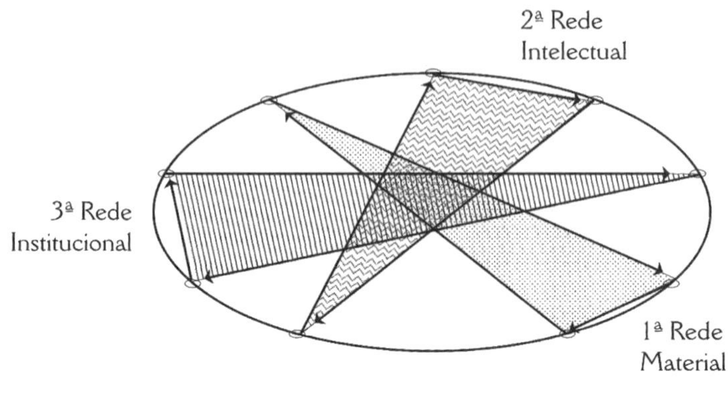

Fig. 12 - Redes do Sistema

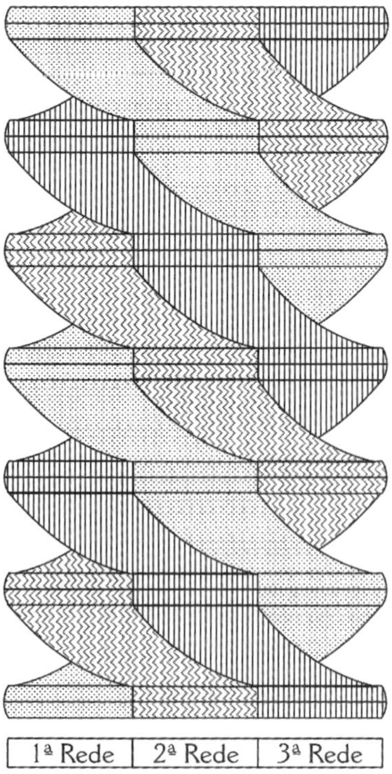

Fig. 13 - Outra Representação das Três Redes do Sistema

Vejamos alguns exemplos simplificados de como as 3 Redes trabalham em conjunto numa organização:

Numa organização de telefonia:

- 1ª Rede – a rede telefônica em funcionamento
- 2ª Rede – projetos de redes e novas idéias
- 3ª Rede – serviços de manutenção oferecidos em nome da organização.

Numa organização de prospecção de petróleo:

- 1ª Rede – prospecção de petróleo
- 2ª Rede – projetos de novas áreas e tecnologia
- 3ª Rede – serviços oferecidos pela organização.

Num casamento:

- 1ª Rede – casa com seus equipamentos em funcionamento
- 2ª Rede – convivência do marido, da esposa e dos filhos
- 3ª Rede – família como proteção e como prestadora de serviços essenciais.

Setores que cuidam do pessoal numa organização:

- 1ª Rede – Departamento Pessoal
- 2ª Rede – Área de Treinamento
- 3ª Rede – RH.

Cada Rede pode ser comparada ao funcionamento das misteriosas substâncias alquímicas: a 1ª Rede ao enxofre, a 2ª ao mercúrio e a 3ª ao sal.

A 1ª Rede pode ser chamada de Rede Material e o seu Produto é de *Consumo*. A 2ª Rede é chamada de Rede Intelectual e o seu Produto é *Intelectual*. A 3ª Rede é chamada de Rede Institucional, sendo responsável pela elaboração do *Produto Essencial*.

Como já vimos anteriormente, de todas as propriedades de um Sistema, a principal é a sua capacidade para sobreviver. Quando há qualquer alteração "fora" do Sistema, no ambiente, o Sistema se adapta através da mobilização de seus recursos internos. A mudança interna é feita pela auto-regulação, para o Sistema manter o seu equilíbrio vital. A manutenção, a produção e a comunicação também participam, na tentativa de sobrevivência. O conjunto dessas funções pode ser comparado à homeostase[5]. As 3 Redes trabalham como uma unidade, justamente para garantir a sua maleabilidade. Se uma Rede está com problemas, as outras duas dão cobertura. Se duas estão com problemas, a terceira dá cobertura. Se todas as três estão com problemas, há colapso no Sistema. Quando uma organização não conhece as suas Redes, ela perde muito do incrível poder do Sistema, de adaptação a intercorrências externas.

5. Aurélio, Dicionário da Língua Portuguesa: "Estado de equilíbrio do organismo vivo em relação às suas várias funções e à composição química de seus fluidos e tecidos."

O Sistema com colapso interno perde a capacidade para a expressão externa, e a sua utilidade, sendo rejeitado pelo Sistema maior.

Exemplo: *A necessidade de demitir funcionários quando há uma crise de produção e de falta de recursos.*

Normalmente, o Sistema rejeita tudo o que é dependente, pois cada participante, além da vida externa, tem a sua capacidade interior de existência. A humanidade procura socorrer as pessoas incapacitadas criando instituições para essa finalidade (hospitais, casas de repouso, orfanatos); a Natureza não é assim. Se o Sistema interno de uma unidade tem problemas, não tem como o Sistema maior utilizá-lo. O Sistema defeituoso, por sua vez, sempre busca lugar onde possa se curar.

Exemplo: *Os animais perdem o seu hábitat e, como conseqüência, a capacidade para a procriação. Ao perder a capacidade para a vida independente, a espécie desaparece.*

Muitas vezes, o equilíbrio da organização, que pode nos parecer estranho, foi a melhor maneira que seu Sistema encontrou para sobreviver, à semelhança do que ocorre com o nosso corpo. Nessas circunstâncias, seguir cegamente qualquer modelo de reorganização empresarial, sem um mínimo de conhecimento do seu funcionamento sistêmico, é uma temeridade, pois interfere nesse "equilíbrio". A reestruturação, ou alteração em qualquer parte de uma organização — independentemente do Processo — reflete em tudo, com repercussão global na resposta de adaptação ao Mercado. Normalmente, não percebemos as ligações "invisíveis" de um Sistema em funcionamento.

Exemplo: *As privatizações de organizações estatais são realizadas com base no "bom senso", a fim de melhorar uma das Redes — a 1ª, de produção material — mas se esquece de que com isso irá mexer nas outras, havendo grande perda na 3ª — na qualidade dos serviços e na confiança no nome das organizações.*

Analisemos mais especificamente as Redes. Cada uma delas é um subsistema do sistema-mãe, se é que podemos chamar assim ao Sistema interno da organização da qual fazem parte os três subsistemas ou Redes. As regras válidas para os Sistemas também são válidas para cada um dos três subsistemas, para as funções vitais e a produção através de Processos.

Portanto, cada Rede tem as cinco funções vitais: de manutenção, produção, comunicação, auto-regulação e adaptação. A de manutenção busca algo que nutra toda a Rede. Cada Rede tem a sua capacidade para a produção da forma que lhe é específica; isto é, produz apenas uma das três categorias de Produtos — ou de *Consumo,* ou de *Propriedade Intelectual,* ou de *Necessidade Vital.* A capacidade de integração entre os componentes da Rede, para a eficácia das providências necessárias, se deve à comunicação interna. A capacidade de comunicação nas Redes está a cargo da função de auto-regulação. A adaptação é a capacidade da Rede de participar do sistema-mãe. O resultado é o mecanismo de compensações entre todas as suas partes, visando manter o Sistema vivo e produtivo.

Conforme os Capítulos anteriores, os Sistemas conseguem a sua materialização, ou em outras palavras, a sua produção no ambiente através dos Processos. No Sistema, a produção está a cargo de três Processos unificados — Processos Mental, de Motivação e Funcional, cada um deles com seus três Ciclos.

O que possibilita a função de produção nas Redes são, novamente, os Processos. As Redes, ao funcionarem como um subsistema, também têm seus três lados — Intelectual, Material e de Motivação; porém, trabalha com três Processos incompletos. Cada Rede, para funcionar, lida obrigatoriamente com um Ciclo do Processo Mental, um do Processo Funcional e um do Processo de Motivação. Uma Rede consegue unir três Ciclos em cada um dos Processos. Cada Rede usa determinado tipo de Emoção, de Pensamento e de Ação, necessário à obtenção do Produto Final específico.

Uma das implicações da constatação dessa composição nas Redes é que, a cada vez que dizemos *"Eu faço"* (Processo Funcional), é importante saber sobre que tipo de "fazer" estamos falando — Projeto? Execução? Venda? Saber, portanto, a qual das Redes estamos nos referindo para assegurar que, ao "fazer", tenhamos a emoção e as idéias correspondentes.

Analisaremos detalhadamente o funcionamento de cada uma das Redes nos Capítulos seguintes.

A REDE COMO PROCESSO GERENCIAL

Cada Rede, para assumir o gerenciamento dos Ciclos dos respectivos Processos, usa um Processo Gerencial que corresponde a ela própria. Esse Processo funciona sem máquinas nem equipamentos. Ele consiste de 3 partes, chamadas de:

- *Centro Gerencial*
- *Centro de Execução*
- *Centro de Uso*

Cada Centro age de maneira específica de acordo com a necessidade de movimentar um Processo, a partir da sua capacidade holográfica de refletir as situações.

O *Centro de Uso* está sempre ligado à colocação do Produto no mundo exterior; é a ligação do interno com o externo. O contato com o exterior aciona o mecanismo de adaptação. O Centro capta as informações de fora e as introduz na Rede. O comportamento do Produto no Mercado é gerenciado pelo *Centro de Uso.*

O *Centro Gerencial* é a autoridade máxima da Rede e tem condições de mobilizá-la para que funcione; ele exerce a função de Gerente sobre todas as partes já existentes na Rede. O *Centro Gerencial* toma providências dentro do Sistema – cria a ordem para o *Centro de Execução*, para a resposta de adaptação do subsistema.

O *Centro de Execução* comanda o trabalho, tentando pôr em funcionamento todos os dados que recebe do *Centro Gerencial*. Une o que vem de fora com o que tem dentro e procede à tarefa de elaboração da resposta, que se faz de dentro para fora. O *Centro de Execução* recebe as ordens do *Centro Gerencial* e prepara a resposta de adaptação necessária ao *Centro de Uso*.

É possível ver cada Centro como Ciclo de um Processo, em que:

- o *Centro Gerencial* corresponde ao Ciclo da Ordem ou Passado;
- o *Centro de Execução* é o Ciclo da Execução ou Presente;
- o *Centro de Uso* é o Ciclo da Liberdade ou Futuro.

Porém, é bom enfatizar que a sua função é a de junção dos diversos fatores e de manutenção do movimento a qualquer preço. Para consegui-lo, o próprio Processo Gerencial está em permanente movimento.

O Sistema se mantém vivo e adaptado, enquanto tem as capacidades para a recepção, a auto-regulação, a comunicação, a produção e a manutenção para devolver ao exterior. À medida que as perde, passa a ter dificuldade para sobreviver no ambiente.

AS FORÇAS INTERIORES SISTÊMICAS

É importante entender bem o funcionamento das Redes. Cada Rede não produz nada, mas gerencia, por meio da concentração das energias vitais existentes numa organização, chamadas *Forças Interiores*. Os 3 Centros de cada Rede funcionam por meio do movimento dessas Forças, formando canais de energia. São três as Forças Interiores em cada Rede. Cada Centro trabalha com combinações diferentes de Forças, duas a duas, usando-as em todas as suas possibilidades, permitindo a visão gerencial de toda a Rede.

As *Forças Interiores* funcionam como ligações entre os Ciclos. Cada um dos Centros da Rede recebe as *Forças Interiores* do Centro anterior e depois as envia ao Centro seguinte.

Os Centros e *Forças Interiores* formam um único Processo, puramente gerencial, que interliga os Ciclos dos Processos no Sistema. O conjunto do Centro e das *Forças Interiores* funciona como choques energéticos que ajudam no movimento. A resposta a essa injeção de ânimo está no trabalho do Ciclo e da própria Rede.

Cada Centro tem o seu Ciclo de responsabilidade energética, chamado *Ponto de Fixação*, que ele gerencia e alimenta. Com isso, cada Centro é for-

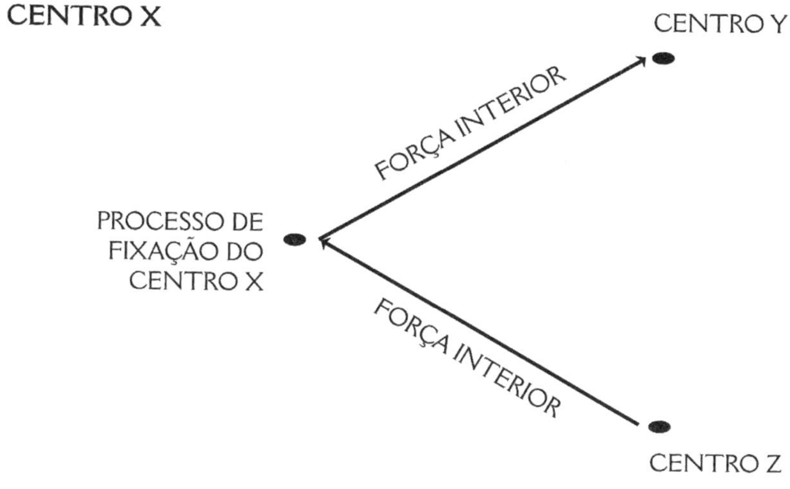

Fig. 14 - Amarração dos três Centros com as Forças Interiores

mado por um *Ponto de Fixação* e duas Forças que se conectam aos outros dois Centros.

A dupla amarração dos Centros, por meio das *Forças Interiores*, assegura a integridade da Rede. Por outro lado, ela nos esclarece por que nos é tão difícil mudar. Para introduzir alguma mudança no Sistema, há a necessidade de se mudar por dentro. Essas Forças prendem os três Centros da Rede uns aos outros, mantendo o *status quo*; sendo, portanto, difícil mudar. Só há mudanças no Sistema quando outros Sistemas, dos quais esse faz parte, permitem e ajudam na quebra dessas estruturas.

Podemos representar a ligação entre os Centros como pares de canaletas por onde fluem as energias das *Forças Interiores*. À semelhança dos meridianos da medicina oriental, por cada par de canaletas, uma interior e outra exterior, passa a mesma Força; porém, cada canaleta serve a Centros diferentes. Ainda mencionando a medicina oriental, às vezes a passagem de energia é demasiada e impede a passagem em outro lugar, ficando um terceiro sem energia. É importante saber qual o caminho desses meridianos, e onde estão os "pontos" nos quais se põe a agulha a fim de lidar com o fluxo de energia.

O Produto passa ao mundo exterior através de um *Portal*, localizado no *Ponto de Fixação* do Centro de Uso. Para a tarefa de produção da sua forma externa, de categoria específica do Produto, cada um desses *Portais* tem enorme importância para todo o seu Processo produtivo. Portanto, na organização, temos 3 *Portais* que põem o Produto no Mercado, cada um sob a responsabilidade de uma Rede.

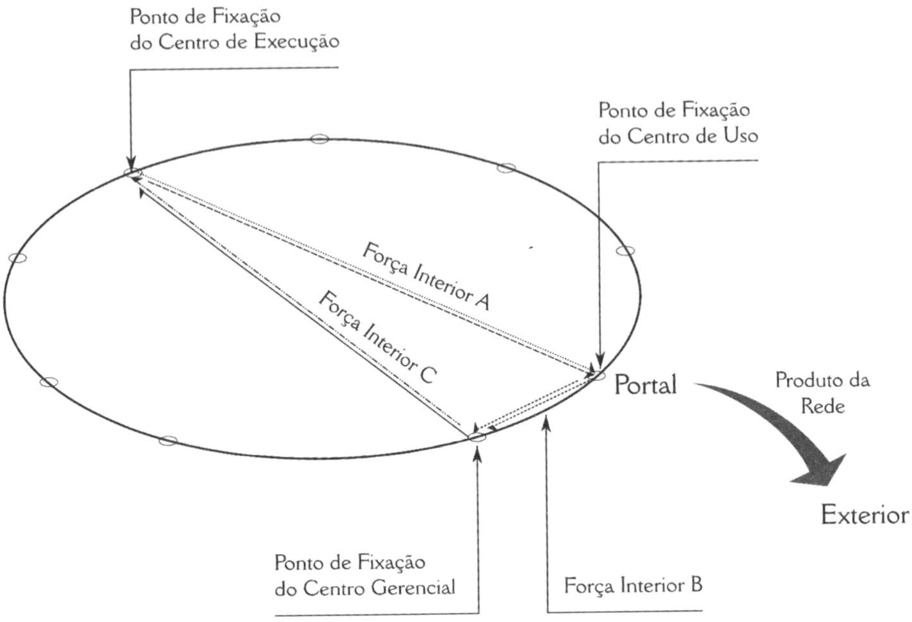

Fig. 15 - Estrutura de uma Rede

Como já foi dito, a própria Rede não produz nem transforma nada; ela gerencia os Processos e tem permissão de contato com o mundo exterior. Todos os Centros são holográficos, refletindo o que acontece nos Processos. A Rede gerencia o fluxo de informações, tanto dentro do Sistema como com o exterior. O Processo Gerencial capta, acumula e distribui energia vital. Essa energia é usada nos Ciclos dos Processos. Ela fica "acima" dos Processos, dando cobertura e alimentando-os no entra e sai das *Forças Interiores.*

A Rede tem grande capacidade de captação de informações e distribuição entre os Ciclos dos Processos correspondentes, além de manter o contato permanente com o Mercado. Quando se aprende a usar as 3 Redes, consegue-se, também, usar todas as pessoas, pois elas podem ser envolvidas nas diferentes necessidades do Sistema. Todas são importantes se realmente forem colocadas no local certo, conseguindo ser úteis a uma das Redes

Conhecer os Produtos de cada Rede e desenvolver o pessoal da organização para que usem o Produto internamente são fatores importantes para a sobrevivência da organização. É a capacidade de mudar por dentro para transformar o aspecto externo, ou seja, a mudança de dentro para fora em função das necessidades externas. No entanto, se anteriormente dissemos que os Processos Intelectual e de Motivação são menos conhecidos do que o Funcional, podemos praticamente afirmar que as organizações não têm a mínima idéia da existência das Redes.

O uso do Modelo em pauta permite a percepção e o reconhecimento do que está acontecendo na organização, possibilitando dar maior fluidez ao Sistema. As Redes nos permitem lidar com a totalidade da formação da Unidade e percebê-la superando a fragmentação, o que traz grande autoconfiança para quem sabe o que está ocorrendo e determina a valorização de sua presença como profissional, através da compreensão de seu posicionamento dentro do Sistema.

Todas as organizações têm as 3 Redes. O ser humano também é utilizado pelo Sistema através das 3 Redes. Sempre que cada um de nós entra em qualquer Sistema, seja uma organização, seja uma família, ocupa um lugar nesse Sistema maior, nas suas 3 Redes, sem nenhum desperdício energético. Portanto, conhecendo seu funcionamento, conseguimos nos posicionar nesses Sistemas.

O EXECUTIVO DA REDE

Nas organizações, a função gerencial da Rede normalmente fica a cargo dos Executivos de alto nível – ou numa Rede ou tomando conta de todo o Sistema. O Executivo não é só aquela pessoa que conhece perfeitamente a parte técnica do Processo. É ele que tem capacidade para lidar com as Forças Interiores da organização. A principal função do Executivo é captar a energia dos Processos e redistribuí-la dentro da Rede através das suas Forças Interiores. Nessa tarefa é muito importante a sua própria personalidade. É fundamental que ela seja aliada das Forças Interiores da organização, não inimiga. Muitas vezes, um Executivo estressado ou recalcado suga as forças vitais da organização, prejudicando, assim, a sua capacidade sistêmica.

O Executivo percebe, ao mesmo tempo, a posição dos seus funcionários nos três Processos. Na descrição detalhada de cada Rede, veremos com que Forças Interiores o Executivo de cada Rede estará trabalhando. Conhecendo o estilo de gerenciamento de determinado Executivo, poderemos saber se ele é adequado à Rede sob sua responsabilidade ou se está fora de lugar.

Cada vez que alguém diz *"Tornei-me um Executivo"*, não pode mais, de maneira alguma, ficar preocupado e envolvido com detalhes, próprios dos Processos. Sua tarefa muda, pois ele já está na Rede. A sua função é ser responsável pelo uso correto das Forças Interiores – criar ou providenciar a montagem da cobertura aos Processos para que não ocorra nenhum "furo" e que o movimento entre os Processos seja permanente. Sua responsabilidade é descobrir as Forças Interiores nos seus funcionários e fazê-las funcionar.

REDE MATERIAL

8

O que é e como se paga um Produto de Consumo?

Qual a relação entre essa Rede e os Processos do Sistema?

CONTEÚDO SUCINTO DO CAPÍTULO

- Objetivo da 1ª Rede
- Funcionalidade, Forma e Pagamento do Produto da 1ª Rede
- Processos Parciais Unificados da 1ª Rede
- Centros da Rede Material
  - Centro de Uso
  - Centro Gerencial
  - Centro de Execução
- Forças Interiores da Rede Material
  - Mobilização
  - Responsabilidade
  - Disposição
- Vencedor e Perdedor na 1ª Rede
- Funções do Executivo da 1ª Rede

A *Rede Material* ou *1ª Rede* é um dos três componentes do Sistema da organização que, juntamente com os outros dois, as Redes Intelectual e a Institucional, é responsável pelo Produto, a que os consumidores têm acesso no Mercado.

Especificando as características que possibilitam o reconhecimento do Produto pelas pessoas fora da organização – os consumidores – temos:

- Pela funcionalidade, o Produto desta Rede é de Consumo; sendo a sua forma apreciada pelos nossos cinco sentidos;
- A sua forma externa é individualizada. O Portal Material introduz no mundo Produtos que se expressam pela solidez material de sua forma; o tipo de matéria não importa muito, contanto que o Produto seja uma unidade, pois é usado e consumido unitariamente – como uma pasta, um carro, uma lâmpada, uma camisa, um sanduíche.
- Em relação à terceira característica, o Preço é unitário, o consumidor a princípio pagando integralmente pelas unidades que compra, que podem até ser múltiplas – uma dúzia de pastas, carros, lâmpadas, camisas, sanduíches, etc.

O *Produto de Consumo Material* não existe na natureza, tendo sido criado ou inventado pelo homem; é tudo aquilo que foi produzido sempre a partir de uma idéia. É muito mais fácil falarmos sobre esse tipo de Produto do que das outras duas Redes.

À *1ª Rede* compete a propagação do *Produto de Consumo*, que permitiu à humanidade desenvolver e construir um mundo somente seu, uma "natureza artificial", proporcionando ao homem bem-estar e conforto especiais. Seu Produto tem lugar garantido na vida de cada um de nós e está intimamente ligado a esse mundo exclusivo. Quem de nós consegue hoje sobreviver sem esse tipo de Produto?

O foco de atenção desta Rede está na criação de condições para a introdução e existência desse tipo de Produto no Mercado. O seu lançamento, os cuidados com a embalagem, o transporte e a obtenção do Retorno, a possibilidade de conseguir o Produto novamente, são algumas das múltiplas tarefas da *Rede Material*.

Essas funções parecem bastante familiares, pois pertencem ao Processo Funcional. Porém existem outros cuidados não tão óbvios, mas extremamente importantes.

Como já sabemos, cada Rede comanda determinada parte dos Processos dentro do Sistema que analisaremos a seguir.

A *1ª Rede* é responsável pelo último Ciclo do Processo Funcional, o Ciclo da Liberdade (Mercado/Venda). Para a Rede não tem muita importância como o Produto foi elaborado; o que vale é a sua existência física, que pode ser apresentada e vendida como uma unidade. O principal objetivo da Rede é cuidar da obtenção de lucro.

Sem isso, toda a existência do Processo Funcional pode ser comprometida. A organização perde a sua representação física no Mercado; e a sua capacidade para exercer atividades produtivas materiais desaparece.

A capacidade adaptativa do Produto ao Mercado, em função do preço, qualidade e funcionalidade, vale muito. A Rede se ocupa muito com a necessidade de visibilidade do Produto no Mercado e a garantia da venda. Componentes como a existência de projetos, recursos para a produção, matéria-prima, são secundários e podem ser obtidos de diversas maneiras, por exemplo, adquirindo Produtos de outras organizações ou por terceirizações.

É claro que, se for mais barato manter a produção própria, a sua permanência é garantida pela Rede.

Esta Rede não tem nenhuma percepção humanista, significando a manutenção dos funcionários ou da produção mais limpa e sadia. O que vale é a presença do Produto com forma e preço competitivos num Mercado cada vez mais amplo e receptivo, através de vendas acentuadas.

O Processo de Motivação aparece com o Ciclo da Ordem (Motivação Individual). O que importa é a existência do envolvimento emocional individual através de algo muito importante para o responsável pela Rede. Quando uma pessoa sente algo que chamamos de Vocação e demonstra dedicação individual absoluta àquilo de que gosta; quando tem Esperança na realização daquilo que ama mais do que qualquer coisa na sua vida – a *1ª Rede* fica muito satisfeita e a sua vitalidade é garantida.

Vale a pena lembrar novamente que a motivação é a grande fonte de vitalidade dentro do Sistema. Quando sentimos Esperança na realização daquilo que só nós gostamos, esse sentimento é tão forte, que substitui a proteção e permissão de qualquer instituição ou poder. Cabe a nós manter essa motivação. A sua existência permitirá a realização daquilo que queremos. O cumprimento da Vocação significa uma certeza de que a vida já tem um sentido especial e a Esperança na realização é a ambição capaz de movimentar montanhas. A possibilidade de sucesso futuro não é questionada e consegue vencer enormes obstáculos.

A vontade de chegar lá substitui qualquer bom senso; e mais que isso, normalmente a pessoa tem uma Vocação, sendo totalmente dedicada à sua realização.

Conhecemos muitos exemplos de ação dessa motivação, que vão desde o aparecimento de Produtos que hoje têm vida própria, como Xerox, Omo ou Bom Bril, até as vitórias pessoais, curas milagrosas e êxito nos esportes.

O Processo Mental aparece com o seu Ciclo da Execução (Pensamento Concreto/Opinião Própria) que permite a criação de uma Meta e um objetivo a serem alcançados. A Estratégia traçada para alcançar o que quer também pertence à *Rede Material.*

A *1ª Rede,* para ser competitiva, define a estratégia para colocar determinado Produto no Mercado, e alcançar resultados reais compatíveis com o seu objetivo ou sua função. O importante é que obtenha satisfação com o que for atingido. Afinal, o objetivo naquele momento faz parte de uma Meta que, por sua vez, é mantida pela Esperança de realizar a sua Vocação.

Quando a Meta é tornar-se um diretor, o objetivo, num determinado momento, pode ser alcançar a chefia do departamento. As pessoas podem perguntar: *"Está satisfeito?"* No momento sim, porque, se tem a certeza de que se está no caminho, de que esse cargo é um degrau e não o fim. Essa certeza de realizar o possível no momento traz a renovação da Esperança, o reforço da Meta e um novo objetivo para o dia seguinte.

A *1ª Rede* tem visão da totalidade do Mercado consumidor e luta sabendo muito bem o que quer lançar no ambiente algo que tenha funcionalidade na vida do consumidor. Cuida de todas as possibilidades para assegurar que o Produto tenha êxito no Mercado e garanta boas vendas. Ocupa-se com a permanência máxima da sua marca no Mercado.

A *1ª Rede* vive em função do Lucro, que muitas vezes envolve outros tipos de Retorno além do financeiro. Mantém controle absoluto sobre os preços; quando tem Mercado manda aumentar a produção, alimentando a organização com novas experiências e maior Retorno financeiro. A moeda do Lucro tem variado no tempo e espaço — nos tempos mais remotos eram camelos, escravos, ouro. Hoje é dinheiro, em diversas moedas nacionais e financeiras, contanto que sejam fortes. A adoção do papel-moeda deu um enorme impulso e agilidade à ampliação do Mercado consumidor.

Quando a Meta é pessoal, o Lucro é o avanço profissional, a quantidade de peso perdido ou a melhora nos resultados esportivos. Tudo depende da Vocação e da Meta.

Quando não há Produto, ou quando este não é devidamente preparado para enfrentar a vida independente no Mercado, a *Rede Material* não consegue entrar em ação e, em conseqüência disso, a organização se torna invisível para os consumidores. Afirmamos mais uma vez que, sem o Produto pronto e acabado para poder ser utilizado, não há como manter a *1ª Rede* e obter o Lucro desejado.

Apresentaremos a seguir as principais tarefas da *Rede Material,* introduzindo os Centros e as Forças Interiores conforme examinamos no capítulo anterior:

- Interligar os três Ciclos – Motivação Individual; Pensamento Concreto/Opinião Própria; Mercado/Vendas.
- Permitir o funcionamento correto dos Centros e das Forças Interiores.

Os Processos parciais são interligados, alimentados e movimentados pelos três Centros da Rede – Gerencial, de Execução e de Uso. Cada Centro funciona com diferentes combinações, duas a duas, das três Forças Interiores sistêmicas, próprias da *1ª Rede*: *Disposição, Mobilização e Responsabilidade.* As Forças Interiores levam energia vital de um Centro a outro, por via dos Processos. Os Ciclos envolvidos na Rede recebem essa Força como uma ordem estimulante para o seu trabalho, sem saber muito bem de onde veio e para onde vai; somente os próprios Centros conhecem a dinâmica do fluxo energético.

Qual é a função da *Mobilização*? Quando descobrimos a nossa Vocação, começamos imediatamente a buscar idéias para materializá-la. A necessidade de envolver o pensamento nessa tarefa parece bastante óbvia. A *Mobilização* nasce da necessidade de levar essa notícia para o Processo Mental, para direcioná-lo corretamente conforme a Vocação escolhida. Porém, essa Força tem condições

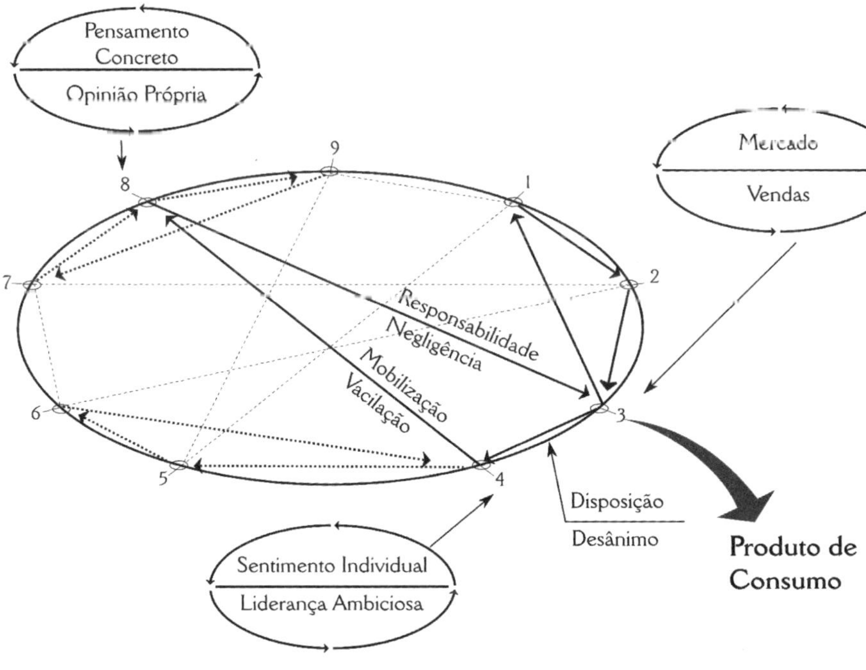

Fig. 16 - Rede Material

de ir mais longe; acompanha toda a etapa da elaboração da Estratégia para a realização, e chega até o Processo Funcional.

Muitas vezes, sentimos uma emoção forte sem saber muito bem o porquê; quando descobrimos o significado, unimos emoção e razão. Essa conexão é feita com a Força Interior chamada *Mobilização*.

Uma vez feita a ligação, a nossa mente começa a ser utilizada para uma só idéia fixa – estabelecer a Meta e saber como realizar a Vocação encontrada. A Motivação e o Pensamento funcionam numa só vibração e essa ligação permite uma enorme concentração mental, juntamente com a elaboração do objetivo possível no local existente. É claro que esse objetivo faz parte da Meta maior. Estar "ligado" ou voltado para uma só direção é o estado despertado pela Força Interior de *Mobilização*.

Para não "esfriar", a *Mobilização* tem a capacidade de levar a Estratégia estabelecida até a sua realização, num lugar livre onde exista a possibilidade de materialização de sua vontade. Como ainda não existem nem a Meta nem o objetivo, a Estratégia transfere sempre o trabalho para onde haja atividades e oportunidades que viabilizem a realização.

A segunda Força Interior é a *Responsabilidade,* que nasce da Meta e objetivo estabelecidos. O objetivo é sempre atual e pode ser introduzido no holograma da Realidade. A *Responsabilidade* consiste em cumprir tudo aquilo que foi planejado mentalmente. Como saber se existe a possibilidade de fazer? Começando. A *Responsabilidade* liga o holograma desejado ao mundo real. O objetivo intelectual e as atividades materiais começam a vibrar em uníssono, a partir da Estratégia traçada.

A *Responsabilidade* acompanha todo tempo a realização e chega até o Ciclo da Motivação Individual. Essa Força permite não esquecer o que foi previsto mentalmente, e manter as ações no Mercado sob o seu controle. Aliás, a principal conquista dessa Força é permitir uma ligação tão forte entre o holograma e a Realidade Objetiva, que aquela necessidade de controle permanente, a qual nos deixa muito inquietos, simplesmente perde sentido. Não há necessidade de controlar aquilo que se sabe estar acontecendo. Ninguém que participe da Realidade existente escapa dessa Força.

Um vendedor movido pela *Responsabilidade* sempre leva vantagem, pois tem firmeza e convicção na sua ação. Podemos dizer que juntamente com a Meta de se tornar o melhor vendedor surge a *Responsabilidade* de realizá-la junto a cada cliente, aumentando a sua popularidade continuamente. Quando há *Responsabilidade,* não existe perda de tempo, nem atividades nem pessoas sem importância. Tudo vale para se alcançar o objetivo do momento.

A terceira Força Interior é a *Disposição.* Ela nasce a partir da atividade relacionada com a venda do Produto. Quando existe *Disposição,* não há dificuldades nem obstáculos. Não existe Produto que não seja aceito pelo Mercado; o que pode variar é o valor da venda. A tarefa é facilitada, pois nada escapa da pessoa movida pela *Disposição*. A vibração especial está presente e o Retorno consiste no aumento da satisfação com os resultados. A existência da *Disposição* é um claro sinal da realização da Vocação. O Amor por aquilo que foi feito e aquilo que será alcançado reforça a Meta existente, pois a *Disposição* acompanha a motivação pelo lucro, até o Processo Mental.

A *Disposição* permite o contentamento com os pequenos resultados, contanto que eles surjam a partir da venda do Produto existente ou da conquista de novos Mercados. O lucro sempre existirá enquanto a *Disposição* estiver atuando. É sabido que nada pode ser realizado de uma só vez. A aceitação de qualquer resultado só reforça a motivação e não deixa a Esperança morrer. Onde houver atividade compatível com a Meta pessoal, a motivação estará sempre presente, pois é ativada pela injeção de ânimo da Força da *Disposição*.

As Forças Interiores sempre acompanharam a nossa vida; quantas vezes comparamos profissionais e falámos:

"O outro até sabe mais, mas este é tão convincente e tão responsável, que sempre quero ser atendido por ele."

Muitas vezes sentimos enorme *Disposição* após um dia bastante complicado de trabalho, pois gostamos do posicionamento dentro da organização e dos resultados obtidos. Podemos trabalhar o dobro e sentirmos que a *Disposição* fica cada vez mais intensa, nos alimentando do desempenho das tarefas. Afinal, as Forças Interiores funcionam como fortes impulsos que potencializam e interligam os Ciclos correspondentes à *1ª Rede*.

A REDE VENCEDORA E A PERDEDORA

A *1ª Rede* é *Vencedora* quando consegue utilizar plenamente a *Responsabilidade*, a *Disposição* e a *Mobilização*. Quando essas três Forças Interiores da Rede Material estão em funcionamento, a realização é só uma questão de tempo. Existindo movimento dentro da Rede, a materialização começa praticamente sem nenhum recurso especial disponível.

As Forças Interiores na *Rede Perdedora* são a *Negligência*, o *Desânimo* e a *Vacilação*. Quando os funcionários que trabalham nessa Rede não estão satisfeitos com os resultados obtidos — remuneração, falta de oportunidades ou esquecimento nas promoções — eles sentem grande *Desânimo* no fim do dia, e, pior ainda, quando saem para trabalhar. O cansaço inibe a Vocação e dificulta a dedicação ao trabalho com o empenho necessário. A *Vacilação* da Esperança de realização distrai a atenção e a percepção da Realidade Objetiva falha. Muitos compromissos adotados são esquecidos, trazendo *Negligência* no trabalho.

As Metas e objetivos profissionais em determinada situação vão ficando cada vez menos claros e estrategicamente menos viáveis; agimos cada vez mais movidos pelo hábito de trabalhar, que está desvinculado dos objetivos que ficam menos aplicáveis à Realidade existente. Apenas uma parte do trabalho está sendo feita, sem o envolvimento da Motivação Individual na execução das tarefas; perdemos a esperança de realização da Vocação pessoal nesse local. A apatia acabará tomando "conta do pedaço", e uma grande fonte de ambição profissional desaparecerá.

O lucro, não só financeiro, divulgado e distribuído para todos de alguma maneira envolvidos nos trabalhos da *1ª Rede* da organização, é da maior importância; é alimento para a ambição de cada funcionário da Rede Material. Sabemos que a iniciativa aparece quando o funcionário está individualmente envolvido no trabalho. O envolvimento da Vocação individual do funcionário, na vida profissional da organização, permite a introdução de uma Motivação Individual, extremamente forte e importante para estimular a iniciativa e a disposição de enfrentar sozinhos as tarefas complexas.

Enfatizamos mais uma vez a importância de se descobrir a Vocação individual, ou seja, a Motivação Individual que consegue manter a Esperança de sua realização por muito tempo. Sem isso é impossível estar contente com o trabalho na *1ª Rede,* pois a sua maior força é a iniciativa individual que aparece em função de a própria pessoa tentar construir o seu futuro.

A *Vacilação* é o resultado da perda da Motivação Individual no trabalho, que se torna assim totalmente impessoal. Perdemos o contato com a Meta pessoal e começamos a sofrer de falta de concentração, de dificuldade de percepção do óbvio e de perda de contato com as oportunidades dentro da Realidade existente. A Meta se torna distante e inalcançável, não consegue gerar nenhum objetivo imediato, nem Estratégia convincente.

Como conseqüência, em lugar da *Responsabilidade* surge a *Negligência,* que leva à falta de atenção e esquecimento de vários compromissos ou a erros incompreensíveis. O Produto não consegue adaptação necessária e não é vendido. E é claro que o lucro não vem; a pessoa se torna dispensável no trabalho e acaba sendo demitida. É o caminho do *Perdedor.*

Exemplo de Funcionamento dos Centros da 1ª Rede

1. *Um Executivo toma conta de diversos processos. Um deles é ser responsável pelo funcionamento do centro de desenvolvimento de novos produtos.*

Ao perceber que não existe nenhum indício de presença deste setor no Mercado, ele é desafiado como um grande profissional. Sente uma nova disposição no trabalho, e sabe que tem capacidade para mostrar a sua força. A sua hora chegou! Quantos anos de espera! É claro que é impossível deixar a oportunidade escapar.

A sua Meta é demonstrar capacidade de assumir a gerência geral da organização. A sua disposição triplicou. Incansavelmente, corre atrás de novos produtos e novas frentes de venda. Implanta a Meta para cada funcionário e promete uma grande recompensa pela realização.

O nosso Executivo envolveu a todos na sua Meta pessoal; o trabalho rendeu muito. Os resultados superaram todas as expectativas. O Executivo foi promovido, porém esqueceu-se das promessas feitas aos funcionários. As pessoas ficaram frustradas e perderam a Motivação Individual que tinham.

Neste caso, a Meta pessoal do executivo foi ao encontro da organização; porém, apareceram falsas promessas de sua parte, as quais foram confundidas com promessas da organização. Uma vez alcançada a Meta pessoal, aconteceu a Negligência com o prometido. Os funcionários ficaram desanimados com a organização e perderam a Esperança no cumprimento do combinado.

2. *Quando baixa o movimento de vendas numa loja, é possível trazer algo novo, como fazer mudanças no próprio local, trazer Produtos diferenciados, mudar a vitrine, etc., tudo isso, porém, com a Disposição despertada, sem nada de reclamações com a falta de vendas. Quando sente a motivação pela realização individual, acontece a união da necessidade da organização com a do funcionário, acarretando uma vontade de dedicação maior ao trabalho. Mais atenção e principalmente a capacidade de criar vêm com força total. E aí o milagre acontece, as pessoas começam a entrar na loja e as vendas disparam.*

O que mudou? Pouca coisa. Com a existência de alguém interessado no negócio, a responsabilidade pessoal aparece e as vendas começam a crescer. Comumente, isso não é levado em conta, pois não é palpável. Porém, o ambiente é muito importante numa loja.

3. *Quando, em vez de procurarmos convivência, saímos de circulação e queremos "sumir", alegando cansaço, fugimos para dentro de nós, ou para dentro do quarto, e tornamo-nos "invisíveis", ninguém nos vê. O Desânimo começa a tomar conta. A motivação é perdida, pois, apesar de toda a dedicação ao trabalho, não houve recompensa, nem promoção. Surge a pergunta: O que estou fazendo aqui? O meu trabalho não é notado, portanto, não vale a pena me esforçar. A Negligência aparece, com perda de oportunidades.*

Saber lidar com as Forças Interiores é um enorme diferencial que não custa nada e vale muito. Manter a organização *Vencedora* é sinônimo de manter as Forças Interiores positivas. Caso contrário, a organização se torna *Perdedora*, mesmo com grande investimento.

Quando acontece uma síntese da Meta pessoal com a da organização, um salto energético toma conta da pessoa e do próprio local. Todos sentem a presença de um *Vencedor*.

Analisaremos a seguir o funcionamento dos Centros da *1ª Rede*, que permitem a utilização correta das Forças Interiores.

Centro de Uso

Este Centro tem como principal função manter a Estratégia sintonizada com a Realidade do Mercado. A atualização permanente dessa ligação é muito importante, porém é impossível de ser feita sem o envolvimento das Forças Interiores.

A capacidade de influenciar o posicionamento do Produto no Mercado e de possibilitar o retorno é responsabilidade do *Centro de Uso.* A ampliação do Mercado e a busca de novas oportunidades também fazem parte de suas tarefas.

O *Centro de Uso* trabalha com *Responsabilidade* e *Disposição.* Quando se atua no Mercado livre, é fácil perder o objetivo e ficar satisfeito com os resultados obtidos. Esse Centro mantém as pessoas sob a ação da *Responsabilidade,* principalmente na preparação do Produto para atuação no Mercado. A resposta do trabalho realizado é percebida quando é mantida a ligação com os objetivos e a Meta.

Ao existir a *Responsabilidade,* existe a *Disposição.* É interessante notar que o objetivo é tão concreto, que é facilmente percebido. Mas, quando há *Disposição,* ela consegue camuflar os interesses pessoais sob a aparência da firmeza de opinião e certeza de representar o melhor Produto do mundo.

A *Mobilização* não participa diretamente no trabalho do Centro.

Quando o Centro está em bom funcionamento, o Produto que ele representa parece vivo; todos querem comprá-lo ou, de alguma maneira, estar próximos. O vendedor age como se fosse o dono e faz todo o possível para melhorar o ambiente. Caso contrário, o Produto e o vendedor ficam esperando o cliente aparecer, lendo revistas ou batendo papo com os vizinhos.

Resumindo as tarefas do *Centro de Uso,* teremos:

- Permitir a colocação do Produto no Mercado e manter o Portal Material em movimento;
- Materializar as estratégias reguladoras no Mercado;
- Conseguir novos clientes e manter os antigos; conhecer e influenciar o comportamento de seu Produto no Mercado, bem como a aceitação pelos consumidores;
- Permitir o despertar das impressões definidas e permanentes do Produto no Mercado.

Centro de Execução

O seu Ponto de Fixação é o Ciclo do Pensamento Concreto/Opinião Própria, do Processo Mental. A percepção mental da Realidade é a principal tarefa deste Centro, assim como a implementação e a atualização da Estratégia que surge desse trabalho.

Para o sucesso nas suas funções, o Centro de Execução encerra permanentemente o holograma do Mercado e da organização no Mercado. Isto é, já sabe de todas as suas atitudes em relação ao que vem de fora e ao que tem dentro, para corresponder à Realidade atualizada de fora. A percepção da Realidade Objetiva, com profundo conhecimento do local para "amarrar o rabo do capeta", permite a existência da meta, na forma mais adequada possível a esse local.

A sua tarefa é estimular a elaboração da Meta, que une os interesses pessoais aos da organização. A atualização permanente do holograma da Realidade Objetiva permite a criação de objetivos imediatos, e seu direcionamento para a realização. A Motivação Individual devidamente reforçada sustenta energeticamente esse trabalho, a partir da *Mobilização.*

O surgimento da *Responsabilidade* permite resposta de adaptação muito forte; uma firme Opinião Pessoal, decidida e objetiva, convence e introduz a sua visão da situação e impõe os seus objetivos dentro da Realidade Objetiva. A *Responsabilidade,* com a nova composição da Realidade, é assumida. Todos esperam o cumprimento do prometido; quando isso não acontece, a imagem do super-homem despenca e perde a sua posição.

O *Centro de Execução* é o centro nevrálgico onde ocorre a grande alquimia. Ele trabalha tanto com o que vem de fora como com o que já tem dentro. Faz a grande junção de ambos, como um cozinheiro virtual. Aqui, é elaborada a importantíssima função sistêmica de resposta de adaptação. É o Centro que consegue transformar em algo útil para o Sistema o "troféu de guerra" conquistado na luta entre Processos, onde se determina quem serve a quem, quem é senhor de quem.

Como resultado dessa alquimia, o Centro de Uso recebe ordens para acionar a produção e colocar no Mercado um Produto com cara nova e com potencial mais completo para se tornar bem conhecido, familiar e muito sedutor.

As Forças Interiores da *Mobilização* e *Responsabilidade* assumem o trabalho principal nesse Centro. A *Disposição* não trabalha diretamente com esse Centro.

Podemos fazer o seguinte resumo das funções do *Centro de Execução*:

- Elaborar uma Estratégia conforme a visão objetiva do Mercado e necessidades individuais;
- Ajudar a manter permanentemente como Realidade existente o holograma do Mercado e da organização dentro do Mercado;
- Manter a meta clara e atualizada;
- Transmitir ordem, através de uma firme opinião sobre o assunto, que introduz as novidades no Mercado;
- Acompanhar todas as modificações, como já tendo sido realizadas, de acordo com a necessidade do Mercado e da organização.

Centro Gerencial

Quando o consumidor entra em contato com o Produto de Consumo, a sua reação instintiva acontece através dos cinco sentidos, havendo, portanto, resposta imediata de gostar ou não gostar dele, aceitá-lo ou não como algo válido. A percepção dessa reação é muito importante, pois, a partir dela, começa a fixação interna da decisão de comprar ou não comprar o Produto visto. A Força Interior de *Disposição* capta a reação dos consumidores e consegue mantê-la presa à vontade de ser o proprietário do Produto.

O *Centro Gerencial* cuida dessas novas aquisições e mobiliza o consumidor para o novo sonho de consumo, que trará ou não modificações às Metas e estratégias da organização.

O Produto de Consumo, não sendo essencial, é vendido através do despertar de uma Motivação Individual no consumidor. A Vocação individual torna-se consumista, o que, porém, não é percebido pelo próprio consumidor, que nem desconfia que foi fisgado pelo *Centro Gerencial* da *Rede Material* e adotou a Meta da organização, e não a sua. Ao gostar do Produto, imediatamente surge a Esperança de ser o seu proprietário; há *Mobilização* para formar uma Meta e opinião favoráveis em relação ao objetivo de compra.

O ponto de fixação do Centro é o Ciclo da Motivação Individual. Fica por conta desse Centro o despertar do interesse pelo Produto, a ponto de tornar-se uma forte Motivação Individual; a *Mobilização* para o sonho de consumo é o principal.

Sendo a Motivação Individual o ponto mais alto da Rede, é importante que o *Centro Gerencial* estimule, capte e siga todos os que foram tocados emocionalmente pelo Produto.

O Produto no Mercado desperta a ação dos cinco sentidos das pessoas. O *Centro Gerencial* é responsável por manter essas pessoas ligadas ao Produto da organização. Atualmente, existem muitas técnicas para a compreensão do comportamento do cliente e para mantê-lo ligado ao Produto de Consumo.

O *Centro Gerencial* tem muita importância dentro da organização. Quando mencionamos as expressões *"dono"*, *"retorno financeiro"*, imediatamente as ligamos à Meta; criamos objetivos estratégicos pessoais, que vão se realizar juntamente com os da organização. Assim, temos condições de movimentar mais o fluxo entre os Processos e de ser cada vez mais donos da *Rede Material.*

O *Centro Gerencial* trabalha com a *Disposição* e a *Mobilização*. A *Responsabilidade* não atua diretamente nesse Centro.

Resumidamente, as principais tarefas do *Centro Gerencial* são:

- Assumir o retorno do Centro de Uso através de manutenção da disposição dos consumidores;
- Cuidar da resposta qualitativa das impressões do Produto no Mercado;
- Transformar as impressões em Motivação Individual de cada pessoa que entra em contato com o Produto;
- Manter a Esperança como principal fator de vida nova para o consumidor;
- Transmitir ordem para o Centro de Execução através da Mobilização pelas mudanças ocorridas no Mercado.

PRINCIPAIS FUNÇÕES DO EXECUTIVO DA 1ª REDE

Para um Executivo que toma conta do movimento da Rede Material, é importante que ele próprio tenha força nessa Rede no seu Sistema Pessoal[1]. Em outras palavras, conhecer e desenvolver a capacidade para lidar com as suas Forças Interiores – *Disposição, Mobilização* e *Responsabilidade* – é o seu principal requisito, sem o que a sua tarefa se torna improdutiva.

O Executivo dessa Rede se ocupará do trabalho com aquilo que chamamos Força de Vontade, ou seja, a existência da Motivação Individual para a criação da Meta pessoal, realizada diariamente através de objetivos concretos. O Executivo está sempre em evidência. A sua opinião firme e a *Responsabilidade* com aquilo que promete geram a capacidade de mobilizar as pessoas para a realização das Metas pessoais.

Numa organização grande, as Redes são gerenciadas por Executivos de alto nível. Esse tipo de gerenciamento é totalmente diferente da administração de Processos, que é muito mais detalhista e intervencionista.

É necessário que o Executivo esteja com a sua Meta pessoal em dia; isso permite ter o direito de exigir algo dos outros. O seu envolvimento individual é responsável pelo resultado.

O Executivo da *Rede Material* é ambicioso e gosta de trabalhar com resultados bem concretos; muitas vezes se dedica totalmente ao lucro financeiro. Ama o Produto de Consumo que a Rede produz, ou melhor, ama o lucro trazido por aquilo que faz. Seu sonho é ter lucro, ganhar dinheiro e despertar o forte desejo de consumo nos funcionários e consumidores; habitualmente está ligado à Vocação consumista e à vontade de trazer novo sentido à vida.

A capacidade de despertar a *Esperança* de exclusividade na Motivação de *Vencedor* facilita prever o futuro, isto é, ser bom estrategista.

Se, pessoalmente, esse Executivo não consegue ganhar dinheiro com o retorno financeiro do trabalho, significa que a sua *Rede Material* é fraca. Ele não tem como cumprir sozinho os seus objetivos e Metas, mantê-los e impor o resultado. Ele pode até ser excelente profissional, mas o seu "forte", neste caso, não é a *Rede Material.* Gostar de fazer as coisas, querer retorno e gostar de dinheiro, porém não ter ambição, não ter como manter as próprias Metas, nem poder expressar o que se quer também não é bom nesta Rede. As chances são de que se adapte melhor numa das outras duas Redes. Todas as pessoas se encaixam em algum lugar.

Este nosso Executivo tem autoridade emocional na *1ª Rede*, percebe a Realidade sempre atualizada e toma decisões sem ter medo de errar. Consegue ser o Dono, mesmo não o sendo de fato; trabalha sem parar, gosta de funcionários ambiciosos que almejam chegar a algum lugar. O Executivo da 1ª Rede não é

1. Capítulo 12 – O Posicionamento do Homem dentro do Sistema.

um grande humanista. Para ele, as pessoas, os equipamentos e a matéria-prima fazem parte da produção. A necessidade de alcançar as Metas de venda e de estar num lugar privilegiado no Mercado vem em primeiro lugar.

O ser humano é um consumidor, não importando a raça, o grau de instrução ou a origem. A capacidade de torná-lo parte das suas Metas e fazê-lo sentir orgulho por conseguir determinado Produto é a tarefa básica da *1ª Rede*. A satisfação do consumidor vem em primeiro lugar. Quem compra, sente-se enaltecido, pois é o criador de um futuro especial, parecido com o das pessoas vencedoras; esse é o grande consumidor da *1ª Rede*!

O orgulho de ser responsável pela *1ª Rede* torna possível a cultura emocional de querer ser o dono e criar algo seu. Do mesmo modo, o orgulho de poder pertencer à *Rede Material* e conseguir ser parecido com as pessoas especiais, mexe, atualmente, com a ambição da maioria das pessoas.

Habitualmente, o maior inimigo desse Executivo se chama Medo. Medo de tomar a decisão errada. Medo de assumir algo errado, que não possa mais ser corrigido. Medo de ousar. Quando surge o Medo, o único remédio é a terapia ou abandonar a profissão, pois os prejuízos por não ousar são muito grandes.

> Exemplo: *Um casal de imigrantes chegou ao Brasil em idade madura: o marido tinha 52 anos e a esposa, 45. Nenhum dos dois tinha uma profissão que lhes garantisse o sustento no Brasil. A mulher resolveu costurar lenços; o marido tentava vendê-los nas lojas.*
>
> *Cinco anos depois, conseguiram montar uma pequena loja atacadista e uma confecção de lenços.*
>
> *Dez anos se passaram e a loja foi crescendo, passando a ter três filiais. A mulher já não trabalhava mais; o marido assumiu os negócios junto com um gerente.*
>
> *Tudo estaria muito bem, se o marido não apresentasse sinais de muito cansaço e* stress. *Ele começou a ter problemas nos rins e precisou ser operado. O gerente assumiu os negócios. O faturamento começou a cair, pois não houve renovação nos modelos. Por fim, restou apenas uma loja. O marido não agüentou tanto desgosto e faleceu. A mulher vendeu a loja para o gerente, que faliu um ano depois.*

Muitas vezes, perguntamos por que determinadas pessoas conseguiram sucesso material, mesmo tendo sido muito pobres. Não estamos falando nem de grandes empresários nem de super-homens. A resposta é simples — força na *Rede Material*. Os *"self made men"* ou homens que se fazem por si mesmos, conseguem enriquecer por terem coragem de assumir algo totalmente novo no Mercado; por se dedicar totalmente ao trabalho, como única *Esperança* na vida; por serem fiéis à sua *Meta Pessoal*. Esta torna-se o objetivo principal da organização.

Há inúmeros exemplos de imigrantes que começaram do nada e venceram, realizando o próprio sonho. Quando essas pessoas contam as suas histórias, fica evidente que correram o risco de agir no Mercado com estratégias bem inovadoras; elas tinham controle total do negócio, servindo como exemplos de trabalho e dedicação; e também tinham uma bem-elaborada estratégia de conquista, totalmente voltada ao Lucro.

Atualmente, quando procuramos realizar algo, queremos algo certo, preferimos um bom emprego à incômoda condição de um vencedor. Quem busca uma vida mais diferenciada em termos de gostos e interesses não quererá atuar nessa Rede. Porém, a maioria dos pequenos empresários, que não têm recursos, continua apostando na sua capacidade de vencer e tentam o sucesso na *Rede Material.*

Vale a pena lembrar que a *1ª Rede* consegue realizações desafiadoras. Muitas vezes falamos de injustiças, péssima distribuição de renda e da falta de oportunidades para as pessoas pobres. E realmente ninguém gosta disso.

Quando alguém conta a história de sua trajetória profissional, de contínuo a chefe de departamento de uma grande organização, estamos diante de um vencedor.

Quando conhecemos uma advogada que conta que nasceu numa família de mendigos, também encontramos uma vencedora.

Uma mulher, vítima de paralisia infantil, mãe de duas crianças, esposa e profissional de respeito. Essa é mais uma vencedora na *Rede Material.*

Quantas pessoas, anônimas, conseguiram se curar de doenças tidas como incuráveis; elas também são vencedoras da *1ª Rede.*

Em resumo, a *1ª Rede* é a do indivíduo que consegue pôr de parte os prazeres e divertimentos e se dedicar a um objetivo pessoal, que ele atinge a qual quer preço.

Naturalmente, nem todos conseguem essa proeza. Para essas pessoas há as outras duas Redes, que possibilitam realizações em alguns grupos ou por meio da proteção das instituições.

REDE INTELECTUAL

9

O que é e como se paga um Produto de Propriedade Intelectual?

Compra-se conhecimento?

Qual a relação entre esta Rede e os Processos do Sistema?

CONTEÚDO SUCINTO DO CAPÍTULO

- Objetivo da 2ª Rede
- Caráter Funcional, Forma e Pagamento do Produto da 2ª Rede
- Processos Parciais Unificados da 2ª Rede
- Centros da Rede Intelectual
  - Centro de Uso
  - Centro Gerencial
  - Centro de Execução
- Forças Interiores da Rede Institucional
  - Atração
  - Inovação
  - Autoridade
- Genialidade e Mediocridade na 2ª Rede
- Funções do Executivo da 2ª Rede

Assim como as outras duas Redes, essa também é parte integrante do Sistema organizacional. A *Rede Intelectual* ou *2ª Rede* é o segundo dos três componentes do seu Sistema interno, responsável pelo Produto Final unificado, que conhecemos no Mercado no nosso papel de consumidores.

Sendo um subsistema, ela tem todas as qualidades ou funções vitais para a sua sobrevivência e independência dentro do "Sistema mãe" onde está localizada; apresenta interdependência com as Redes Material e Institucional, quando se trata de garantir, por sua vez, a sobrevivência da organização no Sistema maior que é o Mercado.

Passemos à análise das três qualidades intrínsecas pelas quais o Produto da *Rede Intelectual* é reconhecido pelo pessoal externo à organização: a sua utilidade, a forma externa específica e o preço.

- Pela característica de sua utilidade, o Produto desta Rede é classificado como *Produto de Propriedade Intelectual.* Hoje em dia, existem muitas organizações que não têm o Produto explicitamente material, mas os projetos baseados no conhecimento que pode ser transmitido, ensinado ou ouvido. Esse Produto é a base fundamental para a elaboração do Produto de Consumo.
- O *Produto Intelectual* pode ser considerado como não-acabado. Isso acontece por não ter forma final cristalizada e individualizada. A forma é a *Informação,* que depende da sua utilização pelas pessoas interessadas, e da sua capacidade de apuração para poder ser divulgada com a mesma forma a todas as pessoas interessadas nela. É importante frisar que os projetos valem para a sobrevivência e a utilidade, mas a *Divulgação de Informação* sobre o conhecimento é o objetivo principal da *2ª Rede.*
- Em conseqüência de sua forma externa não-individualizada, o *Produto Intelectual* tem o pagamento do preço partilhado entre as pessoas que o utilizam simultaneamente – o preço de um espetáculo é partilhado entre todos os espectadores, que compram seus ingressos. O projeto é pago no decorrer do seu desenvolvimento e é distribuído entre os membros da equipe.

A *Rede Intelectual* cuida dos seguintes processos parciais, interligados pela própria Rede:

- Processo Funcional – Ciclo da Ordem (Projeto/Organização), é o ponto de fixação do Centro Gerencial e é a principal base do conteúdo apurado da Rede.
- Processo de Motivação – Ciclo da Execução (Motivação Grupal/Liderança Carismática), é o ponto de fixação do Centro de Execução e a principal força da Rede.
- Processo Mental – Ciclo da Liberdade (Pensamento de Fatos/Comunicação), é o ponto de fixação do Centro de Uso da 2ª Rede. A sua principal tarefa é a apuração correta da Informação e a sua posterior Divulgação.

A *2ª Rede,* ao produzir o *Produto de Propriedade Intelectual,* depende da existência do conhecimento ou da informação que pode ser comunicada ao público. O conhecimento, que abrange todas as partes do Processo Mental, dificilmente pode ser desenvolvido por uma organização. É muito raro encontrar alguma organização que detenha direitos autorais sobre o conhecimento. Porém, o *Produto Intelectual* pode ser apresentado sem isso, tendo permissão e capacidade para comunicá-lo às pessoas. Estamos falando do resultado do trabalho do Processo Mental, que aparece em forma de conhecimento e informações devidamente verbalizados. A *Informação* por meio de diversos meios de comunicação chega ao ponto da *Divulgação* do conteúdo do conhecimento, que uma vez lançado no Mercado começa a ter vida, independentemente do próprio Processo Mental.

O discurso pode ser ouvido, compreendido e aceito. Porém é o Produto do Processo e não do Sistema representado pela *2ª Rede.*

O *Produto Intelectual* ainda não está pronto. Está faltando o respaldo do Processo Funcional. A *2ª Rede* tem sua ligação com esse Processo por meio do Ciclo da Ordem. A sua tarefa está na ligação com algo material, a transformação do conhecimento em sua forma plana bidimensional.

Isso envolve a tradução em expressão escrita, seja em letras, números, notas musicais, desenhos. É importante tentar a *Viabilidade* do conhecimento no mundo material, que sempre lida com as necessidades imediatas e atuais do ambiente. Muitas vezes, as formas tentadas não estão suficientemente preparadas para representar o conhecimento. A capacidade dessa apresentação permite, de alguma maneira, a sua vida dentro do Ciclo Projeto/Organização.

O Ciclo da Ordem do Processo Funcional – onde se escreve ou se desenha ou se elaboram documentos legais passa a existir como uma necessidade social muito grande, tendo como conseqüência a possibilidade de sobrevivência de trabalhos inexistentes na natureza e que envolvem pessoas com preparo intelectual correspondente.

O documento pode ser mostrado para as pessoas e servir de base legal para contratos que estabeleçam as obrigações de ambas as partes, necessárias para o desenvolvimento do trabalho. O *Produto Intelectual,* por ser verbal, necessita muito de algum compromisso em forma de contrato ou aprovação escrita sobre o uso, para garantir seu pagamento.

A existência de Contratos, bem como a aceitação da remuneração dessa *Viabilidade*, dá condições de sobrevivência material aos que lidam com o Produto Intelectual. Porém, isso ainda não traz a garantia de vitalidade para esse Produto, pois falta a cobertura do Processo de Motivação, que aparece nessa Rede com o Ciclo da Execução.

A Motivação Grupal é responsável pela manutenção da vida do Produto. O grupo, como uma entidade homogênea de interesses, é muito importante na *2ª Rede*. A existência dos consumidores comprometidos com esse Produto abre a possibilidade de sua real existência. A *2ª Rede* é desenvolvida em grupo.

Um projeto ou um curso é normalmente elaborado por um time interno. As discussões ajudam na elaboração da forma final do Produto. O time, para funcionar, além da capacitação mental, necessita de grande motivação em relação ao Produto, pois todos lidam com o mesmo assunto. Quando o Produto, principalmente um curso, consegue atrair alunos, começa a existir o grupo externo, que obriga a lapidar mais o conhecimento através da troca de idéias, das discussões e de diversos exemplos novos, reais.

Pôr algo "no papel" ou em seus equivalentes eletrônicos – disquetes, CDs – significa que começamos a lidar com aqueles que sabem "ler", isto é, que dominam algum tipo de linguagem. Se a leitura faz despertar as suas emoções, o Produto é aceito. Enquanto não divulgamos, ainda não temos as pessoas para apreciar o *Produto Intelectual*. As pessoas que não sabiam nada sobre o autor ou suas idéias, não tinham como ter acesso a essas informações. Ao lerem, ficam atraídos pela idéia e pagam, ou não se interessam e não pagam.

Quando alguém encomenda algum projeto, a sua elaboração específica depende da participação de diversas pessoas comprometidas com essa linguagem, inclusive como meio de sobrevivência. Temos organizações de projetos, de comunicação, escolas e faculdades. Nenhuma delas tem o seu Produto acabado para venda. O seu desenvolvimento começa quando há o conhecimento, o contrato com os recursos aprovados e alocados, e um grupo de profissionais envolvidos no projeto. O Produto da Rede só está pronto quando o contrato é cumprido tanto por parte do contratante, quanto pela parte contratada, que são os detentores do conhecimento.

O time, que pode estar dentro ou fora da organização, é muito importante para a *Rede Intelectual*. O grupo que discute os projetos dentro da organização é o seu time interno de funcionários e colaboradores. O grupo que vai atrás das idéias, fazer o curso, é o grupo externo, composto por clientes ou usuários que eventualmente podem se tornar um grupo de fãs da idéia e do criador, fazendo continuamente os cursos ou projetos promovidos por essa organização. O grupo externo normalmente é mais difícil de ser mantido.

O grupo externo paga pelas idéias e cursos para a organização, ou seja, pelo *Produto Intelectual.* Quanto ao grupo interno, a organização assume a responsabilidade sobre ele perante a lei, e obrigatoriamente o remunera. A remuneração desses profissionais é diferenciada, bem como há a necessidade de se saber lidar com a principal mão-de-obra, o intelecto do homem.

As regras administrativas muito rígidas não conseguem nenhuma adesão dos funcionários, são difíceis de serem introduzidas, caem no vazio e simplesmente "não pegam". Quando a burocracia prevalece, as ordens e as regras administrativas estão acima da parte criativa. O resultado é óbvio e evidente: a organização entra em decadência.

A partir do desenvolvimento da *Era do Conhecimento,* começaram a ser muito importantes os contratos escritos, a capacidade para lidar com grupos de trabalho, a comunicação e a arte da verbalização de idéias e da apresentação compreensível do conhecimento. Inúmeros profissionais surgiram, como advogados, projetistas, engenheiros ou professores; todos se ocupam com os trabalhos na *2ª Rede, Intelectual.*

A sua principal tarefa é envolver o maior número possível de pessoas nas suas atividades profissionais, por meio de debates, palestras, exigências legais de existência de contratos e diplomas. Tudo isso começa a justificar a necessidade do estudo para difundir o conhecimento ao mundo material e receber dinheiro por isso.

Essa Rede procura a conquista do Mercado criando as suas próprias leis de convivência e tenta mantê-las na boca de todos. A perfeita transmissão do conhecimento é muito importante, assim como a atualização contínua de seu conteúdo no tempo. O envolvimento de número cada vez maior de pessoas, de diferentes locais e classes, propicia o desenvolvimento da capacidade mental, forçando o aparecimento de novos hábitos e ocupações que se tornam necessários no decorrer da vida da pessoa e da sociedade.

> Exemplo: *Van Gogh criou um produto intelectual; porém não conseguiu formar a Rede correspondente, pois não tinha a linguagem formal compreendida e apreciada pelas pessoas da época. A sua mente genial permitiu elaborar novas formas e cores exuberantes, traços destacados de sua arte. Porém, só a tela não consegue empolgar o público não preparado para isso. Atualmente, os seus quadros conseguiram ser vendidos, depois de formadores de opinião exercerem o papel de divulgadores.*

Se no caso da 1ª Rede o que vale é a presença exemplar e motivadora do Dono, na *2ª Rede* é muito importante o compromisso escrito, aceito democraticamente por todos do time. A diferença fundamental entre as duas é que, na primeira, o dono tem suas Metas e objetivos e todos querem segui-lo na obstinação de sua realização. Na segunda, há um time que representa o *Criador do Produto Intelectual.* A principal diferença entre a Rede Funcional e a

Rede Intelectual, portanto, na questão das idéias é que: na primeira, o dono tem um único objetivo, que é o Lucro; na segunda há um time, que participa da elaboração do produto intelectual, que por sua vez não visa Lucro imediato, mas a *Divulgação* do conhecimento que tem o seu *Criador*, inclusive a *Divulgação* do seu nome.

Nem sempre o *Criador* necessita do time interno. Um escritor ou músico pode criar tudo sozinho. Porém, a existência do time externo é vital para a sobrevivência do livro ou da composição. Numa organização, o time criativo é sempre desejável. O seu líder luta pela boa remuneração, local de trabalho agradável, etc., pois sabe da importância desses fatores.

O *Criador* – aquele que cria conhecimentos – é alguém muito especial, extremamente importante para a *2ª Rede*. Hoje em dia, os criadores, nas organizações, são coletivos, pois os conhecimentos são cada vez mais complexos. Porém não adianta haver somente a força do Processo Mental; a existência da *2ª Rede* é importante e faz o *Criador* ser útil para a sociedade.

Normalmente, o *Criador* também não sabe nem se ajustar às leis vigentes, nem ganhar dinheiro. Quem vai perceber o valor do Produto e comprá-lo é novamente quem sabe usar critérios de aplicação do dinheiro ou do Produto (Projetos e Organização do Processo Funcional).

A *2ª Rede* reina na atualidade, porquanto possibilita que pessoas se tornem importantes e tenham destaque sem criar nada material – sem necessidade de máquinas, de tecnologia e sem obrigatoriedade de matéria-prima especial. Ela desenvolve a capacidade mental, forçando o aparecimento de novos conhecimentos.

No Sistema da humanidade, a *Rede Intelectual* começou a ter grande importância a partir do começo dos séculos XVI e XVII, com o início do desenvolvimento do capitalismo. A Revolução Francesa trouxe os novos conceitos de "liberdade, fraternidade e igualdade", valores que podem ser aplicados à *2ª Rede*; democracia é o grande Produto da Rede Intelectual. Na mesma época, a ciência começou o seu caminho prático e aplicativo, encontrando inclusive a sua utilização na 1ª Rede. Portanto, existe uma relação muito estreita entre o crescimento da personalidade do ser humano, sua capacidade de criar um mundo exclusivamente seu, e o desenvolvimento das duas Redes: Intelectual e Material. A democracia e o desenvolvimento intelectual, bem como a aceitação das diferenças, são alguns dos Produtos da *2ª Rede* no âmbito da vida social da humanidade.

Por outro lado, o casamento perde seu objetivo de ser eterno; o divórcio, a igualdade entre os sexos, a necessidade de amizade entre pais e filhos, a eliminação das diferenças entre as gerações, etc., também são sintomas de que a demanda pelo *Produto Intelectual* está muito forte e é uma necessidade na atualidade. O grande *boom* de *Produto Intelectual* é ainda mais fortalecido com a generalização do uso da Internet, trazendo o desenvolvimento da individualidade, enfim, o desenvolvimento mental, o que provoca, por outro lado, dificuldades de permanência das pessoas em grupos que não têm as mesmas idéias.

A espontaneidade na fala, a liberdade de expressão, a liberdade de pensamento, a força da comunicação, o time, o *Criador*, são fatores aceitos e seguidos nesta Rede. Antigamente, muitos casais continuavam juntos, mesmo sem conversar por anos; hoje, quando não têm o que conversar e discutir, tentam descobrir como melhorar o relacionamento, fazem terapia ou trabalhos de autoconhecimento, pois a comunicação é muito importante. Quanto mais se conversa, mais interessante se torna o casamento; quanto menos o casal conversa entre si, mais conversas há com quem está fora.

FUNCIONAMENTO DOS CENTROS E DAS FORÇAS INTERIORES

Os Ciclos dos Processos, atuantes dentro da *2ª Rede*, são alimentados e movimentados pelos três Centros – Gerencial, de Execução e de Uso. Cada Centro funciona com diferentes combinações, duas a duas das três Forças Interiores Sistêmicas, próprias da *2ª Rede – Atração, Inovação e Autoridade.*

Analisando mais detalhadamente o funcionamento dessas forças, a Força Interior *Inovação* nasce a partir da existência da *Informação*, protótipo do Ciclo da Liberdade do Processo Mental. O seu aparecimento é notado pelo Ciclo da Ordem, que sente a necessidade de novas formas dentro do Processo Funcional. Atualmente essa Força permite à pessoa estar atenta a informações que, uma vez divulgadas, ativam o mundo material existente. Quando abrimos o nosso cofre aos novos projetos e pagamos por cursos ou qualquer atividade intelectual, a Força Interior *Inovação* está em funcionamento.

Se a *Inovação* falta, não conseguimos mudar nada em nossa vida, nem estudar nem nos atualizar. O *Conservadorismo* toma conta e não estamos abertos a nenhuma mudança vinda de alguma *Informação*. A dificuldade de aceitar até a discussão ou qualquer projeto novo também é um sinal da inexistência dessa Força.

A Força Interior *Autoridade* nasce da existência da Viabilidade, Protótipo do Ciclo da Ordem do Processo Funcional. Quando conseguimos um novo Projeto, começamos o trabalho de estudo para aplicá-lo em determinado lugar, bem como aprovar os recursos necessários para tanto. Essa Força permite manter as pessoas juntas, inclusive sustentá-las financeiramente. O Planejamento, Produto do Ciclo, é aceito pelas pessoas dispostas a trabalhar com as regras estabelecidas. *Autoridade* é uma força de competência tanto intelectual quanto administrativa. A sua existência traz a voz de alguém que implementa as novidades, mudando com isso a Realidade existente.

O seu alcance ultrapassa a influência do grupo e chega até a manutenção da sua união, em torno do conhecimento ou Liderança Carismática, mesmo com divergências pessoais.

Quando essa Força não funciona, acontece o *Autoritarismo*, que não dá nenhuma importância ao grupo, nem às regras democráticas necessárias ao seu funcionamento. Conhecemos muito bem os sintomas de seu aparecimento, principalmente o desrespeito ao ser humano, a gritaria, os xingamentos em lugar da troca de idéias, a desconfiança ou a enorme irritação com supostas imperfeições profissionais.

A Força Interior *Atração* nasce do aparecimento da Competição como Protótipo do Ciclo da Execução do Processo de Motivação. Com a existência dessa Força torna-se possível o trabalho com a aceitação das diferenças e a tentativa de superá-las a partir da união em torno do mesmo conhecimento. O Produto do mesmo Ciclo, que é a Integração, é voltado ao mesmo conhecimento e permite, inclusive, a sua penetração na vida das pessoas, para despertá-las para as novidades.

Essa Força é especial, pois elimina as barreiras das dificuldades, bem como dá força à capacidade para comunicação, espontaneidade e liberdade de expres-

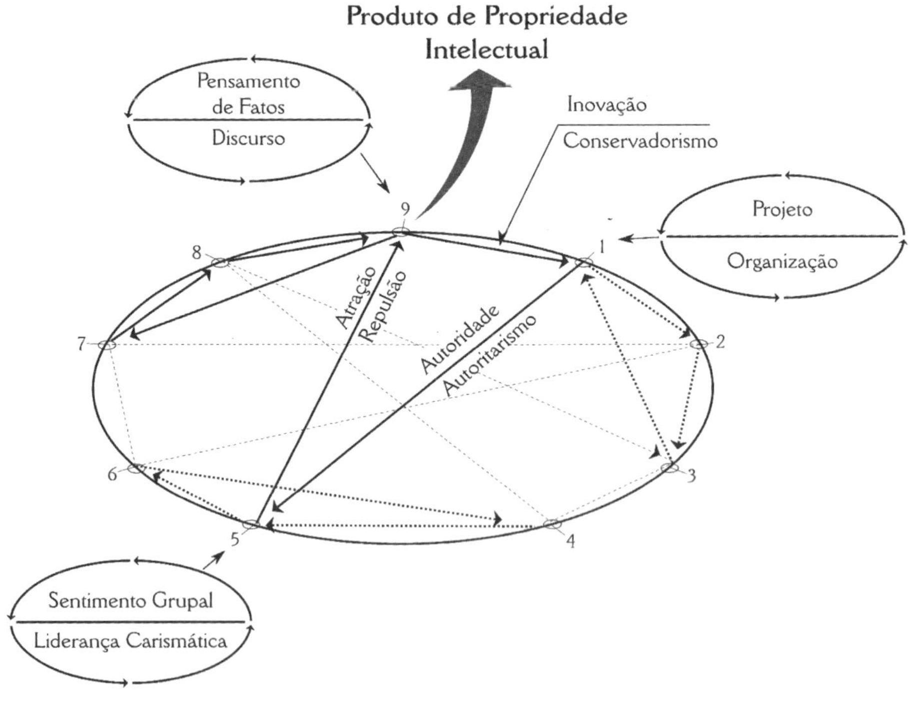

Fig. 17 - Rede Intelectual

são. Todos os que utilizam essas ferramentas têm uma Força de *Atração* muito desenvolvida. A pessoa descobre a leveza no uso da conversa e elimina as exigências de perfeição e superioridade. Essa Força permite escutar os outros e participar das discussões sem o peso da rejeição.

Atualmente, a *Atração* é cada vez mais valorizada. Quem está só, indiferente ao grupo, sente na sua pele a Força Interior *Repulsão*. A sua ação é terrível, principalmente quando existe dependência da *Divulgação* do conhecimento ou de seu nome. A pessoa pára de se comunicar e começa a ser expulsa do grupo; parece que se torna invisível. Podem ser gastos muitos recursos, mas o dinheiro não recupera a *Atração*, passível de ser reencontrada, somente com a Integração dentro do grupo.

A descoberta da existência e do funcionamento das Forças Interiores da *2ª Rede* permite redirecionar e reintegrar as pessoas para permitir mais eficiência do funcionamento dos Centros da *Rede Intelectual*.

Centro de Uso

O *Centro de Uso* é um importante mecanismo de funcionamento da *2ª Rede*, que ajuda tanto na apresentação do *Produto Intelectual* ao mundo exterior quanto na sua ligação com os outros processos. As Forças Interiores ajudam nisso, juntamente com o ponto de fixação, que é o Ciclo da Liberdade do Processo Mental. Esse Centro é um Portal e uma vitrina do conhecimento. As *Informações* e a capacidade de sua *Divulgação* dependem totalmente dele. O próprio Produto Final do Processo Mental começa a ser envolvido em dois movimentos: o do Processo Mental, que faz com que o retorno chegue aos outros Ciclos, e o da Rede, que possibilitará a sua existência fora do Sistema.

Embora seja possível desenvolver o *Produto Intelectual* usando-se apenas o Processo Mental, sem a sua interligação com os outros Processos ele é inútil à organização.

A principal função do *Centro de Uso* é:

- Manter o *Portal Intelectual* em funcionamento e lançar o Produto no ambiente, tendo a capacidade de torná-lo aceito pelo Mercado;
- Proporcionar um ambiente agradável, que sirva à reunião das pessoas dispostas a discutir as idéias, analisar os fatos e conhecer algo novo;
- Manter as discussões num nível elevado, por meio da liberdade e do respeito às opiniões contrárias;
- Cuidar do fluxo de divulgação das idéias e incentivar as pessoas a testarem o novo produto, permitindo a expressão da resposta de adaptação da Rede;
- Divulgar outras formas de venda através de novos métodos de propaganda e marketing e estimular o uso de computadores e da Internet.

O Processo Mental é utilizado intensamente, a fim de aprimorar cada vez mais a forma e o conteúdo do discurso, através da comunicação. O discurso torna-se mais exato, permitindo a sua repetição e a sua aceitação pelas pessoas. Isso é possível graças às Forças Interiores da Rede conhecidas como *Atração, Inovação* e *Autoridade,* em perfeito funcionamento.

A Força Interior chamada *Atração* liga o Centro de Execução ao *Centro de Uso,* e ajuda na percepção conjunta do Mercado externo de convivência da comunicação e do Sistema interno da organização. Tendo uma visão total dos dois, o *Centro de Uso* pode perceber qualquer movimento de idéias.

A Força Interior chamada *Inovação* dá o alerta ao Sistema da organização, através da *2ª Rede,* quanto às modificações que estejam ocorrendo nesse mundo externo de comunicação. Ao ligar o *Centro de Uso* ao Centro Gerencial dessa Rede, a Força Interior *Inovação* traz para dentro do Sistema as novas impressões surgidas no convívio com as informações.

A Força Interior chamada *Autoridade* não participa diretamente da ação, mas ajuda as outras duas Forças na ativação e distribuição energética.

Centro Gerencial

O *Centro Gerencial* da *Rede Intelectual* lida com as Forças Interiores conhecidas como *Inovação* e *Autoridade;* lida também com a *Atração,* que reforça as outras duas, bem mais atuantes.

O *Centro Gerencial* tem como ponto de fixação o Ciclo da Ordem do Processo Funcional. Esse Centro ativa a Viabilidade de novos projetos, juntamente com a lei e a ordem correspondentes. A sua importância é enorme, pois impõe a necessidade de mudanças a partir da captação de informações do Processo Mental. As mudanças são facilmente permitidas e implementadas nesse Centro. A complicação sempre surge quanto à disposição do uso dos Recursos para viabilizar as mudanças. A burocracia é um sinal de que esse Centro não está funcionando corretamente; nesse caso, a força chamada *Conservadorismo* se fará presente e aniquilará a criatividade.

A sua principal função é:

- Assumir as conquistas ou as derrotas do *Portal Intelectual,* monetariamente;
- Captar informações através das linguagens existentes, gerando os projetos;
- Manter a autoridade na aprovação dos projetos;
- Elaborar a sua competência e transmiti-la ao Centro de Execução, como um profissional respeitado por todos;
- Despertar o interesse pelas mudanças em função das novas idéias;
- Assegurar uma vida digna para quem trabalha na *2ª Rede.*

A Força Interior conhecida como *Inovação* introduz na Rede algo novo do mundo externo, captado e trazido para dentro pelo *Centro Gerencial*. As *Informações* sobre novidades põem o subsistema em contato com a necessidade de testar as formas existentes e elaborar novos projetos.

A Força Interior *Autoridade* aciona o Centro de Execução para se proceder aos trabalhos profissionais de acordo com as regras técnicas e administrativas, inclusive com recursos disponíveis.

Centro de Execução

O *Centro de Execução* tem seu ponto de apoio na Motivação Grupal. Ele trabalha com as Forças Interiores *Autoridade* e *Atração*, tendo a *Inovação* como reforço de ambas.

Esse Centro é de vital importância para a Rede e tem as seguintes funções:

- Assumir o fluxo das atividades elaboradas pelo Centro Gerencial, distribuindo os integrantes por meio da motivação;
- Manter o astral alto na equipe de trabalho, combatendo os indícios de emoções sem vida e utilizando corretamente as emoções negativas;
- Direcionar o foco de atenção das pessoas para o trabalho realizado num ambiente que favoreça um bom relacionamento entre elas;
- Acompanhar a reação emocional do grupo à autoridade existente, pois, sem a sua aceitação emocional, é impossível introduzir qualquer novidade;
- Levar ao Centro de Uso a energia necessária para a lapidação do Produto Final Intelectual.

O *Centro de Execução* lida com a resposta de adaptação do subsistema. O seu ponto de apoio processa as informações vindas do Centro Gerencial através da Força Interior *Autoridade*. Enquanto existir essa Força, o grupo funcionará como um termômetro, que, ao processar as novidades, já dará a resposta de adaptação emocional mesmo antes de pronunciar qualquer palavra.

A leitura das atitudes comportamentais, do ponto de fixação do Centro Gerencial, é impressionante pela sua objetividade. A resposta alimenta a Força Interior *Atração*, que permite a posterior expressão verbal.

A existência da alegria, do bom humor e da convivência fraternal do grupo ajuda na lapidação cada vez melhor do *Produto Intelectual*. A existência de brigas, de intrigas ou da competição desleal é um sinal de necessidade de mudanças na condução e no conteúdo do trabalho. A indiferença é o pior sinal, pois indica a estagnação e a esterilidade da criatividade.

A força chamada *Inovação* não participa ativamente nos trabalhos do Centro, mas serve de reforço energético para as outras duas, que são muito ativas.

A REDE DE GENIALIDADE OU DE MEDIOCRIDADE

O desempenho da *2ª Rede* pode se traduzir em *Genialidade* ou *Mediocridade.*

Quando a *2ª Rede* está ativa, com forte movimento nas Forças Interiores, ela consegue a *Genialidade,* brilhando e criando cada vez mais. A *Genialidade* possibilita o destaque da organização sem necessidade de grande tecnologia nem obrigatoriedade de produção material imediata. Ninguém poupa recursos a fim de obter o *Produto Intelectual,* pois dele depende a atualização da organização no Mercado. A receita cresce cada vez mais; muitas vezes, o pagamento só é feito para ouvir o profissional que representa o conhecimento e para estar perto dele.

A Rede *Medíocre* é aquela apagada, fechada às mudanças e que transforma as suas Forças Interiores em *Conservadorismo, Autoritarismo* e *Repulsão.* O seu Produto torna-se opaco e ninguém presta atenção a ele; observamos, pela expressão facial das pessoas, que elas não captaram a informação. A *Mediocridade* não mede a capacidade intelectual, mas a sua atuação na Rede e no despertar das Forças Interiores correspondentes. É sabido que nem tudo que tem conteúdo é importante na Rede. Muitas vezes, somos seduzidos pelo Produto brilhante, bonito, mas internamente vazio. É claro que esse Produto não tem vida longa.

PRINCIPAIS FUNÇÕES DO EXECUTIVO DA 2ª REDE

Vivemos na era do conhecimento. Atualmente, a sociedade aprecia muito os Produtos da *2ª Rede.* A aceitação é grande e a valorização é muito rápida.

Assim como para o Executivo da 1ª Rede foi importante ele ter força pessoal, é imprescindível para o Executivo da *2ª Rede* manter a liderança na sua área de atuação. O papel do Executivo nessa Rede é cada vez mais importante. Portanto, o conhecimento das 3 Forças Interiores — *Autoridade, Atração* e *Inovação* — torna-se o principal requisito da atuação do Executivo da *2ª Rede, a Intelectual.*

A *Autoridade* engloba tanto a competência técnica intelectual como a organizadora, e permite firmeza e estabilidade nas permanentes mudanças. Quando sentimos respeito e sabemos que o próprio Executivo está assumindo o risco, as suas ordens são aceitas e o bem-estar é visível e duradouro, mesmo que não haja certezas quanto à continuidade dos projetos.

A *Atração* é a resposta ao Executivo com Motivação Grupal. A sua liderança é carismática e não se expressa por meio da força individual, mas pela capacidade para manter os integrantes do seu time em volta do objetivo de trabalho. Essa Força alimenta a capacidade para a comunicação, a troca de idéias, as críticas, os acertos ou desacertos. A Motivação Grupal é muito importante, pois o produto intelectual nasce a partir do conhecimento já existente, que serve de base para a elaboração de projetos produzidos em grupo.

A sua dedicação e a fidelidade para com as origens do Produto Intelectual são muito importantes para a aceitação de suas propostas de trabalho. Portanto, para as pessoas-chave de uma organização de conhecimento, é necessário estar motivadas com o conhecimento e manter os resultados do projeto atraentes tanto para o cliente quanto para os funcionários. A existência do grupo, que absorve a sua motivação, e a seqüência de projetos medem a sua capacidade para a liderança.

A autoridade intelectual, a Liderança Carismática e a capacidade de comunicação formam o trio que aparece como carro-chefe para esse Executivo. O ideal seria que essas capacidades fizessem parte da personalidade de uma única pessoa; porém, nem sempre é assim. O papel do Executivo da *2ª Rede* é descobrir as pessoas que desempenham esses papéis e coordenar a convivência pacífica entre elas.

Normalmente, os grupos atuantes na *2ª Rede* são constituídos por pessoas muito complicadas, pois todas têm algo desse perfil ideal do Executivo. O saber conviver com as diferenças, as discussões e os problemas de relacionamento é outro ponto necessário desse Executivo. Aqui, é impossível impor uma ordem sem que se dê a devida explicação. Não adianta exigir disciplina, pois essa não é a característica mais marcante dessa Rede. A flexibilidade e a compreensão são imprescindíveis.

Mais uma tarefa é importante: a fidelidade ao *Criador*. O roubo de idéias e a deslealdade com respeito à autoria de projetos são bem comuns. O sigilo do conteúdo, enquanto a informação não é devidamente apurada, é muito importante. Afinal, a espionagem intelectual e industrial não é ficção científica, ela é bem real.

A *Inovação* é a Força que acompanha o fluxo de informações entre as pessoas envolvidas na discussão e leva ao entendimento da necessidade de mudanças. Saber usar essa Força é a certeza de saber convencer da necessidade de novidades e vender a idéia do projeto.

Exemplo de Atuação do Executivo na 2ª Rede:

1. *Numa organização, um Executivo gerencia a área de atualização de conhecimento. Ele percebe que a repercussão das suas idéias não tem tido o mesmo alcance; que o conhecimento parou de estar na boca das pessoas. Até os próprios integrantes da organização pararam de usar a linguagem do conhecimento.*

Ao perceber isso, ele revê toda a administração, inclusive a financeira. As mudanças sugeridas são passadas para todo pessoal ligado ao assunto, sempre prestando atenção se se obtém o efeito emocional no grupo com problemas. Essa motivação entra como alimento, reforçando a comunicação e melhorando a convivência entre as pessoas, que passam a conversar sobre os diversos assuntos, inclusive sobre aquele que se tornou problema na organização.

Foi importante o Executivo despertar o grupo para a discussão de diversos assuntos. O assunto começou a ser resolvido sem imposições drásticas. Ele manteve a administração voltada à criatividade, melhorou a remuneração (Ciclo da Ordem do Processo Funcional), reavivou a alegria de ficar na organização (Ciclo da Execução do Processo de Motivação) e a liberdade de expressão (Ciclo da Liberdade do Processo Mental), discutindo abertamente com o pessoal. Os resultados vieram mais rápido do que se podia imaginar.

2. *O Diretor Executivo de uma organização vinha se empenhando em usar estilo democrático de administração e de promover atividades integrativas entre seus funcionários –* karaokês, *grupos de discussão de filmes, músicas, histórias tradicionais,* workshops *para solução de problemas reais institucionais, entre outras coisas. Reuniões do conselho deliberativo foram transferidas para o anfiteatro e abertas para quem as quisesse assistir e opinar, com planilhas de movimento financeiro, decisões de movimentação de pessoal, de ampliação de área física, etc.*

Apesar de também estar freqüentemente presente nas unidades de trabalho em geral, ele sentiu que muitos funcionários, principalmente os de funções mais simples, não o reconheciam ou tinham receio de se aproximar dele e de sua sala, de expressar suas opiniões.

Aceitou a sugestão de um grupo de funcionários e implantou o "Café da Manhã com o Diretor", onde quinzenalmente ele se reúne com cerca de dez funcionários de diferentes áreas e níveis hierárquicos, sorteados para o café. Em local informal, afastados do corre-corre diário, trocam idéias, tiram dúvidas, fazem sugestões, convivem com igualdade. Surgem muitas informações de ambas as direções, que dificilmente são veiculadas na formalidade do local de trabalho. Muitas soluções são encontradas na mesma hora. Assuntos recorrentes são encaminhados para outras instâncias.

REDE INSTITUCIONAL

10

O que é e como se paga um Produto Institucional?

Compra-se vitalidade?

Qual a relação entre essa Rede e os Processos do Sistema?

CONTEÚDO SUCINTO DO CAPÍTULO

- Objetivo da 3ª Rede
- Caráter funcional, forma e pagamento do Produto da 3ª Rede
- Processos Parciais Unificados da 3ª Rede
- Centros da Rede Institucional
  - Centro de Uso
  - Centro Gerencial
  - Centro de Execução
- Forças Interiores da Rede Institucional
  - Confiança
  - Entusiasmo
  - Tolerância
- Vitalidade e Doença da 3ª Rede
- Funções do Executivo da 3ª Rede

O produto da *Rede Institucional* não é exceção; as três qualidades — caráter funcional, forma externa específica e o preço — estão presentes para que ele possa ser reconhecido.

A *Rede Institucional* também é um subsistema independente dentro da organização, independência assegurada pelas cinco funções vitais sistêmicas. Ela, juntamente com as Redes Material e Intelectual, formam o Sistema interno da organização, garantindo, assim, a sobrevivência dessa organização no Mercado.

- Pela sua funcionalidade, o Produto da *3ª Rede* é *essencial ou de necessidade vital*; a sua utilidade é a garantia de vida para todos os usuários. O mesmo Produto é necessário e serve a pessoas totalmente diferentes. No caso, o usuário é sempre um proprietário, estando, portanto, muito interessado na sobrevivência dessa propriedade.
- O *Produto de Necessidade Vital* tem uma forma única, externa, reconhecida por todos — sua manutenção é feita por instituições que consideramos absolutamente idôneas, pois o direito ao uso dos serviços de manutenção é adquirido sem nenhuma especificação de data para o seu uso, embora possa haver uma data-limite; são exemplos desse Produto ser sócio de um clube, participar de um convênio de assistência médica, ser membro de uma igreja. O que é mais importante é o fato de a propriedade já estar pronta, bastando conservar a sua forma e funcionamento originais.
- O pagamento se dá por meio de tributos ou mensalidades. O convênio de assistência médica, por exemplo, é pago mensalmente, sem um preço final, como se fosse um contrato de manutenção, na expectativa de poder usá-lo quando necessário.

Enquanto a 1ª Rede cuida da conquista do meio ambiente e a 2ª desenvolve a individualidade, a *3ª Rede* preocupa-se com a *manutenção da vida*. Na relação entre seres humanos, essa Rede lida, em primeiro lugar, com a *Fé*, situação em que o dinheiro (1ª Rede) e o discurso (2ª Rede) pouco valem.

A nossa vida dentro da Realidade Objetiva — em contato com o mundo real — é repleta de perigos. A necessidade de proteção e de continuidade da espécie fazem surgir, para a humanidade, ilhas de proteção chamadas *Instituições*.

Cada *Instituição* tem um nome com poder inestimável sobre a vida. Do contato com ele, obtemos mais vitalidade, que é expressa em proteção e permanência. As *Instituições* conservam a nossa paz e a nossa tranqüilidade, e conseguem ser respeitadas e aceitas pela população.

Uma característica desta Rede é o pagamento feito sempre através de contribuições, mensalidades, remunerações, pelo cuidado que a pessoa recebeu ou receberá. Cada *Instituição* tem algo que serve para o uso das pessoas que aceitam pagar um preço, de forma preventiva. Pagamos para não usar, como no caso de seguros; ou para utilizar num momento de necessidade, quando temos um contrato de manutenção; porém, pagamos periodicamente, para a viabilização da própria *Instituição*.

> Exemplo: *Plano de assistência médica – me atenderá e cuidará de mim a qualquer hora;*
> *Telefonia – a assinatura me possibilita fazer parte da rede;*
> *Igreja – pagando o dízimo, tenho "proteção espiritual", sempre.*

Atualmente, em nossa sociedade, a *3ª Rede* está, por um lado, muito inchada; apareceram muitas *Instituições* que desenvolvem serviços de manutenção de equipamentos e aparelhos e cuidados com a saúde e com diversas propriedades. Por outro lado, esse tipo de *Instituição* está bastante enfraquecido, pois as pessoas correm ou atrás do dinheiro, 1ª Rede, ou atrás do prazer e do conforto pessoais, 2ª Rede. A *3ª Rede* requer doação e atenção ao que é vital, como o corpo, a procriação, o amor. A família, a religião, o patriotismo, sempre foram grandes alicerces da *3ª Rede*; os três estão em crise hoje em dia.

As *Instituições* culturais e de consumismo também estão se tornando cada vez mais importantes em nossa posição na vida. Um bom exemplo são as grandes organizações televisivas, como a Rede Globo, e os jornais de grande circulação, como a *Folha de São Paulo* ou *O Estado de São Paulo*, que nos protegem e em quem confiamos.

Existe um relacionamento muito estranho dentro da *Instituição*: ou você é proprietário, e vai até a *Instituição* pedir proteção e manutenção daquilo que é seu, ou é propriedade, e não se preocupa com nada e confia plenamente na manutenção necessária que lhe é conferida a fim de mantê-lo vivo.

Essa é uma questão milenar nos relacionamentos entre as pessoas, na convivência social e material. Afinal, que regime político é melhor: capitalismo, socialismo ou escravidão? Quem pode resolver essas questões é exatamente a *3ª Rede*, que se ocupa das questões de convivência, razão de existir, sociedade, propriedade. As relações entre homem e Estado, funcionário e organização, também são resolvidas por essa Rede.

Qualquer crise que afete as *Instituições* é um problema para a população – a grave crise de confiança na integridade do governo, que estamos vivendo hoje, é um péssimo sinal de desproteção e instabilidade na manutenção das condições essenciais do nosso dia-a-dia. Queremos, cada vez mais, *Instituições* permanentes e sólidas, que independam da natureza humana, que é finita e bastante falha.

Não existe nenhuma egrégora[1] forte o suficiente que possa assumir esse lugar. A ecologia – a preocupação com a Natureza e com o planeta Terra – começa a aparecer timidamente como possível egrégora da *3ª Rede*, além das tradicionais como a igreja e a família.

O Produto da *3ª Rede* é a *manutenção da vida*. Portanto, tudo o que é essencial à vida pertence a ela. Excetuando o próprio homem, as *Instituições* que conseguem vitalidade própria pertencem à *3ª Rede*; inclusive o nome é o Produto Final com vida própria, muitas vezes mais longa do que a do próprio homem.

Mas, como funciona essa Rede? Lembremos mais uma vez que o Produto da Rede é bem diferente daquele do Processo, pois lhe é permitida a existência fora do Sistema, utilizando, para isso, o seu mundo interno e externo.

A *Rede Institucional*, ou *3ª Rede*, é composta pelos seguintes Processos parciais unificados, que, em conjunto, ajudam no surgimento do Produto da Rede:

- Processo Mental – Ciclo da Ordem (Pensamento Abstrato/Moral), responsável pela manutenção de toda a memória intelectual sobre o Produto e sua história e também pelo modelo de uso desses dados, independentemente do problema. É o ponto de fixação para o Centro de Gerenciamento.
- Processo Funcional – Ciclo da Execução (Insumo/Gestação), lida com a produção, incluindo todo o trabalho de infra-estrutura, as etapas e condições básicas para a materialização e a mão-de-obra, sempre com a existência dos recursos financeiros designados. Ponto de fixação para o Centro de Execução.
- Processo de Motivação – Ciclo da Liberdade (Mercado/Venda), proporciona a felicidade de fazer parte da organização, o fortalecimento do nome da *Instituição* e Fé na sua competência e estabilidade, fazendo com que mais e mais pessoas participem dessa emoção. Ponto de fixação para o Centro de Uso.

O Produto da *3ª Rede* é indispensável aos que dependem de seus serviços; não existe crise em seu uso. Os serviços essenciais são mantidos pela instituição geradora e têm regras permanentes e imutáveis, que permitem o acesso ao seu uso; eles sempre são componentes das atividades desempenhadas em diversas áreas da vida do consumidor.

Se no caso da 1ª Rede o Produto é acabado e sua forma é absolutamente cristalizada, e o Produto da 2ª Rede é inacabado e é concluído durante o uso, no caso da *3ª Rede* ocorre algo totalmente diferente. Ele está sempre ligado a al-

1. Egrégora: Sistema com o mesmo objetivo espiritual.

guma coisa acabada e que necessita de reparos quando falha; o Produto se liga à cura ou à manutenção desde a procriação.

O fornecimento de água e de eletricidade, indispensável a todos nós, também é produto da *3ª Rede*, sendo importantíssima a idoneidade pública dos responsáveis por essa tarefa. A água e a energia elétrica já existem; porém, a sua qualidade e a constância na sua distribuição são Produtos da *3ª Rede*. Existem regras de fornecimento e obrigações do consumidor, duradouras para ambos. As possíveis falhas são reparadas e a manutenção preventiva é efetuada respeitando-se o preço cobrado pelo serviço. Ninguém reclama do preço, pois tudo foi previsto e todos estão de acordo de que esses serviços são necessários.

Normalmente, a *3ª Rede* não produz nada, só mantém aquilo que existe. Aliás, nenhum consumidor quer novidade nesse produto, apenas o bom funcionamento daquilo que é componente fundamental das atividades que são exercidas.

Sempre é bom lembrar:
nenhuma Instituição produz.
Ela mantém, guarda e protege.

Podemos dizer que a infra-estrutura é um Produto da *3ª Rede*, pois mantém os componentes necessários à produção. Tanto a existência do ar que respiramos como a sua qualidade estão a cargo da *3ª Rede*. Os problemas de poluição são muito graves e não podem ser resolvidos por uma única pessoa. Criamos uma *Instituição* que, de posse do código de regras, tenta regulamentar e fiscalizar esse Produto tão importante para a nossa vida. O nome dessa *Instituição* será muito forte se todos a aceitarem e apoiarem, e desde que as regras estabelecidas permitam o uso de novas idéias e tecnologias, necessárias à execução dessa tarefa. Podemos dizer que o livre pensamento e a apreensão de novas idéias estarão a serviço da tarefa de manter a qualidade do ar excelente. A população ajudará muito nessa tarefa, obedecendo às regras estabelecidas por essa *Instituição*.

O objetivo da *3ª Rede* é manter a existência dos Produtos, o que é feito por uma *Instituição* que tem permissão para estabelecer regras específicas, inclusive punitivas, para tanto. Quem faz o trabalho é a própria *Instituição*, juntamente com o usuário.

Atualmente, vários produtos da *3ª Rede* foram transferidos para a 1ª, ficando a confiança em seu uso ligada ao nome dessas organizações da 1ª Rede.

Exemplo: *É importante ter a certeza de que o alimento consumido pelo seu filho seja produzido por uma organização idônea, como, por exemplo, a Nestlé.*

O nome da *Instituição* é parte do Produto da *3ª Rede*; ele é imutável e desperta a sensação de proteção e de sobrevivência, importantes para cada pessoa que a utiliza; mas, para definir o Produto da Rede, o nome não é o suficiente. Outros Processos da Rede também são muito importantes; o conjunto permite a *manutenção e a existência do produto essencial à vida*, que é o Produto da *3ª Rede*.

As pessoas dependentes da *Instituição* estão muito satisfeitas com essa relação tutor-tutelado, benfeitor-beneficiado, pois há um vínculo emocional, que as protegem e garantem o essencial na manutenção da vida.

Exemplo: *O fiel de uma igreja não é um seu empregado; ele está lá por ter vínculo emocional e dá o dízimo para cumprir a regra a fim de pertencer à Instituição.*

Exemplo: Um torcedor fanático de um clube tem esse mesmo vínculo, o que proporciona algo muito importante: a felicidade de pertencer à Instituição e usá-la em sua vida. Quando o time vence, o torcedor também sente a energia de vencer que é alimento essencial, vital. E o homem cresce e fica feliz por fazer parte da torcida.

Na Natureza não existem *Instituições* que protejam a vida da humanidade. Elas substituem os instintos que cada ser vivo tem. O homem, já há algum tempo, perdeu esses instintos. Atualmente, ninguém consegue sobreviver sem o uso da tecnologia; e a eletricidade e a água encanada parece que sempre existiram. A proteção do homem como membro da espécie depende agora das *Instituições* que, por não serem instintivas, não são permanentes.

A 1ª Rede produz o Produto usual, de consumo, e, ao vendê-lo, recebe dinheiro. A 2ª Rede vende o Produto intelectual que abre as portas ao conhecimento. A *3ª Rede* atinge as pessoas uma a uma, porém na mesma proporção, com pouquíssima variação. Quem pertence a essa instituição tem a garantia de manter o Produto Já Existente. As atividades de prestação de serviço para manutenção do produto existente trabalham dessa maneira – há uma promessa de bom atendimento quando da sua execução. Os clientes que gostam, pagam e voltam. O mais importante é a *manutenção da vida do produto*, seja um aspirador de pó, o fornecimento de energia ou a segurança. Não adianta ter um contrato de manutenção de uma geladeira, se essa mercadoria inexiste como propriedade nossa.

Espera-se que os profissionais que atendem, ou se exibem, gostem muito da *Instituição*, e, tendo afinidade com ela, acolham e protejam em seu nome. Espera-se que consigam transmitir a rotina e as exigências próprias da *Instituição* com felicidade e dedicação, como se cada cliente fosse alguém muito especial e a pessoa mais importante para ela; que executem os serviços com *Motivação* e *Emoção de Felicidade*, cuidando deles como se fossem alguém da família; e que transmitam as informações como se fossem vitais para o cliente, com muita Confiança e Tolerância. O cliente está totalmente indefeso, sentindo muita angústia e ansiedade, pois não sabe como manter viva a sua propriedade.

Não importa se a pessoa está num consultório com um terapeuta, aconselhando-se com um sacerdote, num espetáculo assistindo à apresentação de seu ator preferido, no estádio torcendo pelo seu time, ou num balcão de assistência técnica para o seu vídeo com problemas. O cliente que entra em contato com o representante de uma *Instituição* quer ser acolhido, protegido, quer ter confiança no bom atendimento personalizado e felicidade em ter as suas necessidades atendidas.

A qualidade do contato gera confiança, algo instintivo no cliente, a ponto de ele aceitar anular-se e entregar por completo "a sua vida" ao terapeuta, ao sacerdote, ao seu ídolo, ao seu time ou ao seu técnico, que representam a *Instituição*, a qual assumirá a responsabilidade pelo trabalho desses profissionais. O produto da *3ª Rede* é muito específico, porque ajuda a manter a vida da propriedade que é muito importante para o ser humano; o socorro nunca mais é esquecido e as pessoas que são bem atendidas passam a ser como que sócios vitalícios da *Instituição*.

Os profissionais que atendem as pessoas, reconhecem o propósito real da tarefa de manutenção da vida da propriedade, de grande importância para o cliente; eles mantêm uma relação especial com esses usuários. O trabalho na *Rede Institucional* desperta nos funcionários algo além da sua função. Cada profissional atende em nome da *Instituição*, sendo a sua "cara", tanto que, quando o cliente sai, em geral leva o nome da *Instituição*, e não o do profissional que o atendeu.

Para o cliente sentir-se bem atendido, é preciso que seja despertada a sua confiança na *Instituição* que o atende, é preciso que ele sinta que ela "sempre estará presente e disponível na sua vida, protegendo-o". O pagamento é uma conseqüência. O usuário, por sua vez, também estará sempre presente na vida da *Instituição*; quando se estabelece um valor, mesmo que não se use o serviço — fazendo doações ou pagando tributos — isso faz parte dos recursos para a sobrevivência da *3ª Rede*.

O ambiente onde se dá o contato do profissional com o cliente merece atenção, sendo desejável que seja limpo, agradável e onde toda a infra-estrutura esteja em funcionamento para receber clientes tão esperados. É difícil ao profissional ser tolerante quando a infra-estrutura é problemática e falta o indispensável. As chances são de que, quando os problemas acontecem, os clientes, que não têm nada que ver com as crises na *Instituição*, encontrem profissionais irritados e pouco atenciosos, o que compromete o nome da *Instituição*. Quando a contenção de despesas se torna mais importante do que a qualidade, isso gera muita angústia entre os atendentes; e a *Instituição* torna-se estéril e começa a morrer, mesmo com excelentes profissionais, pois fica com o seu nome comprometido.

Quando temos um *Nome Institucional* muito forte, algum Produto da organização pode até não dar certo, porém a confiança no Nome permanece, permitindo fazer outro Produto. Quando o *Nome da Instituição* é fraco, ninguém confia na organização.

Exemplo: *Num clube esportivo, pode haver várias modalidades esportivas sendo desenvolvidas, umas fortes, outras fracas. Pode ser, também, que o time atual não seja lá grande coisa, mas, quando o Nome do clube é forte, o torcedor continua ao lado do clube. Xinga o time, faz campanha contra ele, porque tem emoção sem vida no time, mas não faz isso contra o clube.*

Nos exemplos anteriores, tanto o terapeuta, o sacerdote, como o ator, o jogador e o técnico eram profissionais exercendo atividades de vários níveis de sofisticação ou complexidade, mas com algo em comum: apareciam pessoalmente no desempenho da função. Atualmente, esse hábito vem sendo mudado, tornando-se cada vez mais virtual.

Os funcionários da área de manutenção – pessoal da faxina, almoxarifado, conservação, manutenção elétrica, compras – nem sempre são considerados como tendo funções importantes na organização, porém pertencem à *Rede Institucional*, pois lidam com a infra-estrutura ou circulam mais por toda a organização. Todos nós sabemos, e isso nunca pode ser esquecido, de como alguém de categoria funcional que ganha pouco pode fazer o maior estrago no nome da organização quando atende mal ou sabota serviços essenciais, pois cada um desses funcionários, independentemente da função, é a própria organização.

O volume de serviços nessa Rede tem crescido, graças ao aumento da quantidade de Produtos de consumo e em decorrência da necessidade de sua manutenção; mas qualquer serviço é para ser usado para facilitar a nossa vida diária. Serviço costuma ser aquilo que podemos fazer, mas não fazemos porque preferimos recorrer a alguém a fim de que sejamos servidos. O Produto institucional sempre pode ser usado na vida; não é intelectual nem está no papel. Se não puder ser usado, não terá como resposta a motivação.

Exemplo: *Serviço de entrega de refeições.*

É claro que podemos ir ao restaurante retirá-la, mas preferimos ligar, pois atendem bem e "não cobram pelo serviço" (cobram de outra maneira, mas dizem que não cobram), e a refeição vem quente, é só comer. Para que vamos perder o nosso tempo indo buscar ou cozinhando? Porém, se a refeição vem fria, ou a pessoa que nos atende foi pouco acolhedora, ou nos mandarem algo que não pedimos, não voltamos. Serviço é isso.

Cada organização da *3ª Rede* se torna auto-suficiente quando tem propriedades que garantam a sua existência, não dependam mais da posição financeira nem da capacidade intelectual, e quando o *Nome* dessa *Instituição* se estabeleceu como fonte de força vital.

A alimentação, a interligação e o movimento dos Processos parciais da *3ª Rede* são de responsabilidade dos 3 Centros – Gerencial, de Execução e de Uso.

As Forças Sistêmicas próprias da *3ª Rede* são a *Confiança*, o *Entusiasmo* e a *Tolerância*, que, utilizadas em combinação duas a duas, fazem funcionar os Centros, levando energia vital de um Centro a outro e propiciando o funcionamento dos Processos.

O funcionamento geral dos Centros e das Forças Interiores já foi descrito detalhadamente nos Capítulos anteriores.

A *Confiança* é uma Força muito importante e é gerada a partir do *Nome da Instituição* – Protótipo do Ciclo da Liberdade (Processo de Motivação). Ela permite a formação de algo permanente, que é a Fé no seu funcionamento (Produto do Ciclo). A *Confiança* liga o *Nome da Instituição* às regras e exigências que fazem parte do Processo Mental, que regulamenta tudo o que diz respeito à Rede, chegando até a sua implantação.

A Força Interior conhecida como *Entusiasmo* nasce com o surgimento de algo Inédito (Protótipo do Ciclo da Ordem do Processo Mental) que, agindo na parte Moral, desenvolve um código de regras que sempre produz uma nova Alternativa a fim de resolver os problemas que possam surgir na vida do Produto. O *Entusiasmo* é a Força que ajuda a manter os dados e as idéias, impedindo a queda do modelo de comportamento já existente. A decisão é levada ao Ciclo da Execução do Processo Funcional e chega até o Processo de Motivação.

Sem *Entusiasmo* é impossível lidar com o serviço de manutenção, que afinal não é tão interessante quanto a criação de um novo produto. O *Entusiasmo* permite enfrentar o trabalho com a certeza da *Manutenção da Vida*.

A Força Interior conhecida como *Tolerância* nasce a partir da existência da Mistura Líquida (Protótipo do Ciclo da Execução do Processo Funcional). Com a existência desse conteúdo material do Produto, começa a sua formatação, o que inclui a manutenção das condições fundamentais à sua vida; a *Tolerância* às adversidades e às diversas Situações imprevistas é imprescindível nesse ciclo. A *3ª Rede* atua em toda a etapa da Produção. O produto é preparado para manter a sua essência, dentro da forma escolhida, em qualquer lugar; normalmente, a *Tolerância* é necessária tanto para o diagnóstico do problema como para a paciência ao lidar com as repetições rotineiras da produção.

Lembremos que o Ciclo da Execução do Processo Funcional produz de acordo com o seu Ciclo da Ordem; porém, tanto a qualidade de seu trabalho como a agilidade na atuação quanto às situações imprevistas dependem da *3ª Rede.*

Centro de Uso

A capacidade de reconhecimento do ambiente externo à Rede da *Instituição*, a quem vamos confiar a vida da nossa propriedade, é de responsabilidade do *Centro de Uso*, que tem as seguintes funções:

- Manter o Portal Institucional em movimento e permitir lançar no Mercado o Produto de manutenção da vida;

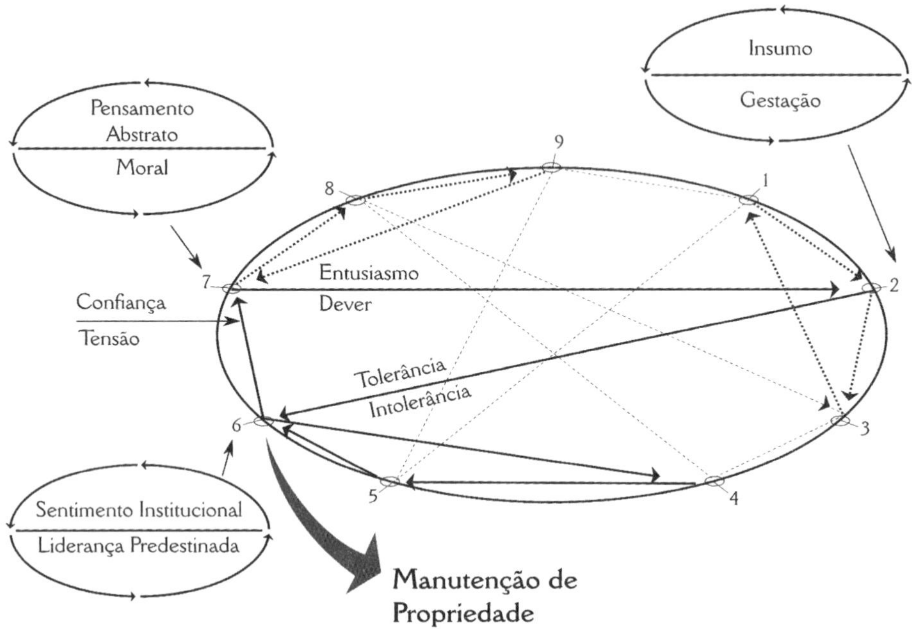

Fig. 18 - Rede Institucional

- Atrair cada vez mais pessoas para participar das emoções permanentes com relação à *Instituição*, mantendo as antigas;
- No Mercado, ajudar a gerar felicidade, satisfação e aumento da confiança no Produto de manutenção da vida;
- Manter no Mercado a capacidade funcional do Produto original, de cuja manutenção se ocupa.

O *Centro de Uso* trabalha com as seguintes Forças Interiores: *Tolerância* e *Confiança; o Entusiasmo* não tem ação direta e funciona como reforço para as outras duas Forças.

Todas as pessoas em contato com a *Instituição* são importantes; cada uma tem o seu jeito, a sua personalidade e o seu Sistema. Porém, nenhuma delas pode ser desprezada ou eliminada. O *Centro de Uso* não tem como impedir a sua entrada; ele consegue suportar isso por meio da Força conhecida como *Tolerância.*

As pessoas que aceitam a *Instituição* começam a fazer parte dela. Para permanecer na *Instituição* é fundamental a Força Interior conhecida como *Confiança,* pois só com essa Força é possível fazer com que essas pessoas confiem à *Instituição* os seus problemas presentes e futuros. Não é obrigatoriamente necessário testar a sua qualidade; basta sentir *Confiança* na *Instituição,* despertada pela própria organização.

Exemplo: *Se não gostamos de um restaurante, vamos embora sem provar a comida, pois sentimos a nossa saúde ameaçada.*

Exemplo: *Se não gostamos de determinada assistência médica ou técnica, pois não houve um bom atendimento, simplesmente a trocamos por outra.*

A *Confiança* é a capacidade de entrega total, sempre independente e anterior aos resultados esperados e que pode resolver questões vitais. Quando entregamos a questão à *Instituição*, o resultado já não depende de nós. Às vezes acontecem perdas, as quais são sempre aceitas, pois partiram de uma instância superior, que sabe como resolvê-las, sempre numa ação integrada.

Centro Gerencial

Este Centro é muito importante, pois é ele que recebe todas as informações vitais sobre o Produto e regula as alternativas necessárias para a sua manutenção. É importante lembrar que lidamos com a vida, e, para sua manutenção, o que vale é conhecer a concepção do Produto. Isso pode ocorrer a partir do estudo acadêmico, como no caso da medicina ou da engenharia, ou intuitivamente, quando a idéia surge repentinamente e permite uma solução imediata inédita.

Este Centro é a memória intelectual daquilo que mantém a vida do produto original. Ele guarda os segredos de sua sobrevivência e conhece as técnicas para a sua cura ou conserto. Quando este Centro não tem a solução, a morte é inevitável.

Muitas vezes queremos o impossível, alcançamos o nosso objetivo, mas desobedecemos às regras de manutenção da vida e adoecemos. O mesmo acontece com as organizações. O empresário pode querer aumentar a produção, mas também pode se esquecer da parte institucional que cuida da manutenção da vida da organização. Este Centro é da maior importância para a organização e não pode ser desprezado nem esquecido.

As suas principais tarefas são as seguintes:

- Reconhecer as conquistas do Portal Institucional e fazer com que passem a fazer parte das suas regras;
- Manter em dia as regras reguladoras essenciais com relação às emoções diferenciadas que surgem no Centro de Uso, quais sejam: emoções positivas, negativas ou sem vida. Qualquer tipo de emoção que envolva o nome da organização é levado à apreciação do Centro Gerencial;
- Acionar o Centro de Execução para o trabalho de manutenção necessário;
- Permitir o funcionamento do Ciclo da Ordem do Processo Mental como:
  - ligação permanente com a memória com relação à essência do Produto;

– formulação de conceitos morais baseados no *Nome da Instituição* adotada;
– permissão para que os mesmos gerem a energia do *Entusiasmo*.

- Coordenar a passagem dos conceitos, adaptados e enriquecidos pelo *Entusiasmo*, a fim de atingir qualquer pessoa no seu ambiente de trabalho.

O *Centro Gerencial* da *Rede Institucional* trabalha com as Forças Interiores *Confiança* e *Entusiasmo*; a *Tolerância* não exerce ação direta, funcionando apenas como reforço para as outras duas.

A *Confiança* é possível quando existe a memória técnica, que ajuda a conhecer tudo sobre o Produto original, principalmente sobre as condições de sua produção, matéria-prima utilizada e suas condições funcionais. Como exemplo podemos citar inúmeros livros de medicina e a experiência dos profissionais para definir qualquer tratamento necessário. Há também os manuais de funcionamento que acompanham os aparelhos que adquirimos, alguns com diagramas e explicações bastante complexos. O importante é que esse conteúdo esteja vivo na memória do profissional.

O *Centro Gerencial* recebe, através do Centro de Uso, inúmeros casos que devem ser resolvidos e que foram levados à organização por força do *Nome* da *Instituição*. Quando acontece algo diferente no Mercado, surge algum novo caso, alguma correção se faz necessária, há a incorporação dessas novas informações. O *Centro Gerencial* consegue apreender as idéias inéditas, processá-las e levar essa Força estimulante ao Centro de Execução por meio da Força Interior *Entusiasmo*.

A *3ª Rede* tem regras não escritas que todos conhecem e que fazem parte do dia-a-dia das pessoas – as regras morais e éticas da organização que pairam no ar e que não têm explicação. Isso é percebido não só pelo conhecimento transmitido mas pela qualidade inerente ao atendimento das pessoas – pela capacidade para se tornarem necessárias, disponíveis e protetoras a fim de resolver os seus problemas.

A força da *3ª Rede* está ligada, obrigatoriamente, à história da *Instituição* e às raízes que a geraram, principalmente o conhecimento. A tradição é fundamental na existência das condições permanentes necessárias à vida.

Centro de Execução

O *Centro de Execução* é a base fundamental, o ponto nevrálgico dessa Rede. A tarefa de manutenção, com *Entusiasmo* e certeza de que a ação tomada é a única possível nessa situação, ocorre neste Centro. Não usamos projetos específicos nem encomendamos estudos muito demorados. O que vale é a rapidez e a perfeição no atendimento. É a certeza de estar fazendo o melhor uso do conhecimento existente, porém não de forma escrita, mas disponível como experiência e prática da intuição no diagnóstico.

O *Centro de Execução* tem as seguintes tarefas:

- Atender corretamente o cliente, utilizando as informações disponíveis no Centro Gerencial; a certeza disso está no entusiasmo pelo trabalho;
- Manter em funcionamento o Ciclo da Execução do Processo Funcional por meio:
  - da manutenção do correto funcionamento da infra-estrutura;
  - da existência da matéria-prima e de outros insumos;
  - da manutenção da estabilidade necessária para a produção do Produto;
  - de trabalhos perfeitos de manutenção e de serviços;
  - de se permitir que o Entusiasmo se estenda a cada funcionário, reforçando a ligação deles com a organização, o aumento da produtividade e a dedicação ao trabalho;
  - seguindo as rotinas estabelecidas, sem reclamar quanto a questões existenciais, vendo no trabalho a razão da sua existência;
- Manter a *Tolerância*, independentemente de qualquer situação;
- Proceder ao trabalho da resposta de adaptação, a partir da realização material, ou seja, da qualidade do serviço;
- Manter as pessoas ocupadas com o trabalho físico, a fim de transformar a energia e conservar a organização, por meio da *Tolerância*.

A *Rede Institucional*, através do *Centro da Execução*, mantém a estabilidade e a certeza na proteção e na resolução do problema. As regras que o Processo Funcional estabelece são sempre submetidas aos conceitos morais e éticos da organização. A organização que não faz isso perde a vitalidade; ao entrar na loucura da competição, esquece-se de sua espinha dorsal, o código de sobrevivência, e, assim, deixa que seu *Nome Institucional* seja destruído.

Nas organizações há funcionários com pouca instrução, mas com excelente conhecimento do Produto, e que, por experiência e intuição, resolvem problemas com muita certeza e exatidão. Esses profissionais, mesmo sendo de difícil trato, são muito importantes, pois resolvem questões vitais.

Muitas vezes é possível que o trabalho comece e prossiga sem nenhum planejamento nem um projeto claro e aprovado, devido à existência do *Entusiasmo*. Às vezes, o dinheiro sai do bolso do próprio funcionário, que tem certeza de que será reembolsado e que fica feliz por pertencer à organização, que nunca se esquecerá dele. A gratidão vale muito mais do que o dinheiro gasto. Isso acontece, por exemplo, na hora de morrer pela pátria, tornando-se um herói imortal ou um nome de destaque.

Quando o trabalho é concluído no Processo Funcional, a Força Interior segue o seu caminho como *Tolerância*. O Centro de Uso, ao receber essa Força, começa a sentir necessidade de acionar o ponto de fixação Motivação Institucional para cuidar da egrégora, com emoções permanentes, como se fosse o seu filho. O resultado disso, por sua vez, leva grande *Tolerância* ao Centro de Uso, gerando felicidade e permitindo a continuidade da organização e de seu Produto, por meio dessa *Rede Institucional.*

A história dos grandes gênios mostra que as suas idéias eram materializadas por eles mesmos, e que normalmente ninguém cuidou deles, a não ser quando a humanidade, como *Instituição,* precisou dessas descobertas. Os grandes Mestres religiosos também apareceram nos momentos de mais necessidade da humanidade.

VITALIDADE E DOENÇA

A *3ª Rede,* tendo *Vitalidade,* usa as Forças Interiores — *Entusiasmo, Tolerância* e *Confiança.*

As organizações com a *3ª Rede* forte sempre exercem influência no estado emocional das pessoas, muitas vezes até causando vício em massa. Quando a *3ª Rede* é fraca, a *Doença* se faz presente de forma muito acentuada e as forças passam a ser: *Dever, Intolerância* e *Tensão.*

O *Entusiasmo* transforma-se em *Dever,* com uma grande fonte de trabalho, sem contato com a fonte do conhecimento, mesmo intuitiva, e sem a tradição que confere razão a esse trabalho. Quando a organização tem muitas regras que obrigam a trabalhar, não há criatividade manual intuitiva. O *Dever* acaba com o movimento no Ciclo da Execução do Processo Funcional. Paramos na metade e não conseguimos chegar ao Produto do Ciclo que é Conteúdo Sólido. Quantas vezes começamos algo e não terminamos!

A *Confiança* se transforma em *Tensão,* o que provoca o stress, essa doença tão complexa de nossos dias. A *Confiança* nos mantém relaxados. O trabalho que realizamos sem nos entregarmos à *Instituição* e à sua história normalmente é feito com grande *Tensão,* pela necessidade de responder por tudo. O corpo fica tenso, de prontidão; isso é sinal de perigo mortal. O desgaste energético nesses casos é muito grande, com a agravante de esse perigo não ser real, mas apenas fruto de nossa imaginação, que, além de o criar, não o descarta, impedindo que o corpo relaxe, e mantendo-o numa *Tensão* contínua.

PRINCIPAIS FUNÇÕES DO EXECUTIVO DA 3ª REDE

Assim como os Executivos das outras Redes, é importante que a pessoa que gerencia a *Rede Institucional* tenha força nessa Rede. A capacidade de lidar com as suas Forças Interiores — *Entusiasmo, Tolerância* e *Confiança* — é imprescindível para que ela seja produtiva na sua função.

O bom Executivo da *3ª Rede* não precisa ser grande ator nem esportista, mas permitir que os seus funcionários façam o seu trabalho de forma prazerosa. Ele só precisa criar um conceito com base em algum fato marcante que, ao ser executado, cause satisfação e se torne um grande estímulo para os seus colaboradores e clientes.

Ser Executivo da *3ª Rede* é entregar-se à Fé, à força da intuição, ao interesse pelas causas coletivas, como pelos povos oprimidos, e saber de tudo, saber lidar com a sua relação com as *Instituições*.

A Liderança Predestinada sabe lidar com algo impessoal e permanente. A principal exigência é abandonar os seus problemas e vestir o uniforme da *Instituição*, o famoso "vestir a camisa". Saber ser igual e aceitar algo "para sempre" é a função do Executivo nessa Rede. Isso não quer dizer que a *3ª Rede*, em qualquer Sistema, sempre vá ter um Líder Predestinado, mas obrigatoriamente haverá regras permanentes de defesa da *Instituição* contra seus próprios objetivos e metas não *Institucionais*.

O atendimento de cada pessoa é importante. Quando existem Executivos que reforçam essas regras não escritas, a *3ª Rede* fica mais forte. É fácil acabar com uma *Instituição* quando os grandes chefes estão desmotivados já há algum tempo com relação a ela. A sua disposição de servir e cumprir as regras serve de exemplo para todos; encontrar algo que injete um novo entusiasmo é uma das opções.

> Exemplo: *Algumas organizações introduziram a execução diária do Hino Nacional para iniciar o expediente ou antes de reuniões semanais em que se apresentam os movimentos, as conquistas, e se discutem estratégias, com a presença de todos os funcionários. Exercícios físicos e relaxantes são introduzidos várias vezes durante o dia para que os profissionais se recomponham; há música e outras atividades que, com certeza, agradam aos funcionários. Isso causa entusiasmo e as pessoas se dedicam muito mais ao trabalho, tornam-se mais tolerantes umas com as outras e aumentam a sua capacidade para o trabalho.*

> Exemplo: *A introdução de caixas eletrônicos na entrada de bancos, em quiosques, em lojas de conveniência, em Shopping Centers, etc., facilitou muito a vida dos usuários.* O home banking *veio possibilitar operações muito complexas sem que a pessoa saia de casa. Os talões de cheques são solicitados, recebidos e desbloqueados sem que deixemos a nossa casa. Parece que praticamente não precisamos mais freqüentar o banco; com toda essa automação, os bancos precisam de um número bem menor de funcionários para manter as coisas funcionando com precisão técnica. Porém, os convites, que se tornaram constantes na televisão, para que as pessoas visitem a agência "a fim de conhecer o gerente" ou "ver como está bonita", não visa apenas conseguir a captação de novos clientes, mas reflete, principalmente, a necessidade de cultivar a 3ª Rede.*

> Exemplo: *A organização estava funcionando com todos trabalhando "duro", em clima de cooperação, resolvendo os problemas dos recursos limitados e da dificuldade de contratação de pessoal para a manutenção do quadro; os clientes e os visitantes elogiavam o ambiente e o tratamento vigente nas relações.*

De repente, é baixada uma ordem de corte de pessoal, vinda da matriz e, de uma semana para outra, muitas pessoas são despedidas.

O clima de confiança e de dedicação à organização é prejudicado. Não se vê o mesmo entusiasmo em se buscar soluções para os problemas do dia-a-dia. Sem querer, os funcionários deixam escapar palavras de intolerância no trato com os clientes e colegas.

TRÊS TIPOS DE ORGANIZAÇÕES

11

Como podem existir apenas três tipos de organizações nesse universo organizacional tão diversificado?

Como mudar o perfil da organização em situação de crise?

Quais são as possibilidades de transformação?

Qual o papel da tecnologia e qual o do homem nessa transformação?

CONTEÚDO SUCINTO DO CAPÍTULO

- Fatores que definem a identidade da organização
  - Figura do dono
  - Funcionalidade do Produto
  - Qualidade do Produto
  - Capacidade financeira
  - Marca do Produto
- Tipos de organizações:
  - 1º Tipo – de Produtos de Consumo
  - 2º Tipo – de Produto Intelectual
  - 3º Tipo – de Produto Institucional
- Identidade da organização do 1º, do 2º e do 3º Tipos
- Mudança nas organizações a partir da utilização das Redes

À semelhança dos seres humanos, cada organização tem suas peculiaridades, individualidade e Produtos correspondentes; mas todas elas têm muito mais coisas em comum do que poderíamos imaginar à primeira vista.

Qualquer organização, como Sistema, tem, através de seus Produtos, três possibilidades principais de expressão no Mercado. Uma é ter Produto material; outra é ter Produto intelectual; e a terceira possibilidade é ser organização de serviços. De fato, uma organização é um Sistema com todas as possibilidades necessárias à sua sobrevivência e contém dentro de si as 3 Redes. É esse conjunto que torna possível a elaboração do Produto Final que melhor define o Sistema num dado momento.

Numa organização de aviação, por exemplo, acreditamos, primeiramente, na existência do avião, na possibilidade de compra da passagem, no direito ao assento individual designado no bilhete adquirido; todas elas são preocupações da 1ª Rede. Há também o atendimento aos passageiros, o que depende de outros seres humanos e envolve a 3ª Rede, bem como a capacidade da organização de ter bons equipamentos, com boa manutenção. As informações sobre os trajetos, sobre os serviços, bem como o estado psíquico do comandante e a sua capacidade profissional, são de competência da 2ª Rede. Para o consumidor, tudo isso faz parte de um só Produto, mas, para a organização, são partes de diferentes Redes.

Se as 3 Redes estiverem funcionando igualmente, isto é, gerando para o ambiente Produtos das três categorias com a mesma intensidade, teremos graficamente uma apresentação com 3 Redes de tamanhos ou pesos equivalentes, dentro do Sistema.

Em geral, o que encontramos nas organizações é uma das Redes hipertrofiada, que se torna a *Rede Principal* e comanda a organização, sendo a responsável pela forma do Produto do Sistema. Uma Rede mais forte e, em conseqüência, um Produto mais forte, determina um reequilíbrio natural no Sistema, por conta da função sistêmica de compensações, que faz com que as outras 2 Redes, embora atuantes, passem a desempenhar papel secundário.

O Sistema da organização tem potencial para produções múltiplas; porém, ao optar por uma delas, as outras se tornam coadjuvantes, sem nunca serem descartadas. Em conseqüência, as organizações em geral produzem, para efeito externo, apenas o *Produto Final Principal* de uma das categorias — ou de consumo, ou intelectual, ou de serviços, correspondente a essa *Rede Principal* hipertrofiada. As Redes coadjuvantes também aparecem no Produto, porém sem influenciar na sua forma final.

Quando, por qualquer razão, a organização resolve desenvolver uma outra Rede, aquela que era a principal torna-se coadjuvante, trocando os papéis. A principal é sempre a que consegue ter no Mercado o Produto com a sua forma.

A *Rede Principal* é a que garante a sobrevivência da organização e a que cuida das cinco funções sistêmicas, o que é possível por meio das diversas áreas responsáveis pela gestão, produção e administração, utilizando as outras Redes como auxiliares. Externamente, isso aparece através da *Identidade*, com características claras de comportamento, tornando inesquecíveis o seu Nome e o Nome de seu Produto. Cada *Rede Principal*, que consegue elaborar o Produto correspondente, tem como criar a sua *Identidade* no Mercado.

O grau de independência de uma organização é definido pela sua capacidade de desenvolver plenamente uma das Redes. Ao fazer isso, a organização consegue algo muito valioso – a sua *Identidade*, por meio da qual o Mercado a reconhece. O maior objetivo das organizações é conseguir essa *Identidade* e, com isso, a permissão para a sua sobrevivência no Mercado.

Os fatores que definem a *Identidade* da organização são os seguintes:

- Figura do dono ou de seu principal representante.
- Funcionalidade de seu Produto no Mercado.
- Qualidade do Produto
- Capacidade financeira da organização.
- Marca do Produto.

Podemos classificar todas as organizações em três tipos distintos em função do Produto Final, por meio do qual ela é identificada externamente. Chamaremos a esses tipos de Organizações de 1º, de 2º e de 3º Tipos.

Cada tipo de organização tem a capacidade de manter a integridade interna e a *Identidade* externa no Mercado; esse conjunto garante a sua sobrevivência. Isso não significa que a hegemonia de um dos tipos seja eterna. No caso de mudanças, existe a possibilidade de transformação do Produto com a troca da *Rede Principal*.

Analisemos cada um dos tipos de organização.

ORGANIZAÇÕES DO 1º TIPO ORGANIZAÇÕES DE PRODUTO DE CONSUMO

Descrição da Organização

São organizações de Produtos de consumo que têm forma material própria, inanimada, permanente e individual; esse Produto não existe na Natureza

– foi criado pelo homem e é capaz de ser detectado pelos cinco sentidos do consumidor. Exemplos: carro, parafuso, pasta, etc. São organizações que têm como seu principal objetivo vender e obter lucro.

Rede Principal

É a 1ª Rede que possibilita a colocação do Produto no Mercado, de acordo com a sua Estratégia e dando vida ao Produto, na Esperança de ser aceito no Mercado devido à sua funcionalidade.

Analisaremos a seguir o comportamento das funções sistêmicas sob a liderança da 1ª Rede.

Produção

A organização do 1º Tipo é muito objetiva e prática, pois o que vale é a colocação do Produto pronto no Mercado. Nem sempre toda a produção é feita pela própria organização; normalmente, várias outras entram como participantes importantes do Processo produtivo. As metas e estratégias, bem como a capacidade de retorno em forma de Lucro, estão sempre nas mãos da própria organização.

Manutenção

Essa parte normalmente fica a cargo da 3ª Rede, que sabe cuidar dos Processos rotineiros e da manutenção das propriedades. É claro que quem determina como fazer esse tipo de manutenção é a 1ª Rede, dando prioridade ao Lucro. Muitas vezes acontecem desentendimentos entre as Redes, pois uma tem como meta o crescimento (1ª Rede) enquanto a outra quer manter o mesmo nível, sem gastar muito (3ª Rede).

Adaptação

Essa tarefa, mais uma vez, é da 1ª Rede, e as outras duas têm pequena participação. A 1ª Rede tem consciência das condições do Mercado e sabe como satisfazê-lo, mudando desde a embalagem até a forma do Produto.

Auto-Regulação

É tarefa da 1ª Rede, que a realiza a partir de seus Centros e Forças Interiores. A reação emocional do cliente é um grande fator, que define as metas e estratégias para a resposta de adaptação com relação ao Mercado. Em caso de necessidade, as outras Redes podem ser acionadas, mas sempre estando sob o comando da Rede Material.

Comunicação

Essa tarefa fica por conta da 2ª Rede, que tem enorme facilidade em comunicação, propaganda e marketing.

A Identidade da Organização do 1º Tipo: Organização de Consumo

Procederemos à análise detalhando os cinco fatores que definem a *Identidade Externa.*

Presença do Dono

O dono encontrou sua vocação e vive em função da organização assumindo-a como sua principal missão na vida; tem enorme amor à organização, merecedora de toda a sua dedicação.

A organização do 1º Tipo necessita de decisões rápidas e ação no Mercado, mudança radical dos planos e regras que haviam sido bem acertadas no escritório. O dono está sempre na linha de frente, nos locais de atuação do Produto da organização. A sua presença permite que ele assuma rapidamente a responsabilidade de mobilizar os recursos disponíveis, muitas vezes inexistentes, correndo riscos sozinho. O missionário não tem a quem consultar, pois é só ele quem toma as decisões.

O Mercado não aceita Executivo nem dono que não tenha as características descritas acima; portanto, ambos necessitam de plenos poderes para assumirem, pessoalmente, as decisões e as suas conseqüências.

A sua presença é percebida no Mercado por meio de comportamentos que expressem Forças Interiores de Responsabilidade, Disposição e Mobilização, transmitindo à organização a *Identidade* de Vencedora.

A falta dessas características traz Forças Interiores contrárias de Negligência, Cansaço e Vacilação nas decisões; e a *Identidade* passa a ser de Perdedora.

Utilidade do Produto

Normalmente, o Produto de Consumo não é essencial. A sua funcionalidade é definida pela sua capacidade para conquistar lugar na vida das pessoas, mesmo não sendo essencial. O seu uso é defendido pelo estilo de vida das pessoas, pelos modismos, pelas tendências comportamentais, criadas pelos formadores de opinião e pela tecnologia.

Hoje, deixamos para outras pessoas fazerem até mesmo os Produtos que eram essenciais. Não queremos nos ocupar de mais nada sozinhos, desde costurar, cozinhar, até administrar a nossa vida. Tudo se tornou Produto de Consumo, pelo qual preferimos pagar.

Quando o Produto da organização consegue vir a fazer parte da vida consumista da sociedade, a sua identidade torna-se conhecida e ele começa a competir com outros Produtos que têm o mesmo caráter funcional. Enquanto não existir essa identificação, a sua permanência no Mercado é impossível.

Qualidade do Produto

A qualidade do Produto de Consumo é testada no local da venda, passando primeiramente pelo teste dos cinco sentidos do consumidor. Aqui vale tudo: cor, forma, tipo de material, sabor, cheiro. Tudo, em conjunto, tem por finalidade manter o Nome do Produto ou da organização vivo na memória do consumidor.

A existência desse referencial, que inclui desde o logotipo da organização até o *jingle* que acompanha o Produto, é um traço importante na *Identidade* da organização, sem esquecer da qualidade propriamente dita do Produto, indiscutível como importante referencial de *Identidade*.

Capacidade Financeira da Organização

A 4ª característica é a expressão da solidez financeira da organização. A organização do 1º Tipo tem como demonstrar a sua riqueza. Aliás, essa é uma condição do próprio Mercado – a ostentação financeira através de propriedades, obras de arte, equipamentos ou lojas, demonstra que o trabalho teve retorno, e que foi investido na própria organização. Aqui, o investimento nos funcionários não é tão importante quanto na aparência da organização. Cada vez que o seu Nome surge, a riqueza e as dívidas estarão presentes. O fato de a organização não honrar seus compromissos não é tão grave quanto não ter guardado nada nos anos anteriores. O Mercado até perdoa as dificuldades passageiras, mas a falta de solidez financeira é imperdoável. É muito importante passar aos consumidores a imagem de estabilidade e capacidade para cumprir o prometido, tanto em termos de pagamentos, quanto em termos de fornecimento.

Marca do Produto

A *Identidade* da organização depende muito da longevidade de sua atuação no Mercado por meio da marca do seu Produto. Isso é possível quando o Produto agrada ao consumidor por muitos anos; e é conseguido pela organização do 1º Tipo a partir da capacidade para intuir e satisfazer os sonhos de consumo de seu público, através da sua marca. Normalmente, a marca mantém vivo o sonho de consumo.

Habitualmente, isso é feito com a criação de uma Realidade que mostre o Produto de determinada marca como a solução para todos os problemas. Quando a marca reflete o sonho de consumo, ela começa a existir na vida das pessoas.

Consumimos muito mais do que necessitamos. O sonho de consumo assume o lugar da Meta pessoal que queremos alcançar. Quando conseguimos, tornamo-nos Vencedores. A razão de a organização investir tanto na pesquisa desses sonhos é a importância da sua longevidade e de reforçar e de tornar a sua marca mais bonita e mais atraente.

A *Identidade* da organização do 1º Tipo sempre está ligada ao Produto que facilita a vida das pessoas, resolve problemas e torna a vida agradável e tranqüila. Uma vida fácil, bonita e poderosa — o que pode ser melhor? Quando a organização sabe vender sonhos, a sua *Identidade* fica mais forte no Mercado.

O sonho não é real, mas holográfico. Induzir o público a aceitar o sonho do fabricante como sendo o seu próprio é sinal de longevidade da organização no Mercado.

Organização de Produto de Consumo	
Rede Principal	*1ª – Material*
Figura mais importante	*Dono*
Líder	*Ambicioso*
Remuneração	*Pelo produto*
Forma do Produto	*Material, individual*
Necessidade do Produto	*Atender ao sonho de consumo*

Funcionamento da Organização do 1º Tipo Exemplo: Uma Confecção

Procederemos à análise do problema da organização a partir do Modelo Sistêmico.

Descrição da Organização

Uma confecção de vestidos femininos, bastante próspera, começou a perceber uma queda nas vendas; vários pedidos foram cancelados e o Lucro minguou. O seu Produto, vestidos femininos para a classe média, é vendido no atacado para os grandes magazines.

Rede Principal

A 1ª Rede, pois o Produto é de consumo e tem sua expressão individual no Mercado consumidor.

Analisaremos as 5 funções sistêmicas da organização.

Produção

O processo produtivo ou funcional é dividido entre o estilista, que desenvolve os modelos, e as oficinas de costura, que são responsáveis pela produção. A própria confecção é responsável pela compra da matéria-prima, pelo controle de qualidade e pela colocação do Produto no Mercado.

Manutenção

A organização tem um excelente nome no Mercado; sempre paga em dia e procura manter a alta qualidade do Produto. A marca não é muito famosa, mas tem aceitação das lojas de varejo. O retorno financeiro, bem como todas as informações sobre as vendas, ficam com os sócios, que os utilizam quando necessário. Existe a decisão de não se usar nenhum tipo de financiamento bancário nem gastar todo o lucro na produção, mantendo boas reservas financeiras.

Recentemente, houve uma mudança na sociedade da confecção. Um dos sócios, que sempre tomava as decisões e era ousado, saiu do negócio devido a problemas de saúde. O sócio que ficou é muito mais ponderado e não gosta de mudanças.

Adaptação

Foram verificadas recusas de diversos modelos da confecção por não corresponderem às exigências do Mercado da moda. Não houve reclamação quanto ao preço, mas quanto aos modelos.

Auto-Regulação

Com a reação do consumidor, o dono sentiu necessidade de se adaptar rapidamente. Contratou um estilista mais moderno, embora isso tenha exigido aumento nas despesas, as quais ele resolveu bancar. Contratou novos vendedores nas outras cidades a fim de vender a produção recusada pelo Mercado mais exigente.

Comunicação

Decidiu-se que o novo estilista iria para o exterior para que pudesse conhecer as tendências da moda.

Ao tomar essas atitudes, o dono percebeu a necessidade de assumir a parte do negócio que ficava a cargo do sócio que deixara a confecção. As decisões tomadas foram muito difíceis e desgastantes para ele, inclusive financeiramente; mas a solução era inevitável, pois a Identidade da organização começara a se perder.

Analisaremos a seguir a Identidade Externa da organização.

Dono

A saída do sócio abalou a imagem de Dono no Mercado, pois aquele que ficou era visto como menos impetuoso e menos capaz como empresário. As atitudes rápidas reforçaram a nova imagem de Dono no Mercado.

Utilidade do Produto

A marca da confecção não foi suficientemente forte para evitar a queda nas vendas. Ficou evidente a necessidade de trocar o modelo, para reconquistar as consumidoras.

Qualidade do Produto

Não houve reclamações.

Capacidade Financeira da Organização

Como as vendas caíram e foi tomada a decisão de investir mais na organização começaram a atrasar o pagamento dos fornecedores e dos impostos. O dono teve de renegociar os compromissos financeiros junto aos credores. Isso foi bem recebido pelo Mercado, pois a confecção sempre foi muito boa pagadora e as atitudes geraram credibilidade.

Marca do Produto

A necessidade de trabalhar muito mais com a marca ficou evidente, pois ela não correspondeu mais à excelente qualidade do Produto. Ficou claro que o Produto era de muito boa qualidade, mas sem correspondência no modelo.

Pelo tipo da organização é possível definir muitas variáveis que mostrem a necessidade de tomada de decisões sem ter medo nem vacilar. A necessidade de reforçar a 1ª e 2ª Redes ficou evidente. No caso da 1ª Rede, houve a necessidade de adaptação, inclusive do próprio Dono, às novas situações. No caso da 2ª Rede, a importância da troca do estilista e do reforço de seu lado criativo também ficou evidente. Todas as mudanças são necessárias, mas não garantem o sucesso. É um risco que pode ser amenizado com o reconhecimento do Sistema Pessoal de ambos – dono e estilista, que servem às necessidades da organização. Ao fazer o estudo pessoal dos dois, é possível saber a resposta com exatidão.

ORGANIZAÇÕES DO 2º TIPO ORGANIZAÇÕES DE PRODUTO INTELECTUAL

Descrição da Organização

São organizações de Produto Intelectual, que não têm forma material própria, pois é uma informação que representa um conhecimento e que permite a introdução de novos conteúdos e formas na vida material. As organizações de comunicação, de projetos, escolas ou organizações de propaganda são exemplos de organizações do 2º Tipo. A introdução do Produto Intelectual na vida das pessoas é realizada por meio da transmissão de conhecimentos sob a forma de ensino ou de projetos.

Rede Principal

2ª Rede, que possibilita a introdução do Produto no Mercado, dependendo da sua capacidade para traduzir a informação para uma forma escrita e de manter a vitalidade dela através de um grupo de pessoas atraídas pelo acesso ao conhecimento.

Analisaremos a seguir as 5 funções sistêmicas que competem ao gerenciamento da 2ª Rede.

Produção

Esse tipo de organização depende totalmente do ser humano – de sua criatividade, capacidade para a comunicação, criação de projetos, organização e planejamento de como materializar o Produto. A informática tenta tirar a hegemonia do homem na atuação nessa Rede. A Produção pode ser feita pela própria organização ou pelas outras organizações que participam na sua elaboração. Como já sabemos, a elaboração do Produto Intelectual sempre é feita em conjunto. É impossível eliminar a participação do cliente e dos vendedores. Porém, alguém sempre representa a idéia, ou por meio do profundo conhecimento dela ou pelo carisma pessoal. A responsabilidade pela produção é da 2ª Rede.

Manutenção

Essa parte continua por conta da 3ª Rede, que sabe cuidar dos Processos rotineiros e da manutenção de propriedades; é claro que a 2ª Rede define o que é a propriedade e como guardá-la. O mesmo pode ser dito sobre o Nome da organização que sempre é reflexo do conhecimento. A manutenção fica por conta da divulgação do Conteúdo de forma que o Mercado assume a informação como sendo de sua necessidade. O que vale é o alcance das idéias. Portanto, o Lucro é conseqüência, não o objetivo. Aqui, a atenção principal está na diferença total entre as Redes. A 2ª Rede sempre está ligada à inovação, enquanto a 3ª se liga à estabilidade. A luta entre burocracia e criatividade é muito grande. Algo, porém, é sempre preservado; e isso fica por conta da 3ª Rede.

Adaptação

A 2ª Rede desempenha essa tarefa juntamente com a 1ª Rede. A 2ª Rede mede a capacidade das pessoas de compreender o discurso, enquanto a 1ª Rede traz, através dos Produtos vendidos, o retorno à necessidade dos projetos e à sua aceitação.

Auto-Regulação

A 2ª Rede consegue realizar essa tarefa a partir de seus Centros e Forças Interiores. São importantes as correções tanto nos projetos quanto na motivação do grupo e no conteúdo e qualidade da informação. O envolvimento do cliente na liberação de recursos e na motivação é de grande ajuda para a auto-regulação. As outras Redes têm pouca influência.

Comunicação

Essa tarefa fica por conta da 2ª Rede, que tem grande facilidade quanto à comunicação, à propaganda e ao marketing, e é muito importante na Divulgação dos Produtos e das informações.

A seguir, analisaremos a Identidade Externa da organização do 2º Tipo, através de suas características básicas.

A Identidade da Organização do 2º Tipo: Organização de Produto Intelectual

Presença do Dono

A pessoa mais importante na organização do 2º Tipo é a que consegue introduzir conhecimento novo, comunicá-lo e divulgá-lo. Chamamos a essa pessoa de Criadora. A sua capacidade de domínio teórico e prático do conhecimento é grande. Muitas vezes, o Criador não é o dono, mas destaca-se a sua importância na organização e o seu nome traz credibilidade. O seu nome aparece à frente do da organização e é muito mais conhecido do que o do próprio dono. A organização que tem num Criador uma fonte de criatividade não tem medo de competição, mesmo que ela venha de organizações muito maiores.

Somente o Criador consegue trazer conhecimento novo e torná-lo acessível ao público. O Mercado espera que ele solucione problemas complexos. O Criador tem Forças Interiores de Inovação, Autoridade e Atração. Quando consegue demonstrá-las, sua identidade se torna poderosa e a própria expressão é de destaque, de genialidade.

Quando as Forças Interiores não conseguem a sua expressão plena, elas se transformam em Forças de Conservadorismo, Autoritarismo e Repulsão. A Identidade do Criador torna-se medíocre e totalmente imperceptível no Mercado.

Utilidade do Produto

O Produto Intelectual é, atualmente, muito importante na vida da humanidade; existem diversos meios para o seu uso e, quando ele começa a provar o seu caráter funcional no Mercado, são usados os meios de comunicação para transmitir informações sobre ele, embora nem sempre com sucesso, muitas vezes por não compreender as idéias.

A aplicação do Produto Intelectual se dá por meio de projetos, dentro do Processo do Produto de Consumo, do conhecimento, que pode ser transmitido, ou de obras de arte, a serem apreciadas pelos conhecedores de arte.

Ao definir o seu lugar no Mercado, pelo seu caráter funcional, o Produto pode ter sua Identidade trabalhada, por meio de qualquer uma das formas pretendidas pelo Mercado.

Qualidade do Produto

A qualidade do Produto pode ser medida pela capacidade para formular idéias e informações e levá-las às pessoas por meio dos diversos meios de comunicação. A Identidade do Produto Intelectual depende muito da sua capacidade de dominar o verbo. Não é fácil passar o conteúdo, principalmente às pessoas leigas. Para fixar a Identidade Intelectual é importante falar sobre a idéia às pessoas dispostas a ouvir.

Na qualidade do Produto, a força do discurso, capaz de manter as pessoas unidas em torno do conhecimento, é fundamental. A venda não é feita pelos 5 sentidos, como no Produto de Consumo, mas pelo despertar de novas idéias e pela abertura de novos caminhos para os que utilizam o Produto.

Um fator fundamental na divulgação e comércio desse Produto é a existência de vendedores familiarizados com a idéia, capazes de mostrar tanto a sua utilidade na vida da pessoa, como projeto, quanto a sua importância na aprendizagem.

É importante saber que a venda do Produto Intelectual sempre é conseqüência da visão sobre a necessidade desse Produto no futuro.

As organizações do 2º Tipo sempre foram importantes na qualidade do ensino. A existência de alguém comprometido com o conhecimento define a qualidade do ensino, bem como os critérios e esquemas. A educação pode ser de dois tipos – essencial e profissionalizante. A educação essencial é normalmente bastante rígida e serve para criar o hábito do uso criativo da mente. A educação profissionalizante é de interesse pessoal e se dá num ambiente muito alegre e democrático, de criatividade intelectual.

O mesmo pode ser dito do trabalho para a produção intelectual. Normalmente, o time, que envolve também o próprio Criador, desenvolve o Produto em clima de alegria e democracia, o que reflete na qualidade do Produto levado ao usuário.

Capacidade Financeira da Organização

A organização do 2º Tipo não tem como manter a imagem de solidez financeira; inclusive, muitas vezes, a riqueza nem combina com aquilo que ela mesma prega como essência do seu Produto.

A estabilidade, nesse caso, é demonstrada por meio da existência do grupo de seguidores que utilizam o Produto e estão dispostos a pagar para ter acesso a ele. O grupo, normalmente, não conhece a organização nem se identifica com ela; porém, conhece e é fiel ao Criador.

A capacidade financeira da companhia está na existência de pessoas que aceitam o risco de pagar por algo que ainda não está pronto. O Criador do Produto, a sua ligação com a organização e a sua dedicação à criação ajudam na assinatura de contratos que trazem credibilidade financeira à organização.

Normalmente, um currículo de clientes e trabalhos executados dá credibilidade e ajuda na conquista de novos contratos. Atualmente, é muito difícil encontrar um conhecimento verdadeiramente inovador; a competição intelectual é muito feroz e depende da capacidade de satisfazer às necessidades do cliente. Não conseguir realizar as promessas que constam do contrato muitas vezes leva a organização à falência.

A existência do grupo seleto e permanente de profissionais, com capacidade comprovada, é o fator de estabilidade da Identidade da organização. O Criador tem força quando consegue formar um time que vibre em torno do conhecimento e de sua liderança. Para esse grupo é importante haver alegria em discutir as idéias e estar próximo da fonte de criação. O dinheiro sempre vem, pois é uma conseqüência disso.

Marca do Produto

A longevidade da organização do 2º Tipo depende muito da capacidade do Criador de aprofundar cada vez mais o seu conhecimento. Quanto mais sólida for a base científica, mais amplo será o seu leque de utilidades. A existência de um modelo objetivo que envolva princípios traz vida longa ao Produto, pois a experiência de uso o aprimora e o desenvolve cada vez mais.

Um conhecimento completo, com base teórica e prática, garante a sua utilidade na vida cotidiana e a capacidade de ser exposto a qualquer discussão. Quanto mais o conhecimento for reconhecido por sua profundidade, mais ele se fixará no Mercado. Quando existe o modelo, aparece uma Marca, que normalmente é propriedade do próprio Criador, através de direitos autorais.

A atualização do conhecimento fica a cargo do detentor dos direitos autorais ou do seu representante, o que faz com que o Produto sempre esteja pronto para ser utilizado.

Muitas vezes, a marca intelectual é objeto de disputas jurídicas. Nem sempre o Criador se lembra de registrar o conhecimento nos órgãos responsáveis. Porém, a sua força sempre aparece, pois o ato de criar é contínuo e sempre há acesso às idéias.

Organização de Produto Intelectual

Rede Principal	*2ª – Intelectual*
Figura mais importante	*Criador*
Líder	*Carismático*
Remuneração	*Pelo acesso ao conhecimento*
Forma do Produto	*Conhecimento partilhado*
Necessidade do Produto	*Manter a informação atualizada*

Funcionamento da Organização do 2º Tipo Exemplo: Organização de Projetos de Usinas Hidrelétricas

Descrição da Organização

Organização com excelente currículo de projetos de muitas usinas brasileiras. Atualmente está em crise, rumando para o fechamento.

Rede Principal

2ª Rede, pois é conhecida pelo grande *know-how* e experiência em projetos de grande porte; tem capacidade para elaborar projetos e sempre teve profissionais renomados da área.

Analisaremos, a seguir, o comportamento das 5 funções sistêmicas da organização.

Produção

Durante os anos de atuação na área de projetos, conseguiu independência em todo o Processo, embora ficando dependente de alguns consultores estrangeiros. Conseguiu formar muitos profissionais capazes de atuar em várias fases dos projetos. Atualmente, não tem projetos em carteira.

Manutenção

Possui excelente nome no Mercado, porém está encontrando dificuldade em mantê-lo por perder os principais técnicos e pela aposentadoria dos sócios. A experiência e o conhecimento são um grande tesouro, mas não estão sendo nem transmitidos nem usados e, portanto, está sendo esquecido. Não possui patrimônio que possa ser convertido em dinheiro, pois os sócios sempre tiraram tudo da organização. Sem projetos e com a péssima administração, a organização diminuiu o número de funcionários e o local da própria organização.

Adaptação

A organização não conseguiu adaptar-se aos novos tempos e assumir os novos projetos. Os sócios só querem descansar e a nova geração não teve nem capacidade técnica nem administrativa de se impor no Mercado.

Auto-Regulação

A capacidade de encontrar novas fontes internas de compensação foi esgotada porque elas nunca foram muito grandes. Na 2ª Rede, os profissionais que ainda estão na organização estão totalmente desmotivados, sem trabalho e sem salário compatível com a experiência que têm. Cada um deles faz trabalhos pessoais e não sai da organização por total falta de energia para isso. Tudo é economizado ao máximo. A 1ª Rede praticamente não existe. O que sobra é a 3ª Rede, que mantém a história e participa de alguns serviços de conservação daquilo que já foi construído.

Comunicação

A ligação com outras organizações da área se perdeu. A organização não tem como participar das concorrências por não estar em dia com os impostos.

Analisemos a sua Identidade Externa, ou o que sobrou dela.

Presença do Dono

Os donos, que também eram os grandes Criadores, não estão mais na organização. Existe a diretoria mas ela não tem nenhuma expressão no Mercado.

Caráter Funcional do Produto

O Mercado de abastecimento energético está em grave crise. As organizações antigas começam a ser lembradas, mas ninguém tem condições de construir grandes usinas. Podemos dizer que existe a demanda, mas não há projetos.

Qualidade de Serviço

Ainda existe a certeza da excelência da qualidade do serviço. A própria organização acredita que nada mudou, ou seja, o padrão de qualidade continua o mesmo.

Capacidade Financeira da Organização

O Mercado sabe que a organização está inadimplente; aliás, a organização sempre foi considerada de alto risco, pois nunca teve propriedades, nem solidez financeira. Atualmente está sem nenhum crédito nos bancos, pois não conseguiu pagar os empréstimos.

Marca do Produto

O Nome da organização ainda tem força, mas há o lado negativo, de incapacidade financeira.

O que Fazer?

A primeira resposta parece óbvia – fechar. Porém, pelo menos a 3ª Rede não está tão gravemente "doente". Parece que a união daquilo que é possível ser usado, como a história da organização e o seu *know-how*, pode ser uma saída para a motivação dos profissionais da própria organização e dos sócios. Sem dúvida, é impossível continuar trabalhando com o mesmo Nome, pois o endividamento é muito grande; mas, o conhecimento pode ser salvo e utilizado como algo que não está morto. Com isso, sendo conhecidos no Mercado, esses profissionais poderão abrir uma nova organização na primeira oportunidade.

A saída parece estar, novamente, na presença dos profissionais, que, a partir da 3ª Rede, conseguiriam fazer a organização renascer na Rede Intelectual.

ORGANIZAÇÕES DO 3º TIPO ORGANIZAÇÕES DE MANUTENÇÃO DE VIDA

Descrição da Organização

As organizações do 3º Tipo têm o produto mais antigo do mundo. Afinal, a necessidade dos serviços de manutenção de vida, principalmente para o ser humano, é permanente. O zelo com o recém-nascido e com a saúde em geral, serviços de manutenção, uso da história ou tradição, são alguns dos exemplos desse tipo de organizações. Os cuidados com aquilo que já foi criado e a manutenção da propriedade, sem se importar com a sua característica, são a base para os serviços das organizações do 3º Tipo. Normalmente, não há necessidade de tecnologia, mas de acesso à fonte de vitalidade e de experiência e a vontade de fazer.

Rede Principal

A 3ª Rede é a Principal para esse tipo de organizações, cujo funcionamento já conhecemos. Novamente, lembramos que essa Rede permite manter, e não criar. A estabilidade e o contato com o passado são muito importantes. O trabalho é desenvolvido a partir da existência do Nome da Instituição, que permite o acesso à fonte de vitalidade chamada Fé e à fonte de tradição e história, representada pelos códigos de comportamento, que chamamos de Moral – que sempre analisa e dá a permissão para qualquer nova Alternativa Inédita.

Analisaremos, a seguir, o funcionamento das 5 funções sistêmicas dentro dessa organização.

Produção

É da responsabilidade da própria 3ª Rede, e normalmente está ligada ao ser humano. Os serviços, mesmo utilizando a tecnologia disponível, são realizados pelo homem. Só o homem tem acesso à fonte de vitalidade chamada Instituição e consegue ter Fé na continuidade e na existência de Registros Históricos sobre qualquer Produto que necessite de manutenção ou reparo. Porém, isso é feito sem o conhecimento escrito e guardado a "sete chaves". A senha para o acesso é a entrega e decisão de pertencer à Instituição guardiã. Aquilo que existe deixa rastros de Criação, portanto há a Receita para os segredos do seu funcionamento. Quem tem a Senha, nunca "morrerá de fome". Não existe crise para os verdadeiros profissionais: desde artesãos e grandes artistas até os profissionais, entusiastas do seu trabalho.

Manutenção

É função da própria Rede que a desempenha com perfeição. Nada é jogado fora, nem desperdiçado. A propriedade, qualquer que seja e permitida num dado momento histórico, tem a proteção da lei. Toda a máquina do Estado, inclusive a repressiva, está a serviço dessa manutenção. A sobrevivência é mantida por doações, mensalidades ou tributos. Até a Bíblia diz que devemos pagar impostos. A sociedade se protege na 3ª Rede. A 1ª Rede vende novidades, a 2ª cria novas idéias, mas a 3ª mantém aquilo que existe, pois conhece o segredo de sua vitalidade.

Adaptação

A sua adaptação é incrível. Tudo que parece morto e inutilizado, de repente aparece como Inédito, em forma de idéias novas, mas com o conteúdo baseado no que já existe. Isso é feito, usualmente, pela própria 3ª Rede, através dos gênios que acessam o que é inédito e começam a ditar as novas tendências. Caso contrário, a adaptação é feita a partir da repressão, que mantém o que já existe, mesmo sendo obsoleto para a época (pecado, diabo, proibições morais, etc.) Normalmente, a 2ª Rede também participa disso por meio de justificativas intelectuais.

Auto-Regulação

Novamente, fica a cargo da 3ª Rede, que assimila a experiência e cria situações reguladoras que conseguem manter a homeostase nas instituições protegidas. Essas situações são extremamente importantes na vida das pessoas que de alguma forma pertencem à Instituição: quando é de âmbito da humanidade, normalmente não são compreendidas pelas pessoas da época. Nas Instituições menores, as situações podem ser contestadas ou aceitas. De qualquer maneira, são terríveis para o ser humano comum, pois mexem com a sua vida. Conhecemos isso como "destino", porém é a resposta de adaptação após a regulação. Sabemos que muitas vezes uma decisão tomada pelo dono de uma organização pode mudar a vida do funcionário.

Comunicação

Continua a cargo da 2ª Rede e permite o diálogo com Instituições superiores, sempre surgindo, a partir desse contato, algo novo. Quando participamos da vida de uma organização, temos enorme oportunidade de ampliar o nosso conhecimento a partir da participação ativa no Sistema. Quanto mais nos comunicamos com a história e a tradição, mais chances de novidades teremos.

Analisaremos a seguir a Identidade Externa da organização do 3º Tipo, que é a organização de Manutenção de Vida.

Presença do Dono

No caso da organização do 3º Tipo, o dono pode ser considerado "eterno". A sua presença pessoal é importante, mas não obrigatória. O que realmente é necessário é a criação das regras permanentes de funcionamento da organização, que tenham por princípio a proteção das propriedades da organização e do usuário. Esse código é o retrato do dono, que consegue sintetizar de tal maneira a finalidade da organização e do Produto, que basta ouvi-la uma vez – para haver a certeza da necessidade do cumprimento da ordem.

Muitas vezes, o dono torna-se uma lenda ou aparece como um ser superior. Em outras ocasiões, o dono é um país, uma constituição, etc.

Os conceitos seguidos por essa organização são conhecidos e falam por si mesmos. O que vale é a segurança na sua aplicação. Normalmente, o dono aparece para dar o aval a toda a estabilidade da instituição, sendo impossível tirá-lo dali.

Todas as Instituições servem para proteger a propriedade e, em última instância, a coletividade. Não existe organização sem esse aspecto; porém, na organização do 3º Tipo isso é fundamental. O dono ou o seu substituto lida com as Forças Interiores que transmitem Confiança, Entusiasmo e Tolerância. Essas

Forças permitem que o usuário entregue o que lhe é mais valioso e essencial, para ser mantido, curado ou consertado pela Instituição.

Quando as Forças Interiores se transformam em Tensão, Dever e Intolerância, a entrega não acontece e cada pessoa tenta desenvolver as questões institucionais sozinha. Isso normalmente dificulta demais a vida da sociedade, permitindo o surgimento de forças destrutivas.

Utilidade do Produto

A organização do 3º Tipo está sempre associada à manutenção da propriedade do homem e da sociedade. Quanto mais pessoas aderirem a esse apelo, mais forte e poderosa será a Instituição.

A utilidade desse Produto é testado diariamente. Em primeiro lugar, o serviço começa a ser percebido e utilizado pelas pessoas. O público é heterogêneo; porém, cada pessoa é atendida como se fosse a mais importante para a Instituição.

A existência da organização durante algum tempo já é sinal de aceitação da sua necessidade. As pessoas podem não se utilizar de seus serviços, mas ficam relaxadas, sabendo que eles existem. E não há necessidade de procurar mais por outro, pois o serviço é testado continuamente pelos usuários.

Qualquer serviço essencial passa pelo teste da utilidade — médico, sacerdote, político ou encanador. Todos têm algo em comum: servem à manutenção da vida. A diferença está no tipo do Produto protegido.

Qualidade do Produto

O Produto da organização do 3º Tipo tem sua qualidade comprovada quando o usuário se satisfaz ao sentir a sua propriedade viva; essa emoção é transferida para quem executa o serviço. O funcionário é o representante da Instituição e trabalha, portanto, com Entusiasmo e é Tolerante no atendimento.

A palavra-chave para a qualidade é o correto atendimento ao cliente. Assim, o cliente fica feliz em pronunciar o nome da organização, divulgado através do famoso, eficiente e duradouro "boca a boca". Claro que os meios de comunicação modernos podem ser usados, mas o nome é valorizado pelo usuário.

Capacidade Financeira da Organização

A força financeira nunca pode ser demonstrada, pois a Instituição não tem lucro. Ela se mantém por meio das mensalidades, dos tributos ou doações e dos impostos. Não é uma organização que possa ostentar riqueza, mas, sim, a estabilidade e a existência.

Porém, a organização do 3º Tipo demonstra claramente as propriedades e Produtos que mantém. Sabemos da enorme riqueza das igrejas ou mesquitas: a Fé que mantém o contato com o Alto.

A organização do 3º Tipo não lida com lucro, mas necessita de muito dinheiro para manter vivas as propriedades e os usuários. A arrecadação financeira não é nada fácil, pois os seus serviços não são usados com regularidade. Tudo depende do comprometimento existente do usuário com a Instituição.

A Instituição corrupta ou incapaz de atender corretamente só sobrevive no Mercado por meio do seu nome, que é muito maior do que as irregularidades do momento. Se persistir, a Instituição é condenada a desaparecer, pois perde a sua capacidade financeira – ninguém mais vai querer sustentá-la.

Marca do Produto

Quanto maior a rede de atendimento, mais experiente e ágil é o serviço. O que é importante na marca é a sua permanência, tradição e história. O que muda é a quantidade de usuários satisfeitos com o atendimento, que fica cada vez mais completo.

A capacidade da marca é testada por meio da capacidade para atender em situações adversas, com Tolerância. Cada vez aparecem mais pessoas com exigências as mais diversas e o serviço é novamente testado, mostrando-se capaz de atendê-las.

A marca do serviço é o nome da Instituição que, sendo necessária, não sofre competição. Quando a Rede Principal é a de serviços, a capacidade técnica e de atendimento é o que vale. Quanto mais complexa for a situação, maior será a oportunidade de mostrar a qualidade do serviço e de conquistar novos usuários. Nesse caso, até o atendimento gratuito é válido, principalmente se for algo diferente. Tudo que for relacionado à manutenção da vida do Produto que representa é importante para a Instituição.

Organização de Produto Institucional

Rede Principal	*3ª – Institucional*
Figura mais importante	*A instituição*
Líder	*Predestinado*
Remuneração	*Doações e mensalidades*
Forma do Produto	*Serviços necessários ao homem*
Necessidade do Produto	*Manter condições de vida seguras e saudáveis*

Funcionamento da Organização do 3º Tipo Exemplo: Uma Confeitaria

Descrição da Organização

É uma confeitaria de bairro de classe média, bastante conhecida, e está diante de uma decisão: crescer e sair do bairro ou permanecer do mesmo tamanho e melhorar o lugar e o atendimento.

Rede Principal

3ª Rede – A confeitaria é conhecida pela excelente qualidade dos doces artesanais preparados pela própria dona. A 1ª Rede funciona cuidando do ambiente e dos pagamentos. A 2ª Rede está praticamente sem uso, pois o lugar é pequeno, o que impede a permanência ali por muito tempo.

As funções sistêmicas funcionam da seguinte maneira:

Produção

Todo o serviço é feito pela dona do estabelecimento e por duas ajudantes, que trabalham dia e noite. A grande dúvida da dona é exatamente essa: introduzir Processo industrial, o que acabaria com a qualidade do seu Produto, ou deixar passar a oportunidade de crescimento.

Manutenção

Todas as receitas dos doces são de propriedade da família e não estão escritas em nenhum lugar. Ninguém sabe com exatidão como os doces são feitos. O segredo é mantido, embora sem nenhum amparo legal, pois as receitas não estão registradas, estando somente na cabeça da dona.

Adaptação

O maior problema é decidir o que fazer, pois a demanda é grande e surgiu uma proposta de sociedade, que pode transformar a confeitaria numa rede com pontos de venda espalhados por toda a cidade. A proprietária sabe que isso pode trazer muito dinheiro, mas também sabe que acabará com a tradição e a qualidade.

Auto-Regulação

Dependendo da decisão, muitas coisas serão mudadas na confeitaria. O que é certo é que a confeitaria está muito bem e qualquer mudança será aceita pelos funcionários e pela clientela.

Comunicação

O Produto começa a ser conhecido fora do bairro. Sem necessidade de nenhuma propaganda, as pessoas voltam para comprar doces.

Analisemos a Identidade da confeitaria.

Presença do Dono

A dona está presente o tempo todo, comandando o fogão, servindo e cuidando da clientela. A confeitaria é um símbolo do bairro devido à sua tradição e qualidade.

Utilidade do Produto

Embora o Produto seja de consumo, a organização é do 3º Tipo, devido ao seu objetivo de servir um Produto único e tradicional e zelar pela sua existência. A sua transformação seria para organização do 1º Tipo, em que o lucro é mais importante e viável, porém com perda de parte de sua Identidade.

Qualidade do Produto

É possível dizer que tanto a qualidade do Produto como do serviço são especiais e sempre fizeram diferença na confeitaria. Os usuários estão muito preocupados com o novo destino, pois sabem que será impossível manter a mesma qualidade.

Capacidade Financeira da Organização

A organização é idônea, nunca teve dívidas; garante a sobrevivência de uma família e permite até certas economias.

Marca do Produto

Não existe a marca, mas apenas o nome da proprietária e dos doces que foram batizados pela bisavó da dona, como se fossem membros da família.

A decisão foi tomada. Nada de transformação em outra Rede Principal, nem a entrada de sócio com investimentos. As economias serão usadas para melhorar o local e conseguir a publicação do livro de receitas, permitindo com isso o registro do próprio conteúdo. Também surgiu uma proposta de ministrar cursos de feitura de doces, desenvolvendo a 2ª Rede. A 1ª Rede foi deixada para depois, para quando a dona não puder mais trabalhar. Para tanto ela começa a ensinar as pessoas interessadas, que levarão o segredo dos doces adiante.

MUDANÇAS NAS ORGANIZAÇÕES A PARTIR DA UTILIZAÇÃO DAS DEMAIS REDES

Hoje em dia, com a alta especialização do conhecimento em todas as áreas e o uso maciço de tecnologia, muitas organizações preferem não manter um Processo produtivo integral; em geral, são parciais – dificilmente encontraremos uma organização que faça tudo sozinha. Cada Produto é fragmentado, ou seja, incapaz de ser usado como Produto pronto para o consumo.

É bastante comum uma organização existir apenas para auxiliar uma outra, maior, na sua produção, o que torna muito difícil manter a sua própria Identidade. A vida dessa organização se torna incerta, dependendo da boa vontade do seu cliente. Essa é a sina de todas as organizações de "peças" que fazem parte de algum conjunto. Algumas organizações só projetam, ou dão consultoria, só produzem o que outros projetaram, ou só vendem o que os outros produziram. Várias organizações são terceirizadas e não precisam brigar por clientela, mas continuam servindo para sempre, sem nunca ter força de dono e sem conseguir ser independentes. Outras são organizações prestadoras de serviço e mandam mão-de-obra para vários locais. Os Processos estão pulverizados. As organizações estão inseridas no Processo de outras, fazendo parte do Processo alheio.

Quando uma organização não participa sozinha da elaboração do seu Produto, fica muito difícil responder pela idoneidade do mesmo. Ela aparece como co-autora da Identidade da organização produtora. Para sobreviver, começa a desenvolver outros Produtos, a fim de ter nome próprio. Hoje em dia, é comum esse tipo de organizações dar prioridade à qualidade dos serviços ou ministrar alguns cursos para desenvolver o seu público cativo.

Nesse caso, mesmo que seus Produtos comercializados sejam de Consumo ou Intelectuais, pelo fato de não desenvolvê-los integralmente, a organização pode precisar, para a sua estabilidade, desenvolver o 3º produto possível numa organização.

Exemplo: *Comércio de livros*

A venda de livros é, em termos de Produto, organização do 1º Tipo – lida com Produto de Consumo. Na 1ª Rede, a livraria não edita livros, só vende. Para ser organização independente e sobreviver, precisaria ter um processo único, que realizasse sozinha. Para poder ser independente e sobreviver, a sua Identidade se reforça e se apóia em algo que dependa só dela – a capacidade de servir, que é Produto da 3ª Rede. O comércio tem facilidade no desenvolvimento da 3ª Rede através de serviços, mesmo sendo ainda coadjuvantes, pois o Produto da 1ª Rede é a principal fonte de renda. Basta tratar muito bem a todos os seus clientes como indivíduos para ter público cativo e se tornar essencial para eles. Além disso, começa a desenvolver a própria 2ª Rede, ministrando cursos, debates ou palestras com os escritores.

O desenvolvimento da qualidade dos serviços, como busca e auxílio na escolha dos livros, a disponibilidade de troca ou devolução e serviços de entrega de livros diz respeito à Identidade da organização do 3º Tipo. Portanto, essa livraria é organização que lida com Produto de Consumo, porém o seu Produto começa a aparecer também na 3ª Rede.

Se essa for uma livraria especializada, será incapaz de sobreviver sem o dono "livreiro", aquele que sabe tudo sobre os livros. Nesse caso, ele se torna o contador de histórias, capaz de juntar à sua volta quem gosta de livros e quer trocar informações ou discutir sobre algum livro, desenvolvendo com isso a 2ª Rede.

Algumas organizações desenvolveram 2 Redes igualmente fortes:

Exemplo: *Restaurantes*

Há alguns restaurantes japoneses que além de competirem pelo sabor dos seus pratos (1ª e 3ª Redes), o sushiman *exibe a sua arte na frente do público, ou os clientes se sentam em volta de uma grande chapa quente de ferro, o* teppan, *onde o cozinheiro prepara a refeição num grande* show *de habilidade tradicional (3ª Rede).*

Há restaurantes cujo objetivo principal não é servir a refeição (1ª Rede), mas, sim, possibilitar que os comensais dancem (3ª Rede) ou ser ponto de encontro de intelectuais (2ª Rede).

Atualmente, é muito difícil encontrar uma organização que trabalhe sua Identidade apenas quanto a uma faceta do Produto.

Algumas organizações, para ter força em todas as Redes, conseguem diversificar e apresentar ao Mercado Produtos de cada uma das 3 Redes, surgindo com Identidade Múltipla. São poucas as organizações desse tipo; elas são grandes, difíceis de ser dirigidas, pois parecem ter múltipla personalidade, funcionando como se fossem um país.

Usualmente, não dá para ficar no meio-termo, e uma das Redes acaba se submetendo à outra, para não se tornar "esquizofrênica". Porém, saber que há esse potencial para "múltiplas personalidades" e ter habilidade ao lidar com as 3 Redes a fim de mudar de "personalidade", é o pulo-do-gato para, sempre que necessário, mudar a sua cara na praça e garantir a sua sobrevivência. É como ter o "eixo" claro e firme do Sistema como um todo, com as 3 Redes, e poder girar livremente entre os "eixos" secundários, oferecendo diferentes aspectos externos, advindos todos do mesmo potencial interno.

Concluímos este Capítulo com uma reflexão. Afinal, tudo o que apresentamos quanto às possibilidades de transformação e mudança não ocorre sozinho. O homem tem uma participação decisiva seja como dono seja como um executivo. Sem o ser humano, nada pode ser feito, embora o Sistema traga potencial para tanto.

A sua vitalidade, a sua capacidade para criar e executar é primordial e nunca será superada por nenhuma tecnologia. Como é que o homem interage com o Sistema? É possível conhecer o seu potencial sistêmico? Apresentaremos as respostas no próximo Capítulo.

APLICAÇÃO PRÁTICA DO MODELO SISTÊMICO

12

Qual a utilidade prática desse conhecimento no dia-a-dia da minha organização?

Quem faria uso desse Modelo? O presidente?

O líder? O executivo? O setor de RH? Em quais circunstâncias?

Por que o Modelo seria vital para o executivo?

CONTEÚDO SUCINTO DO CAPÍTULO

- O Sistema Pessoal
- Diagnóstico Sistêmico da Organização
  - Classificação sistêmica
  - Identidade no Mercado
  - Modelo Sistêmico do empresário
  - Estudo conjunto da organização e do empresário
- Uso do Modelo através do estudo:
  - dos problemas da organização
  - das possibilidades de mudança
- Estudo do Potencial Sistêmico de funcionários
  - Atuação nos Processos, Redes
  - Liderança e compatibilidade com a função
- O Empresário dentro do Modelo Sistêmico
- Possibilidades de crescimento dentro da organização
  - Observação da Realidade Objetiva — 5 stops

Estamos chegando ao final do estudo sobre o Sistema e sua interação com o ser humano. Neste Capítulo, queremos mostrar a utilidade prática desse conhecimento, válido tanto para a organização, como para o funcionário e o empresário. Analisaremos detalhadamente cada uma dessas aplicações.

Discorreremos inicialmente sobre a possibilidade de estudo do ser humano utilizando o mesmo Modelo Sistêmico da ORGANIZAÇÃO. Isso é possível por meio do estudo do Sistema Pessoal do indivíduo. Em seguida apresentaremos um exemplo de Diagnóstico Sistêmico de uma organização. Faremos acompanhar de um estudo comparativo dos modelos sistêmicos da organização e do empresário, os problemas e as possibilidades de mudança; e a Análise do Potencial de um funcionário, avaliando a sua liderança e compatibilidade à função designada. Finalizaremos com as possibilidades de crescimento de qualquer pessoa dentro de uma organização.

O SISTEMA PESSOAL

O ser humano tem, para a sua atuação, o mesmo Modelo descrito num Sistema e válido para este. Dependendo do Sistema em que a pessoa esteja, seu comportamento será de um jeito ou de outro. O seu comportamento pode ser adequado ou não, e a pessoa pode ou não ter destaque.

Por exemplo, se o Sistema Pessoal revela um perfil comportamental forte na 1ª Rede e a pessoa está inserida no Mercado, trabalhando na 1ª Rede de uma organização, ou é Executivo da 1ª Rede de uma organização de Produtos de Consumo, ela se destacará. Mas, se a mesma pessoa estiver no Mercado na 2ª Rede, numa organização de Produtos Intelectuais, ela não será notada, pois a demanda da organização é outra.

Sempre afirmamos que não há nenhuma pessoa que não possa ter destaque; tudo depende de onde ela esteja. Ela pode, simplesmente, estar no lugar errado. O perfil sistêmico mostra como a pessoa se divide entre as três Redes, enquanto padrão de vivência comportamental. Portanto, o potencial da pessoa pode ser estudado sempre com relação a determinado Sistema de atuação, no qual a pessoa pode estar "bem ou mal inserida".

O estudo do Sistema Pessoal leva em conta a participação da pessoa tanto nos Processos quanto nas Redes, e se divide em dois momentos diferentes:

- *Primeiro* – composto de partes distintas que são os Processos – de Motivação, Mental e Funcional.
- *Segundo* – envolve todas as partes, em conjunto, que formam as Redes Institucional, Intelectual e Material.

O indivíduo pode ter um excedente de possibilidades desnecessárias à organização, e precisará dar vazão a isso, caso contrário será um sério candidato a doenças; ou então poderá fazer um esforço superior à sua competência em alguma área, necessitando de alguém que o auxilie, sem o que também poderá ficar seriamente doente, além de a organização ficar permanentemente a descoberto nessa área.

Para a análise dos Processos de Motivação, Funcional e Mental, os valores de cada Ciclo de cada um desses Processos são classificados em faixas, sendo elas Fraca, Média ou Poderosa.

A análise das Redes é igualmente feita com a classificação de seus valores em faixas Fraca, Média e Poderosa.

Quando a faixa é Poderosa, existe a possibilidade de a pessoa ter destaque fácil no Ciclo e ser notada no Sistema. A organização ganha muito com esse funcionário, desde que permita que ele se destaque e cresça como indivíduo na sua vida profissional. Remunerá-lo adequadamente, evidenciar que ele é um funcionário com privilégios de horário ou de sala, permitir que o seu nome seja assimilado ao da organização e possibilitar a sua participação nos lucros ou até mesmo ter parte na sociedade – tudo isso pode satisfazê-lo e mantê-lo na organização. Por outro lado, quando esse potencial não é utilizado, torna-se um veneno para a pessoa, o que acarreta o aparecimento de doenças.

Quando a faixa é Média, o funcionário necessita de novos desafios e permissão para passar por diversas funções. Acaba sendo muito bom naquilo que faz, mas não por muito tempo. A versatilidade é muito apreciada, juntamente com um bom salário. Porém, é fundamental não permanecer no mesmo lugar nem na mesma função.

A faixa Média gera interesse por trabalhos realizados por conta própria. Normalmente, essas pessoas passam por experiências diversificadas e se dão muito bem como empresários; mas isso até o momento em que a organização começa a ter grandes problemas. Em tempos de crise, quando há a necessidade de economia, o empresário da faixa Média começa a se sentir cansado, a querer vender a organização e se tornar novamente um funcionário.

A faixa Fraca exige uma atenção especial. Geralmente, quem tem essa faixa num dos Ciclos não tem energia para assumir destaque no Sistema. É possível que tenha capacidade técnica, mas a impossibilidade de verbalização, ou o medo de tomar as decisões, pode acabar com a sua carreira e a sua saúde.

Para esses funcionários, é muito importante o treinamento adequado à função, ou ter uma chefia competente, que assuma as deficiências sistêmicas e utilize bem o potencial técnico, caso exista, sendo melhor colocá-lo numa função que não exija muito dele em seu Ciclo de faixa Fraca.

Exemplos de Análise do Processo de Motivação

O tipo de Motivação necessário depende muito da Rede Sistêmica em que a pessoa se aplica. Numa Realidade Objetiva, ela é solicitada a se motivar de um jeito e, em outra, de um modo diverso. Conhecendo o seu Processo de Motivação, a pessoa se torna capaz de escolher a melhor posição para o seu aproveitamento e compreender as suas insatisfações, pois as outras partes do Processo continuam existindo e querendo ser utilizados.

Exemplo 1
João é eletricista num hospital-escola e corre o dia todo. Não só atende às intercorrências, como sempre tem trabalhos de ampliação da rede elétrica, quando adquirem algum aparelho novo nos ambulatórios, nas enfermarias e nas áreas de exames de apoio como laboratórios e raio X. Ultimamente, a rede de computação, que está sendo ampliada, também solicita o seu trabalho.
Faixas de seu Processo de Motivação:
Motivação Individual – Média
Motivação Grupal – Média
Motivação Institucional – Fraca

João se vira muito bem, fazendo o seu trabalho técnico com grande facilidade. Há os serviços dos quais gosta mais, que dependem de sua iniciativa e para os quais ele precisa se virar e resolver sozinho. Nesse serviço, ele se sente dono do próprio nariz (Motivação Individual – faixa Média).

Ele tem muitos amigos, gosta de trabalhar em grupo e tem grande facilidade de atrair as pessoas com alegria, contando piadas (Motivação Grupal – Média); mas, de vez em quando, ele se cansa do grupo e vai para o seu canto trabalhar sozinho; ou faz o contrário, procura o seu grupo e tenta alegrá-lo (Média tanto na Motivação Individual como na Grupal).

Às vezes, algumas pessoas reclamam que chamam, chamam, e ele demora a atender. Ele confessa aos amigos que fazem parte da sua "panela" (Motivação Grupal – Média) que realmente há alguns lugares em que não gosta de ir e nem sempre atende a todos. Também não gosta de falar muito sobre o hospital quando não está lá (Motivação Institucional – Fraca).

Exemplo 2
Maria é sócia de uma organização de Produto Intelectual, e, entre outras atividades, é responsável pela área de vendas.
Faixas do Processo de Motivação de Maria:

Motivação Individual – Fraca
Motivação Grupal – Média
Motivação Institucional – Poderosa

Gosta da organização e a representa muito bem; dá ênfase ao nome da companhia, conseguindo abrir espaço no Mercado para ele. Tem muita fé na organização que representa. Aliás, ela é muito mais conhecida como Maria da "organização X" (Motivação Institucional – Poderosa; Individual – Fraca).

Sua força grupal é grande, tendo uma liderança carismática ao trabalhar em equipe (Motivação Grupal – Média), o que consegue com facilidade, tanto com o seu time dentro da organização, como com os clientes fora dela. O apoio dessa equipe também é muito importante para a tomada de decisões, já que, quando tudo fica para ela resolver, ela se sente muito desgastada (Motivação Individual – Fraca).

É muito alegre, vistosa, chama a atenção pela sua desenvoltura nos grupos (Motivação Grupal – Média). As pessoas até estranham o fato de ela continuar sozinha, sem um companheiro, mas ela é muito exigente no amor. Tem muitos sonhos, e necessidade de um amor muito especial (Motivação Individual – Fraca), o que é difícil de ser achado.

Exemplos de Análise do Processo Funcional

A importância dos Ciclos do Processo Funcional – Projeto/Organização, Insumo/Gestação, Mercado/Venda – depende muito da Rede Sistêmica em que a pessoa se encontra. Em cada Realidade Objetiva, o domínio de um Ciclo ou de outro se torna mais importante. Ao conhecer seu potencial em seu Processo Funcional, a pessoa se torna capaz de escolher a melhor posição para o seu aproveitamento e compreender as suas insatisfações.

Exemplo 1
Kátia, desenhista, trabalha com computação gráfica.
Faixas de seu Processo Funcional:
Projeto/Organização – Fraca
Insumo/Gestação – Fraca
Mercado/Vendas – Poderosa

Ela tem facilidade de adaptação e não tem medo nem de enfrentar o desconhecido nem de mostrar o que sabe fazer. Tem facilidade de inventar (Mercado/Vendas – Poderosa), mas precisa de alguém que a ajude a dar forma à invenção (Projeto/Organização – Fraca).

Ela tem dificuldades de Organização e de Planejamento (Projeto/Organização – Fraca) e não suporta nem rotina nem estruturas muito rígidas (Insumo/Gestação – Fraca). Precisa de muita liberdade para fazer o seu trabalho, o que faz muito bem. Tem grande facilidade de sacar o intangível, de perceber tendências do

Mercado, algo que sirva para projetos. Conquista o cliente com seus folhetos, nos quais consegue fixar a cara da organização (Mercado/Vendas – Poderosa).

Exemplo 2
Helena é recepcionista numa organização de produto intelectual.
Faixas de seu Processo Funcional:
Projeto/Organização – Média
Insumo/Gestação – Poderosa
Mercado/Vendas – Fraca

Fiel, dedicada, com grande facilidade de pôr a mão na massa e fazer acontecer. É perfeccionista, faz tudo bem-feito e não agüenta ficar sem fazer nada (Insumo/Gestação – Poderosa). Planeja tudo, é muito organizada (Projeto/Organização – Média).Tudo o que programa põe em prática e vai até o fim (Insumo/Gestação – Poderosa).

Muito boa no trabalho de apoio, como recepcionista (Insumo/Gestação – Poderosa), ela aparenta um pouco de altivez e distanciamento (Projeto/Organização – de Média a Poderosa); é tímida e reservada em meio ao público, fala pouco sobre as muitas coisas que faz (Mercado/Vendas – Fraca), fica mais à vontade em locais mais protegidos e de pouca exposição (Insumo/Gestação – Poderosa).

Exemplo 3
Ricardo, Diretor Executivo de organização de produto essencial.
Faixas de seu Processo Funcional:
Projeto/Organização – Fraca
Insumo/Gestação – Média
Mercado/Vendas – Poderosa

Detesta papel, não gosta de planejamento nem de teorias (Projeto/Organização – Fraca).

Ele tem grande facilidade para inventar coisas novas, o que faz com freqüência (Mercado/Vendas – Poderosa) e de implantá-las para que funcionem, sendo meticuloso e querendo as coisas do seu jeito. Põe a mão na massa e tem facilidade de estar com as pessoas (Insumo/Gestação – Média).

Muitas vezes, não dá tempo para a sedimentação da última inovação, levando seus auxiliares diretos à loucura e os funcionários operacionais a reclamarem de falta de regras (Projeto/Organização – Fraca).

Precisa ter cuidado para não usar exemplos fragmentados como verdades absolutas (Insumo/Gestação – de Média a Poderosa; Projeto/Organização – Fraca).

Não tem medo de enfrentar o público, tem muita facilidade para "vender o seu peixe" e mostrar, como exemplo, o que faz (Mercado/Vendas – Poderosa).

Exemplos de Análise do Processo Mental

De sua habilidade de Pensamento Abstrato/Moral, Concreto/Opinião ou de Fatos/Discurso do Processo Mental depende muito a facilidade de aplicação numa das Redes Sistêmicas. Em cada Realidade Objetiva, o seu domínio de um Ciclo ou de outro se torna mais importante. Ao conhecer o seu potencial no Processo Mental, a pessoa se torna capaz de utilizar melhor a sua posição para o seu aproveitamento e no sentido de compreender as suas dificuldades de comunicação.

Exemplo 1
Maria é jornalista.
Faixas de seu Processo Mental:
Pensamento Abstrato/Moral – Média
Pensamento Concreto/Opinião – Fraca
Pensamento de Fatos/Discurso – Poderosa

Ela tem muita facilidade para penetrar no âmago das questões, estudar várias alternativas (Pensamento Abstrato/Moral – Média). Além do jornalismo, agora está cursando filosofia, pois sempre se interessou muito por assuntos existenciais.

Adora correr atrás de informação e sabe envolver muita gente na discussão, fazendo reportagens autênticas e verdadeiras. (Pensamento de Fatos/Discurso – Poderosa). A maior dificuldade é impor o seu ponto de vista, sem ouvir o dos outros. Ela tem dificuldade quanto aos Pensamentos muito materiais; comete imprecisões nos detalhes e não consegue muita objetividade (Pensamento Concreto/Opinião – Fraca).

Exemplo 2
João, vendedor.
Faixas de seu Processo Mental:
Pensamento Abstrato/Moral – Fraca
Pensamento Concreto/Opinião – Poderosa
Pensamento de Fatos/Discurso – Média

Tem enorme facilidade para convencer as pessoas e impor o seu ponto de vista; o consumidor fica muito satisfeito, pois se convence de que comprou aquilo que queria. Ele se sente bem quando precisa detalhar o que quer. Lida de modo eficiente com as idéias de outras pessoas desde que aceitas por ele (Pensamento Concreto/Opinião – Poderosa).

Não tem muita paciência com divagações nem assuntos etéreos; considera-os perda de tempo e acredita que as pessoas não sabem o que querem (Pensamento Abstrato/Moral – Fraca).

Interage bem, inclusive com pessoas desconhecidas, conseguindo sempre encontrar os mais variados assuntos para conversar, assim como participa de debates com desenvoltura (Pensamento de Fatos/Discurso – Média).

Exemplo 3
Milton, engenheiro.
Faixas de seu Processo Mental:
Pensamento Abstrato/Moral – Poderosa
Pensamento Concreto/Opinião – Média
Pensamento de Fatos/Discurso – Fraca

Ele tem muita facilidade para lidar com assuntos abstratos, números, teorias, filosofia, pesquisa, buscar a essência das coisas e tentar achar várias alternativas (Pensamento Abstrato/Moral – Poderosa). Encontra igualmente facilidade em falar concreta e precisamente sobre uma das alternativas, fazendo-se compreender e ser aceito (Pensamento Concreto/Opinião – de Média a Poderosa).

O problema surge quando ele precisa encontrar espaço para expor e debater suas próprias idéias, ricas e profundas, porque, nesse momento, fica mudo, sem possibilidade de expor suas idéias ao público (Pensamento de Fatos/Discurso – Fraca).

Exemplos de Análise das Redes

Exemplo 1 – Marcelo – *estudante de pós-graduação.*
1ª Rede – Material – Fraca
2ª Rede – Intelectual – Poderosa
3ª Rede – Institucional – Fraca

Marcelo já é formado e continua morando com os pais, de quem ainda recebe uma mesada, sem conseguir independência financeira (1ª Rede – Fraca). Ele gosta mesmo é de estudar; tem o título de Mestre e já se matriculou para fazer o Doutorado (2ª Rede – Poderosa). Os pais dizem-lhe indiretamente que gostariam de ter netos, mas, como ele quer continuar a estudar, parece que fica cada vez menos interessado em constituir família, ter filhos (3ª Rede – Fraca) e, financeiramente, se torna mais dependente (1ª Rede – Fraca). A torcida dos pais é para que ele se case, more sozinho ou ganhe dinheiro trabalhando para alguma organização.

Exemplo 2 – Ricardo – *executivo de organização distribuidora de bebidas.*
1ª Rede – Material – Fraca
2ª Rede – Intelectual – Média
3ª Rede – Institucional – Poderosa

Ele é muito querido pelos clientes porque atende a todos muito bem e resolve qualquer problema de atendimento (3ª Rede – Poderosa); mas não consegue ser ambicioso e vender a todo custo (1ª Rede – Fraca), pois, para ele, a ética está acima de qualquer coisa (3ª Rede – Poderosa).

As pessoas acabam comprando muito mais porque gostam de conversar com ele; ele é considerado muito carismático e suas idéias são ouvidas (2ª Rede — Média). Ultimamente, porém, resolveu pedir para o dono trazer alguém forte em vendas, que saiba lidar com o dinheiro, para ajudá-lo na organização (3ª Rede — Poderosa), porque ele mesmo chegou à conclusão de que deixa escapar as oportunidades de ganhar mais dinheiro. Dar lucro será problema do outro, e ele poderá se dedicar mais à área de projetos e marketing, ponto fraco da organização, onde acredita ser mais útil; e fazendo contato com os clientes, trabalho que ele tem consciência de realizar muito bem (3ª Rede — Poderosa).

Exemplo 3 — Casemiro — *adolescente*
1ª Rede — Material — Média
2ª Rede — Intelectual — Fraca
3ª Rede — Institucional — Poderosa

Casemiro tem 17 anos, tem problemas com drogas e passagem pela polícia.

Ele nunca conseguiu terminar o 1º grau; tinha dificuldade de entender e fazer as lições que seus colegas de classe conseguiam. Repetiu de série várias vezes, até que resolveu abandonar os estudos (2ª Rede — Fraca). Nunca viu graça em andar com grupos como aqueles que o pessoal de sua rua e da sua classe gostavam de estar. Sempre teve poucos amigos (2ª Rede — Fraca).

Fazia parte de uma gangue juvenil, mas vivia brigando com os próprios colegas porque queria mandar e seguir as próprias regras (3ª Rede — Poderosa), até que a polícia o pegou, enquanto todos os outros conseguiram escapar (2ª Rede — Fraca). Já era desajustado na família, pois queria que esta vivesse em função dele e a família não aceitou (3ª Rede — Poderosa).

Casemiro tentou trabalhar algumas vezes, mas nunca conseguiu um salário que achasse razoável (1ª Rede — Média). Houve uma época em que parecia que tudo mudaria; nessa época, ele jogava futebol e todos iam vê-lo e aplaudi-lo (3ª Rede — Poderosa).

Esses exemplos mostram a possibilidade de definir o posicionamento dentro dos Processos e Redes de qualquer Sistema. Eles mostram que nada escapa ao Sistema, que faz uso de tudo. Ao saber utilizar corretamente o potencial sistêmico da pessoa, é possível a colocação precisa do funcionário dentro da organização. Além da capacidade técnica, podemos conhecer a capacidade de motivação e de criação de cada pessoa.

Passemos agora para o exemplo de análise de uma organização. Uma organização pode ser analisada e apresentada através do Diagnóstico Sistêmico da Organização, que consiste em:

- Estudo do Produto da organização: sua classificação, definição do Processo Principal de Produção e a participação da organização nesse Processo.
- Mapeamento do Processo Produtivo Principal da organização.
- Classificações necessárias no Modelo Sistêmico: Tipo da organização, composição das Redes da organização, sua Identidade externa.

- Estudo da Rede Principal da organização.
- Criação do Modelo Sistêmico da organização.
- Visão do empresário e da organização percebida no mesmo Modelo Sistêmico.
- Aprendizagem do uso do Modelo por meio do estudo de problemas que atrapalham a organizacão e da descoberta de soluções objetivas.
- Transformações futuras como resposta às possíveis turbulências do Mercado, bem como abertura de espaço para o desenvolvimento de novos Produtos.

DIAGNÓSTICO SISTÊMICO DA ORGANIZAÇÃO X – UM EXEMPLO

A Organização de engenharia elabora projetos técnicos para companhias do setor de telecomunicações.

A partir dos dados gerais sobre a organização, traçamos o seu perfil sistêmico.

A Organização X é do 2º Tipo, pois seu produto é intelectual, consistindo em projetos de Sistemas de telecomunicações.

O Produto da organização é uma pequena parte do Processo Funcional do Sistema de telecomunicações, cujas etapas podem ser assim resumidas:

- Projetos;
- Execução de projetos e instalação de equipamentos tecnológicos;
- Entrega ao cliente, que por sua vez manterá contato com o consumidor final.

O Processo Funcional de um Sistema de telecomunicações costuma ser feito por diversas organizações, cada uma com a sua parte, compondo o conjunto da produção.

A participação da Organização X, a princípio, diz respeito à parte de Projetos, embora internamente tenha Processo Funcional próprio.

Relembrando os 3 Ciclos do Processo Funcional, compõem o 1º Ciclo, o da Ordem: a Elaboração de Projetos, a Direção, o Planejamento Técnico e o Gerenciamento Administrativo, principalmente de contratos.

A Organização X atua basicamente nesse Ciclo, concentrando seus recursos e diversas atividades em Projeto/Organização. Assim composta, ela tem a parte de Projetos bem desenvolvida, deixando as outras partes apenas com funções administrativas, não mais técnicas.

O 2º Ciclo, o da Execução, aparece na Organização X através da sua infra-estrutura, que consiste no acompanhamento dos trabalhos em campo e na manutenção geral do espaço físico da organização.

O 3º Ciclo, o da Liberdade, aparece no acompanhamento final da construção do Sistema geral de telecomunicações, faturamento e recebimento.

Classificação Sistêmica da Organização

Por ser uma organização de Produto Intelectual, o seu gerenciamento é feito pela 2ª Rede, a Rede Intelectual, o que se dá através da utilização dos 3 Centros e das Forças Interiores, mencionados no Capítulo 9.

É importante não permitir a existência de Forças Interiores sem vida, pois seu poder de destruição das atividades desenvolvidas nos Processos é grande.

A função do líder da 2ª Rede cabe ao empresário Y, que também é o principal executivo da organização. Esse tipo de liderança não é a de um superior, mas a de uma pessoa igual às demais, que entende de tudo, desde que goste do trabalho. Essa pessoa consegue vender idéias para todas as pessoas como se fosse algo totalmente necessário e inovador (Inovação).

Como o clima no trabalho é de igualdade e democracia, Y consegue manter a sua autoridade sem ser autoritário (Autoridade).

Lembremos que, mesmo sendo uma organização do 2º Tipo, o conjunto da organização funciona com as 3 Redes.

As funções da 1ª Rede são bem reduzidas, estando principalmente ligadas ao eventual acompanhamento final da construção do Sistema, e ao faturamento e recebimento. Não há necessidade de muitos funcionários nesta Rede, e a sua função não é prioritária.

As funções da 3ª Rede, a Institucional, também são bastante reduzidas, pois não existe envolvimento do público leigo com a organização. Existe a necessidade de se manter o nome da organização através da confiança dos funcionários, bem como dos clientes, na Instituição. Além disso, há a importância da preservação do *know-how* de conhecimento e de experiência, já que as pessoas mais antigas na organização e o próprio empresário cuidam dessa parte.

Análise da Identidade da Organização no Mercado

A Organização X tem a sua Identidade mantida através da Rede Sistêmica Intelectual. Chamamos de Identidade à capacidade da organização de se manter no Mercado, independentemente da venda do Produto. Os cinco aspectos de reconhecimento da Identidade dessa organização têm a seguinte apresentação:

Presença do Dono

No caso da Organização X, o empresário Y é o próprio dono e seu criador intelectual. O seu nome aparece no Mercado com credibilidade e competência técnica.

Utilidade do Produto

O Produto da Organização X é conhecido e tem credibilidade no Mercado. Atualmente, sofre grandes pressões das montadoras que, para conquistar clientes, oferecem projetos praticamente de graça, diminuindo, assim, a sua importância.

Qualidade do Produto

A organização tem excelente currículo técnico e é conhecida como uma das mais conceituadas no seu ramo. Nunca teve nenhuma queixa dos clientes, nem reclamação sobre a sua qualidade.

Capacidade Financeira da Organização

A organização sempre passa por altos e baixos na parte financeira, por questões de sociedade. Para uma organização do 2º Tipo, esse item não é muito importante; porém, na Organização X, existe urgência em estabilizar essa parte, para evitar problemas maiores. O Mercado está ciente da situação.

Nome do Produto

O Produto é conhecido através do nome do empresário Y. É possível tanto a realização de trabalhos de divulgação da organização, através de propaganda e marketing, como a existência de uma equipe de venda especializada de projetos. A segunda alternativa não é nada fácil, porém viável por meio da ênfase no nome do empresário Y.

Modelo Sistêmico do Empresário Y

A figura 22 é a representação gráfica do Modelo Sistêmico do empresário Y. O seu Sistema Pessoal[1] apresenta os seguintes valores em suas Redes:

- Rede Funcional – faixa Fraca
- Rede Intelectual – faixa Média
- Rede Institucional – faixa Média

Faremos a seguir, através do Modelo Sistêmico, a análise comportamental da atuação do empresário Y dentro da organização, baseado no conteúdo das 3 Redes.

---

1. Observação: A divisão sistêmica segue o mesmo critério do capítulo 12. Os dados são fictícios.

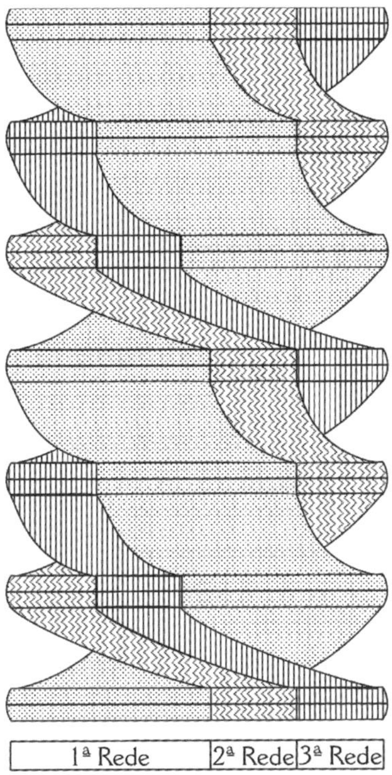

Fig. 19
Modelo Sistêmico da Organização X

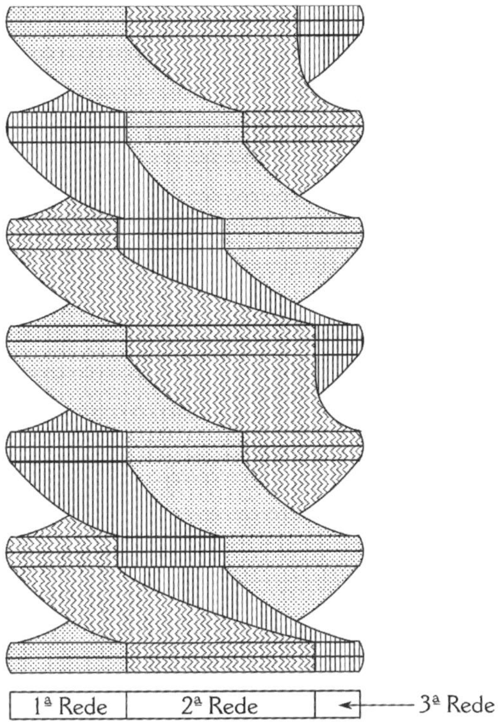

Fig. 20
Modelo Sistêmico do Empresário Y

Rede Funcional

A faixa Fraca permite detectar as seguintes características:

- Pouco interesse pelos assuntos administrativos e burocráticos da organização; sugere-se especial atenção a essas questões pois pode haver perda de dinheiro na conclusão dos contratos.
- Dificuldade de estabelecer um preço justo ao Produto e lutar por ele; ficando incomodado ao brigar por reajuste de preço.
- Pouca visão estratégica sobre projetos materiais; o que exige atenção na abertura de novas frentes, quando o Produto de consumo estiver envolvido.
- Quase nenhuma propensão a desafios materiais e dificuldade em entender o consumidor final.
- Não consegue trabalhar apenas para "ganhar muito dinheiro".

Rede Intelectual

A faixa Média permite o uso das seguintes características:

- Gosto pela realização de trabalhos ligados ao intelecto e ao ser humano e capacidade para fazê-los.

- Carisma pessoal quando o assunto é empolgante e quando não luta pela liderança nem pelo poder; capacidade para se impor nas discussões técnicas e nos debates.
- Necessidade de liberdade e respeito aos direitos do indivíduo, sem dispensa das obrigações da Instituição.
- Boa capacidade de comunicação quando expressa a vontade dos outros; autoridade inquestionável na condução de trabalhos técnicos.
- Trabalha em ambientes organizados, sem riscos financeiros.

Rede Institucional

A faixa Média permite o uso das seguintes características:

- Cria as regras institucionais para manter a moral e a ética na condução dos negócios; assume a defesa da Instituição onde trabalha, orgulhoso de pertencer a ela.
- Sabe transmitir aos outros as regras institucionais, mas necessita de liberdade e nem sempre as cumpre.
- Gosta muito da sua organização, mas quer ser respeitado como indivíduo e não apenas como empresário.
- Exigências inflexíveis quanto a lealdade, honestidade e bom atendimento aos clientes.
- Paternalista com relação aos funcionários; tem vontade de criar uma família organizacional, esse desejo passa depois de ter experiências negativas com pessoas que o decepcionaram.

Estudo Conjunto da Organização e do Empresário

Esse estudo é feito comparando-se os Modelos Sistêmicos da Organização X (Fig. 19) e do empresário Y (Fig. 20).

Análise da 1ª Rede

Tanto a Organização X quanto o empresário Y não têm grande expressão na 1ª Rede. No entanto, a capacidade do empresário Y nela é superior às necessidades da organização. Esse excesso de energia faz iniciar novos projetos, que não conseguem dar resultados satisfatórios e geram frustração.

É bom esse excesso ser canalizado para projetos fora da organização, lembrando-se sempre da existência do risco de perder dinheiro.

Análise da 2ª Rede

O potencial do empresário Y é insuficiente para preencher as demandas da organização na 2ª Rede. Nesse caso, há a necessidade de mais um executivo para tomar conta dessa Rede, sobretudo por ser a Principal. Se isso não acontecer, há muito *stress*, o que pode afetar a sua saúde.

A 2ª Rede da organização exige muita dedicação, o que implica a manutenção de uma equipe técnica e administrativa que consiga preencher as necessidades da organização.

Análise da 3ª Rede

O potencial do empresário Y é muito superior às necessidades da organização. O excesso de energia dirige-se, forçosamente, para a Rede mais deficiente, que é a Intelectual.

Essa mudança é sentida na qualidade da energia, trazendo exigências institucionais aos funcionários, bem como a necessidade de assumir uma postura paternalista na relação com eles.

A passagem da energia da 3ª Rede para a 2ª, força o aparecimento de novas alternativas sem soluções práticas possíveis. As regras começam a ser inflexíveis e cada vez mais enigmáticas.

APRENDIZAGEM NO USO DO MODELO

O uso do Modelo pode ser aprendido através do estudo dos problemas que incomodam a organização e da descoberta de soluções objetivas.

O problema principal da Organização X consiste na necessidade de ganhar mais dinheiro, pois ficou com muitas dívidas, em função das crises do Mercado. Baseado no levantamento feito, ficou evidente que:

- Há pouca atenção da organização quanto à vitalidade da 2ª Rede. Isso sobrecarrega o empresário, bem como a sua incapacidade de percepção clara da Realidade Objetiva e de novas oportunidades.
- É importante lembrar que a organização da 2ª Rede ganha dinheiro com as idéias, com a intenção e a necessidade do cliente, que visa o seu próprio Produto, que é de consumo. A deficiência da Organização X na 1ª Rede impede que ela lute pelo preço considerado justo.
- A otimização da 2ª Rede na organização, além de usar mais a 3ª Rede, pode ter como conseqüência novas oportunidades de faturamento, sem que se tenha de investir mais.
- Lembramos que o Produto chamado serviço sempre implica um contrato de pagamentos mensais, o que é uma fonte segura de entrada de recursos.
- É possível envolver os funcionários num trabalho sistêmico da 2ª Rede a fim de torná-la mais criativa e participativa. Isso também pode aumentar a procura por novas frentes de trabalho.

Estudo de todas as Possibilidades de Mudança

Vejamos aqui as possibilidades de mudança, bem como a abertura de espaço para o desenvolvimento de novos Produtos.

Qualquer mudança na organização sempre implica uma aceitação pelo Sistema. Cada Rede responde diferentemente às mudanças impostas.

A mudança na 1ª Rede implica normalmente a extinção de um Processo Funcional; esse fato sempre provoca mal-estar nas pessoas envolvidas, já que envolve demissões. Esse não é um problema para a Organização X, pois ela não tem processos materiais muito significativos.

A 2ª Rede não oferece nenhum obstáculo para mudanças quando estas são impostas pelo executivo principal. Essas mudanças não podem envolver diminuição de salários, sendo esse o último recurso. Qualquer outra mudança é bem aceita, pois provoca aumento de criatividade e de bem-estar.

A 3ª Rede não gosta de nenhuma mudança, a não ser quando solidamente introduzida, sem nenhum tipo de experiência. Lembremos que a 3ª Rede lida com a manutenção, portanto com a estabilidade como fator de longevidade da organização. Qualquer mudança aflige o pessoal da infra-estrutura e da execução e faz a produtividade diminuir drasticamente.

Quando conseguimos perceber as mudanças no Modelo, a implantação das mesmas não traz nenhum custo adicional, pois pode ser realizada pelas pessoas que já estão na organização.

Apresentamos a seguir algumas sugestões para o desenvolvimento da Organização X.

O excesso de energia na 3ª Rede do empresário Y proporciona o desenvolvimento da parte institucional da organização da seguinte forma:

- *Parte interna* – Desenvolvimento de uma nova visão com relação aos funcionários. Isso implica o envolvimento de todos num real empenho em relação à organização. Diversas possibilidades podem ser testadas, como distribuição de lucros, novos conceitos de comportamento ou crescimento individual dentro do mesmo Sistema.
- *Parte externa* – Reformulação da identidade da Organização X no Mercado, aumentando a sua importância por meio do desenvolvimento dos cinco pontos propostos.

Além dos Projetos, é possível o desenvolvimento de um novo Produto na Organização X, no setor de serviços. Isso ampliaria a participação da 3ª Rede na organização. Como o empresário Y tem grande vitalidade nessa Rede, não há necessidade de novas contratações, apenas de uma pessoa para ajudá-lo na 2ª Rede.

No caso da Organização X, é possível a entrada de, no máximo, mais um executivo além do empresário Y; mesmo assim, a sua necessidade pode ser substituída por mais automação e pelo uso da informática.

Se houver aprendizagem no uso do Modelo Sistêmico, a organização ganha com isso um grande aliado e colaborador. E é bom sempre se lembrar do Sistema, principalmente quando surge algum fato exterior novo. Além disso, o diagnóstico sistêmico desenvolvido para a organização pode ser estendido para as áreas menores envolvidas no Processo Principal e seus executivos.

Estudo do Potencial Sistêmico

Ao estudo sistêmico do funcionário, chamamos de Estudo do Potencial Sistêmico, que consiste em:

- Análise da capacidade comportamental do funcionário, expressa nos três aspectos principais do Sistema, ou seja, no exercício de suas atividades profissionais, na sua motivação e na sua expressão verbal.
- Montagem do Sistema Pessoal do funcionário, por meio da definição das faixas – poderosa, média e fraca – nos Processos e nas Redes.
- Estudo sistêmico da função profissional ocupada – Rede, Processos, Ciclos.
- Análise da compatibilidade entre o Perfil Sistêmico e a função ocupada.
- Otimização na utilização do funcionário e definição dos treinamentos específicos.

Para exemplificar essa aplicação, apresentamos a *Análise do Potencial* de um funcionário.

Nome: Carlos

Cargo: Supervisor de um Grupo de Atendimento

ANÁLISE DE POTENCIAL

DESCRIÇÃO	NA AÇÃO	NA EMOÇÃO	NA VERBALIZAÇÃO
Criatividade	Criação de projetos inovadores	Importância da vocação no trabalho	Expressão de idéias inéditas
	1. EXCELENTE	7. BOM	13. REGULAR
Decisão	Escolha definida e compromisso selado	Iniciativa e confiança na hora da escolha	Fundamento através de critérios e princípios
	2. EXCELENTE	8. BOM	14. MUITO BOM
Eficiência individual profissional	Determinação e versatilidade na execução de tarefas	Motivação expressa no ambiente de trabalho	Clareza de metas de acordo com a realidade objetiva
	3. MUITO BOM	9. EXCELENTE	15. MUITO BOM
Trabalho em equipe	Conclusão de qualquer tarefa iniciada	Manutenção de motivação do grupo no trabalho	Análise e estratégia a serviço da equipe
	4. REGULAR	10. EXCELENTE	16. REGULAR

ANÁLISE DE POTENCIAL – continuação

DESCRIÇÃO	NA AÇÃO	NA EMOÇÃO	NA VERBALIZAÇÃO
Contatos fora da organização	Representação da organização e de seu produto no mercado	Defesa e zelo do nome da organização no mercado	Comunicação espontânea na apresentação do produto
	5. REGULAR	11. FRACO	17. MUITO BOM
Destaque pessoal no mercado	Novas oportunidades através da atuação individual	Vestir a camisa da organização em qualquer situação	Formador de opiniões (certeza de visionário)
	6. REGULAR	12. BOM	18. REGULAR

Este quadro tem tripla utilidade, cujas questões analisaremos posteriormente:

- Primeiramente, define o movimento dentro dos Processos e sua expressão nos Ciclos.
- Em segundo lugar, mostra o seu posicionamento nas Redes e o seu movimento dentro delas.
- E, finalmente, permite a análise na função desempenhada.

Análise da atuação do funcionário nos Processos

Processo Funcional

(1)[2] Excelente capacidade de elaborar projetos; sabe demonstrar por escrito a viabilidade e a utilidade da idéia que está defendendo. (2) Capacidade de definir rapidamente a distribuição de recursos e organizar o trabalho; excelente no planejamento. (3) Tem facilidade de implantar aquilo que planeja, sabendo dar o "*start*" inicial aos trabalhos. (4) Lida bem com os imprevistos; mas não consegue fazer isso com a "gestação" rotineira e repetitiva do trabalho. (5) "Desaparece" quando precisa enfrentar pessoalmente o Mercado (6) e vender o produto.

Processo de Motivação

(7) Firmeza quanto à sua vocação, dedicação ao trabalho (8) e esperança na realização daquilo que gosta. (9) Sabe transmitir a sua vocação ao grupo, empolgando as pessoas e mantendo-as ao seu redor; alegre, simpático e cativante. (10) Não tem medo de competição, fazendo com que os opostos se unam num só grupo sob sua liderança. (11) É fiel à organização, mas não consegue se entregar totalmente, (9, 10, 12) dando prioridade ao grupo.

---

2. Os números correspondem aos das células do quadro.

Processo Mental

(13) Dificuldade na apreensão de novas idéias e na elaboração do que é inédito, mas tem (14) facilidade na formação de alternativas que podem ser aplicadas posteriormente. (15) Percebe a realidade e tem opinião, (16) porém tem dificuldade na análise da implantação do novo. (17) Sabe se expressar muito bem, mantém a atenção das pessoas, (18) mas se perde quando precisa impor suas idéias.

Cada uma dessas descrições mostra muito bem os pontos fracos e os relevantes do funcionário. Essa visão enriquece tanto a organização quanto o próprio funcionário, que conseguem, em conjunto, avaliar apropriadamente a necessidade de treinamento, a fim de o funcionário melhorar na função atual e permitir seu futuro crescimento dentro da organização.

Participação nas Redes

A segunda utilidade da *Análise do Potencial* consiste na avaliação do funcionário nas Redes.

O estudo da capacidade de expressão de Carlos nas Redes teve o seguinte resultado:

- Rede Material – faixa Fraca
- Rede Intelectual – faixa Poderosa
- Rede Institucional – faixa Média

Juntando esses resultados com os da análise dos Processos, é possível definir a atuação do profissional nas Redes quando há necessidade de avaliar o seu potencial de liderança.

Rede Material

Faixa Fraca, tendo dificuldade no Centro de Uso em função da manutenção de suas Forças Interiores; isso envolve cansaço no trabalho e Negligência com o horário e outras obrigações materiais. O seu Centro Gerencial é bom, pois consegue transformar o cansaço e se mobilizar quanto ao trabalho. O Centro de Execução funciona bem, pois trabalha com concentração e boa percepção da Realidade, graças à atenção e à observação; porém, quando perde o objetivo de vista, encontra dificuldade em manter a Responsabilidade quanto à própria opinião, voltando à Negligência.

Rede Intelectual

Sendo da Faixa Poderosa, todos os Centros trabalham muito bem; portanto, é uma pessoa com as Forças Interiores de Inovação, Autoridade e Atração sempre em excelente nível, o que o ajuda muito a se destacar.

Rede Institucional

Faixa Média. O funcionamento do Centro de Uso é regular, pois nem sempre consegue manter a Tolerância; torna-se muito exigente com os resultados, não conseguindo se satisfazer no exercício da sua função. O Centro Gerencial é muito bom, com especial destaque para a Força do Entusiasmo que ele transmite aos funcionários. É Confiante, mas, dependendo da situação, fica Tenso com o fardo da tarefa que pôs sobre os próprios ombros.

O Centro de Execução funciona bem, embora, em algumas situações, falhe no que diz respeito à Tolerância.

Avaliação da Liderança e Compatibilidade com a Função

A terceira utilidade da *Análise do Potencial* é a avaliação do funcionário na função que está exercendo.

Carlos ocupa cargo executivo, estando à frente de trinta atendentes de marketing de uma seguradora. Essa função pertence à 2ª Rede. Como a força de Carlos também está na 2ª Rede (faixa Poderosa), é possível afirmar que ele está adequado à sua função.

Também é possível dizer que, sendo tão bom na 2ª Rede, ele pode contestar as regras institucionais, assim como formar um grupo unido, que encontre dificuldade em se integrar com os outros grupos da organização. A sua atuação sem o grupo enfraquecerá, ocasionando esquecimentos e falhas. É importante treinar a percepção da Realidade Objetiva para que o seu pensamento possa acompanhar a ação impulsiva, desencadeada por sua Motivação Individual.

A relação entre a organização como um Sistema, e o ser humano, como a sua parte atuante, é bastante complexa. A *Análise do Potencial Sistêmico* permite uma nova visão do funcionário; o seu potencial, expresso na mesma linguagem usada pela organização, ou seja, através das Redes, Processos e Ciclos, faz nascer um diálogo entre ambos. Este só é possível quando existe a correta compreensão do Modelo utilizado, incluindo o respeito entre a organização e o funcionário.

POSSIBILIDADES DE CRESCIMENTO DENTRO DA ORGANIZAÇÃO

Não existe um Sistema ou uma organização que possa dispensar a presença do homem. É possível saber o posicionamento correto do ser humano dentro do Sistema? Será que estamos ligados ao Sistema ou vivemos no nosso mundo interior? Tentaremos, neste capítulo, aprender a lidar com o Sistema e achar respostas adequadas para as perguntas acima.

Cada pessoa vive simultaneamente em dois mundos:

- O mundo interior — do Sistema pessoal, onde ele existe como um indivíduo único e especial;

- O mundo exterior ou do Sistema – da Realidade que percebe o homem como uma peça necessária à sua manutenção, sabendo muito bem o que quer dele, sem aceitar nenhum desvio dessa função.

A comunicação e o entendimento entre o homem e o Sistema são possíveis, pois ambos podem ser expressos em linguagem de um único Modelo Sistêmico.

Assim, a questão que surge entre o que a pessoa pode obter do Sistema e o que o Sistema necessita do ser humano não é mais de tão difícil solução, sendo possível ocorrer sem desgaste; pelo contrário, com mais energia.

Há duas possibilidades para se conseguir isso:

- Através do estudo do Sistema Pessoal do indivíduo, que é compatível com o Modelo de qualquer Realidade Sistêmica.
- A partir da observação da pessoa numa Realidade Objetiva;

Observação da Realidade Objetiva

Sabemos que a Realidade Objetiva tem construção tríplice, envolvendo os três componentes existentes dentro dela. Individualmente, os homens participam de cada uma dessas partes de modo diferente, o que diferencia uma pessoa de outra.

A seguir, analisaremos a observação do posicionamento do homem em cada um dos aspectos da Realidade Objetiva.

Chamamos Observação Sistêmica à capacidade de perceber ao mesmo tempo os três aspectos da Realidade Objetiva. Essa é a grande riqueza que ca-

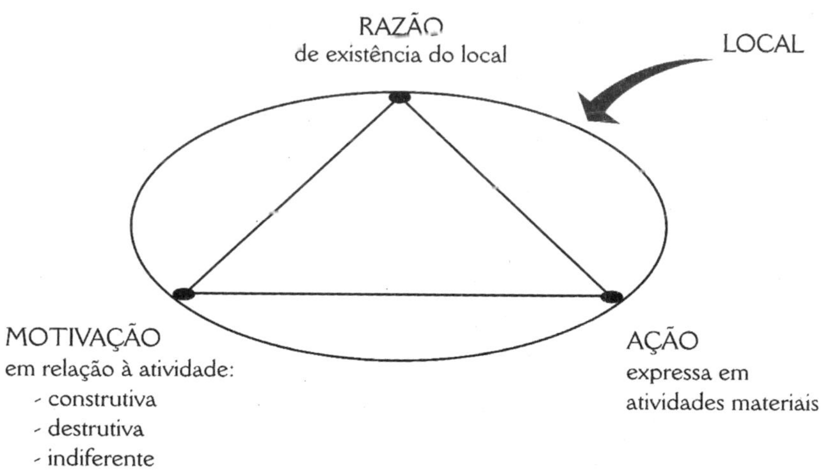

Fig. 21 - Observação da Realidade Objetiva

da um de nós pode ter. Quando observamos vários detalhes, obtemos respostas imediatas quanto à nossa atuação no Sistema.

A Observação depende da nossa capacidade de fazer um *Stop* — parar o movimento e ligarmo-nos ao Sistema. Ao fazer isso, a Observação Sistêmica acontece!

Através de alguns *Stops,* treinaremos o reconhecimento e a descrição da Realidade Objetiva, utilizando os componentes apresentados no Capítulo 2:

- O local onde o fato está ocorrendo;
- A capacidade de comunicação com as pessoas no local, respeitando a razão existente;
- A ação que está ocorrendo, participando das atividades no local;
- A motivação reinante com relação à ocorrência.

Temos determinada emoção:
— Motivação com vida, construtiva — aprovo o que está ocorrendo.

Fig. 22 - Stop

— Motivação com vida, destrutiva — desaprovo e quero mudar o que está ocorrendo.

— Motivação sem vida — indiferença.

A Observação pode ser iniciada em qualquer um dos pontos, salvaguardada a direção do movimento — a Motivação está sempre antes do Pensamento, e faz nascer Idéias; estas despertam a Ação; a Ação faz surgir a Motivação, que, por sua vez, corrige as Idéias. Com razoável treino, o leitor conseguirá perceber os três componentes simultaneamente. A sensação de conseguir perceber a Realidade onde se encontra é semelhante à de, repentinamente, você acender uma luz onde está e ver tudo às claras.

Normalmente, vivemos em vários Sistemas. Qualquer que seja a situação analisada, sempre encontramos diversos Sistemas interagindo entre si.

1º Stop

Stop!

Ando Motivado?
Minha motivação está baseada na minha meta?
Tem ligação com o local objetivo?

Afinal,
O que estou sentindo no momento,
com relação ao sistema?

Para exemplificar mais facilmente este *Stop*, apresentaremos três casos ilustrativos, analisando a Motivação dos participantes.

1º Caso — Missa no Mosteiro de São Bento

Há muito tempo minha mãe vem me pedindo para levá-la à missa no mosteiro de São Bento. Ela é idosa e mora no interior. Finalmente, chegou o grande dia. Acordei bem cedo, peguei o carro e fui a Taubaté. Voltamos para São Paulo e aqui estamos, na igreja. A missa é realmente muito bonita. O ambiente é tradicional, com móveis de madeira escura, e o clima da missa é de paz e serenidade. Os frades entoam cânticos gregorianos.

Chamemos o nosso personagem de Pedro. Há duas Realidades Objetivas envolvidas na história: uma é auxiliar ao objetivo principal, que é *levar a mãe à missa,* e a outra é a principal, *a própria missa.*

Esse exemplo demonstra antes de mais nada a existência da vontade pessoal de Pedro de levar a mãe para assistir à missa. Essa vontade pertence ao próprio Pedro e faz dele o criador de uma nova situação para a mãe, a de participar de um acontecimento. A existência do evento não depende nem de Pedro nem da sua mãe, mas a presença de novas pessoas na missa pode mudar muita coisa no próprio evento, bem como na vida dos novos participantes.

O estudo do Processo Mental, bem como das Redes, mostra a importância do Pensamento Concreto, que permite criar o protótipo que é a Meta. Porém, sem a Motivação de esperança de criar a nova situação para a mãe, o objetivo não se concretizaria. É a ação da 1ª Rede.

Quanto à missa, percebemos o importante funcionamento da 3ª Rede, pois o mosteiro e todo o espetáculo são exemplos de manutenção da Fé que desperta o Entusiasmo nas pessoas.

Esse relato ainda não nos permite analisar bem a relação de Pedro com a situação criada. Aparentemente, ele tem Motivação suficiente para possibilitar a realização do evento, mas a própria situação da missa não conseguiu envolvê-lo. O fervor religioso e a beleza musical não lhe tocaram muito.

Comentemos a Motivação de Pedro. Durante a viagem ela foi bem grande. Sem essa Motivação com a atividade que antecede a que usualmente consideraríamos a principal, nesse caso a da missa, ela poderia nem acontecer.

Ao participar da missa como ouvinte, Pedro não foi tocado pela beleza da missa, embora tenha ficado muito satisfeito com a realização do que planejara – a felicidade da mãe; e a viagem tenha valido a pena. Se não sentiu nada com relação ao canto gregoriano e à missa, a sua Motivação não existia com respeito a elas, mesmo que tenha admirado a construção ou o mobiliário. Portanto, ele apenas estava lá, sem participar. Nesse caso, é melhor ficar do lado de fora, pois o estar com a mãe, sem interesse, atrapalha a própria missa. É melhor deixá-la no mosteiro, fazer outras coisas, e voltar para pegá-la, pois a mãe quer a missa, não a companhia do filho.

2º Caso – Jogo de Futebol

Hoje é quarta-feira, dia de decisão. O meu time é finalista e eu não via a hora de estar no estádio, torcendo pelo meu querido time. Cheguei cedo para comprar ingresso e achei um bom lugar para assistir à partida. O jogo começou equilibrado, mas aos poucos o meu time foi ganhando, fazendo gols. Ele estava impossível: 1, 2, 3, 4 a zero, inacreditável. No 5º gol, a torcida adversária não agüentou. O clima mudou e aquilo que deveria ser um passatempo transformou-se numa guerra. Brigas por todos os lados, discussões, agressões, murros, pontapés. Confesso que fiquei um pouco assustado e chateado ao ver a que nível chegaram o nosso cidadão e o próprio futebol.

O narrador, a quem chamaremos de Luís, participava do espetáculo. Era um torcedor que, naturalmente, queria ver o seu time ganhar.

A história teve dois momentos. No primeiro, o jogo corria tranqüilo, ambiente calmo, equilibrado, sendo muito favorável ao time de Luís. De repente, a Realidade do jogo transformou-se. Os ânimos esquentaram e fizeram do estádio um campo de guerra. Tudo porque o outro time, que deveria mostrar serviço, não jogou nada e perdeu.

Naturalmente, sentindo a apatia dos jogadores, a torcida reagiu com Motivação negativa, criando, em conseqüência, o conflito.

Um jogo de futebol sempre é também um Sistema e pode ser considerado de 3º Tipo. A reação negativa do público é muito perigosa na 3ª Rede, pois envolve violência física.

O jogo é basicamente Motivação. Os jogadores, hoje em dia, são profissionais e jogam por dinheiro, sem Motivação. A indiferença e a incapacidade para honrar a camisa do clube afastam o torcedor do campo, pois quem está jogando não "pertence" emocionalmente ao clube e não é reconhecido como parte da Instituição tão adorada pelo torcedor.

Luís, o narrador que foi assistir ao jogo, teve outra reação: ficou decepcionado e provavelmente demorará a voltar ao estádio.

É claro que ninguém vai a uma competição desejando perder. Quando participamos de um Sistema, participamos com o propósito de crescer nele e conseguir algo tanto para o Sistema como para nós mesmos. Podemos ter como meta ser campeões, mas não podemos dizer que essa seja a única razão de participarmos. Mesmo que os dois times estejam jogando muito bem no estádio, quando há competição há sempre três possibilidades — de alguém ganhar, de alguém perder e de empatar. Viver somente na expectativa de ganhar é menosprezar as outras alternativas que existem no jogo.

Enquanto não estiver dentro do Sistema, não ha emoção referente a essa Realidade. O que existe é uma emoção produzida pelo mundo interior da pessoa; mas que, infelizmente, não cria uma Realidade, como criou no primeiro exemplo, em que o objetivo pessoal era viável, pois dependia basicamente do próprio Pedro. Porém, o desejo de Luís, ou de qualquer outro torcedor, não pode se tornar Realidade, pois não depende dele.

O movimento no triângulo da Realidade é o da Ação para a Motivação e desta para o Pensamento. A Motivação aumenta durante o jogo, e isso decorre da Ação, não a antecede. Durante a ação, é possível encontrar, de repente, uma fonte de Motivação, de energia, nunca antes imaginada. Por isso o esporte é tão fascinante. Não existe a certeza do resultado até o último segundo de jogo!

3º Caso — Bolsa de Valores

A Bolsa de Valores sempre foi um local onde se pode, através do risco, aumentar (ou diminuir), mais rapidamente, o patrimônio.

Com a intenção de trocar de carro, Marcos resolveu fazer uma compra a Termo de ações da Embratel, pois achava que elas iriam subir de preço e ele só teria o dinheiro para pagá-las daí a três semanas.

Então, comprou as ações a R$17,50 para pagar após 30 dias.

Dois dias depois, elas fecharam a R$19,00; mas, a partir daí foi só tristeza. Começaram a cair e, a 2 dias do resgate, fecharam a R$13,50. Ele resolveu, então, que iria refinanciá-las, pois o preço estava muito baixo e ele não teria chance de sair.

Acontece que a sorte mudou drasticamente. No dia seguinte, o Governo desvalorizou o Real e houve uma alta na Bolsa. Logo após a abertura, o preço, que era de R$13,00, começou a subir, subir, e, na hora do almoço, já estava a R$17,50. Ele se conteve e não vendeu. À tarde o preço continuou subindo e, quando passou dos R$ 20,00, ele mandou vendê-las. A cotação estava a R$ 20,40. Valeu o susto!

Obs.: A título de curiosidade, no dia do vencimento do Termo, a mesma ação fechou a R$ 23,00.

Quando Marcos resolveu apelar à Bolsa para resolver as suas necessidades, começou a viver simultaneamente em dois mundos: o individual e o da Bolsa (sua Realidade Objetiva).

O seu objetivo era muito claro, lógico, embora investir na Bolsa seja um jogo arriscado, imprevisível. Neste caso, Marcos estava com sorte. A decisão sobre a política econômica não era dele; mas ele foi beneficiado.

A emoção de Marcos oscila de acordo com o movimento da Bolsa, subindo e descendo; ele monologa ao ler as notícias do jornal e ler notícias sobre a Bolsa, onde, na maioria das vezes, nem está presente. A Bolsa subiu, então a sua Motivação de jogador ficou em alta, mas o objetivo de comprar o carro o fez ter bom senso. A sua meta e o mundo interior foram mais fortes que a Motivação de continuar no jogo.

Esses exemplos mostram a importância de se definir a fonte da Motivação e nossa participação na Realidade Objetiva, que nem sempre está de acordo com os nossos objetivos.

2º Stop

Stop!

Existe comunicação entre o meu mundo
interior e a realidade objetiva?

A minha informação é importante
para o sistema?

Alguém me dá ouvidos?

Sou capaz de repetir o que prometi hoje?

A comunicação é uma parte muito importante na convivência entre o homem e o seu ambiente. É um meio habitual de relacionamento dentro e fora do Sistema.

Muitas vezes, não prestamos atenção ao que falamos nem ao modo como expressamos as nossas idéias; não é fácil lembrarmo-nos de nossas promessas. Quem registrou o conteúdo da conversa passa a esperar algo de nós, mas já não nos lembramos mais do que dissemos.

Criamos um conflito totalmente desnecessário. O Sistema dificilmente perdoa alguém que interrompe o movimento. E é exatamente o que acontece com as falhas na comunicação.

Exercício: *Feche os olhos e pense nos últimos 2 ou 3 dias (ou no dia de ontem).*

- *Lembre-se de algo que prometeram a você e não cumpriram.*
- *Lembre-se de algo que você prometeu a alguém nesse mesmo período e não cumpriu.*

Geralmente, lembramos com mais facilidade daquilo que nos prometeram do que daquilo que nós prometemos. Somos todos "educados" e "gentis" e não dizemos *"não"* às solicitações. Prometemos na hora do cafezinho, em determinado lugar, e nos esquecemos disso quando mergulhamos no corre-corre da nossa sala de trabalho. Convidamos socialmente — *"Apareça lá em casa!"*, mas sabemos que não é para a pessoa aparecer. Pode tratar-se de "etiqueta" ou de usos e costumes, mas torna-se algo sério quando se tem uma cultura em que as pessoas passam o tempo todo prometendo as coisas e essa promessa não vale nada, eternamente mentindo.

Quanto mais complexa a Realidade, maior a necessidade de cumprir com a palavra dada. Quanto mais pessoas estiverem sob o nosso comando, mais importante será o compromisso.

Sabemos da importância da comunicação no caso da 2ª Rede. Qualquer Inovação (Força Interior) permite que as pessoas tenham certa cumplicidade no intuito de trazer algo novo para nossa vida. Sem o movimento do compromisso de fazer algo — trata-se, normalmente, de escrever, planejar ou assinar — a 2ª Rede não funciona. Porém, em muitos casos, ficamos com vergonha ou preguiça de cobrar, e interrompemos o movimento. Cumprir o que foi acordado entre as pessoas só é possível se se registrar mentalmente o conteúdo da promessa.

As outras Redes também sofrem com os problemas de comunicação, porém elas não são a sua base de movimento. O diálogo é substituído pela ordem; e, se a pessoa não a obedecer, perde o emprego (1ª Rede).

Para facilitar a tarefa de comunicação, introduzimos três fatores por meio dos quais detectamos falhas na qualidade de nosso discurso. Quando um dos fatores está presente, falta atenção e não ocorre nenhum registro mental especial referente ao determinado Sistema.

A Realidade Objetiva é externa a nós; e a percepção que temos dessa Realidade é mental. Interagimos com esse Sistema e mantemos vários registros sobre o tema em nossa mente. Porém, há uma regra principal para se manter a boa qualidade da relação entre o Sistema e a pessoa: ao se fazer parte de qualquer Sistema, deve-se pensar apenas no seu conteúdo e nas suas necessidades. Quando isso não acontece, ocorrem falhas e dificuldades de relacionamento. Devemos estar sempre atentos ao fato de estarmos permanentemente ligados a um Sistema que depende da nossa mente e que pode parar e até morrer por falta das palavras adequadas.

O que penso e falo tem que ver com o Sistema do qual participo? Houve algum movimento no sentido de passar do Pensamento à Ação? Quando conseguimos isso, o Sistema agradece com bastante generosidade.

Quando o nosso "olho mental" não acompanha e não compreende os acontecimentos do mundo real, isso se reflete em nossa linguagem.

Quando acompanhamos os acontecimentos pertinentes ao Sistema do qual participamos, falamos tranqüilamente e sempre sobre o tema que interessa aos participantes do local. Quando há falta de ligação com o Sistema, há uma mudança na qualidade da conversa e passamos a falar sobre nós mesmos; o que vamos fazer, o que estamos sentindo, o que estamos pensando, se sorrimos ou se choramos. A fala se contamina com assuntos que não têm nada que ver com a Realidade Objetiva; também corremos riscos por não estarmos em sintonia com as outras pessoas.

São três os sintomas dessa falta de sintonia: a *Mentira*, o *Falar em Demasia* e o *Falar com Emoção Acumulada*, que analisaremos a seguir.

A Mentira

A Mentira é o maior e o mais terrível sintoma de falta de conexão. Ela advém de um sério problema que temos, qual seja o de termos vontade de mudar mas sermos incapazes de fazer isso ou não nos ser possível. A Mentira é fácil de ser identificada, pois sempre há um "querer fazer" e um "não conseguir fazer", por não percebermos o que está acontecendo.

Nós vivemos na Mentira. Existe a Mentira por interesse ou por querer ocultar a verdade. Esta última também é nociva, pois nos tira da Realidade. Há também os problemas que insistimos em "protelar", acreditando que os resolveremos futuramente. Porém, a pior Mentira é acreditarmos em tudo que falamos, achando que tudo é possível, sem consultar o Sistema quanto à sua viabilidade.

Conforme P. D. Ouspensky,
"Não podemos conhecer a verdade, mas podemos fingir conhecê-la. E mentir é isso. A mentira preenche toda a nossa vida. As pessoas fingem saber tudo sobre Deus,

sobre a vida futura, o universo, as origens do homem, a evolução, sobre todas as coisas, mas, na realidade, não sabem nada, nem mesmo sobre si mesmas. E, cada vez que falam de algo que não conhecem como se o conhecessem, elas mentem."[1]

Quando prometemos algo e não cumprimos, estamos mentindo. Por que não fizemos? Porque o Sistema atual nada sabe sobre a nossa promessa anterior; no dia seguinte, nem lembramos mais do conteúdo da conversa. Esse esquecer significa que não tivemos energia para cumprir o que queríamos. Tanto que, quando uma pessoa começa a perceber a própria Mentira, encontra diversos culpados reais ou irreais para se acalmar – a culpa sempre "é dos outros"; mas, na maioria dos casos, ela não percebe; ela não se lembra de tudo o que fala.

A Mentira normalmente não leva a lugar algum, e a realização é impossível, exatamente por não conseguir suprir o Sistema onde a pessoa se encontra. Não é à toa que se diz que *a mentira tem pernas curtas*. O Sistema é implacável e reage imediatamente, pois identifica a Mentira como um inimigo que suga a vitalidade da organização. A pessoa é afastada, pois torna o próprio Sistema doente; a incompetência é doença para a organização.

Cada ser humano é falível e pode se esquecer do prometido. Não há necessidade de Mentir. Diga simplesmente: *"Desculpe-me, eu esqueci; o que foi mesmo que eu prometi?"*

Ouspensky[2] dizia que, na maioria dos casos, as pessoas pensam dizer a verdade, entretanto, o ser humano mente de tal modo a si mesmo e aos outros e tão constantemente, que não percebe mais isso. Ele acredita que o fato de haver tanta discórdia e mal-entendidos e tanto ódio às opiniões alheias se deve à nossa incapacidade para compreendermo-nos uns aos outros. Não podemos nos compreender porque não conseguimos deixar de Mentir, ou, como diríamos, não conseguimos nos lembrar da palavra dada. Dizer a verdade não é fácil, pois o desejo, apenas, não basta.

O grande problema da Mentira é a criação de uma Realidade inexistente. As idéias permanecem como sonhos, porém sem nunca se realizar, devido à impossibilidade de criar uma alternativa real para a realização. Quando a mente está "deslocada", podemos "viajar" de várias formas, isto é, ter várias possibilidades de Mentira. Não podemos confundir esses sonhos com as "viagens" criativas! A diferença está exatamente no movimento dentro da Realidade.

Promessa subentendida
não cria Realidade!
faltam-lhe ação e motivação.

---

1. Ouspensky, P. D. *Psicologia da evolução possível ao homem.* São Paulo, Pensamento, 1991, p. 29.

2. Ouspensky, P. D. *Fragmentos de um ensinamento desconhecido. Em busca do milagroso.* São Paulo, Pensamento, 1988.

Respeitar a palavra dada na organização é muito importante para o bem-estar e a harmonia em cada área técnica ou unidades de trabalho e entre elas. Há mais agilidade, sem mágoas nem rancores. Não adianta mostrar-se "educado" quando pegar alguém mentindo. O estrago para o Sistema e para a própria pessoa que está mentindo é enorme. A verdade baseada na percepção da Realidade é um dos principais fatores de possibilidade de mudança. Não podemos esquecer disso.

Falar em Demasia

Quando não conseguimos nos expressar devidamente, começamos a falar sobre várias coisas que nos interessam, sem que o outro assimile o que dizemos. Perde-se muito tempo com "tagarelice", sendo que uma delas é a externa, mas também existe o Falar em Demasia interno.

O Falar em Demasia sobre assuntos que não têm nada que ver com o local significa perda de contato com a Realidade Objetiva. O interlocutor não nos compreende e literalmente "vai embora", ou, devido às suas boas maneiras, fica olhando para nós, desatento e sem assimilar nada. Podemos ficar convencidos de que houve troca sem ter havido, porque não percebemos qual é a resposta do interlocutor.

Falar em Demasia é sinônimo de não fazer nada e de perder tempo e energia em seu local de trabalho. O Falar em Demasia interiormente é ainda pior. Nesse caso, o discurso torna-se totalmente imaginário, sem nenhuma possibilidade de se testar os resultados. Novamente, isso atrapalha, pois não se realiza nada, porque se está mentindo a si próprio.

Muitas vezes, também Falamos em Demasia para disfarçar a nossa incompetência. Além disso, perdemos tempo e disciplina no trabalho. O interessante é que não nos lembramos de 90% do que dissemos durante o dia. Em função dessa perda de tempo, a nossa produtividade é extremamente baixa. Assim, o Sistema toma suas providências e nos expulsa.

Quantas vezes falamos sozinhos sem envolver o outro na conversa? E o que é pior, sobre assuntos que não têm nada que ver com o tema, nem com o local! Sem falar da enorme perda de tempo ao telefone ou nas reuniões! Nenhuma solução objetiva é tomada e a reunião é transferida para outro dia, à "espera de Godot".

A Fala Emocional

Quando não expressamos as nossas emoções, por razões culturais ou porque não sabemos como fazer isso, nós as mantemos no nosso mundo interior. E, normalmente, elas são emoções negativas.

Emoções como tristeza, cólera, medo, raiva, ira, vingança ou decepção, quando reprimidas, estão sempre à espera de uma oportunidade para virem à tona. Ao saírem de seu lugar de origem, ocupam a conversa, inclusive sem o nosso conhecimento. A sua expressão acontece quando menos esperamos. O assunto pode ser absolutamente insignificante, mas a nossa expressão, arrasadora. Xingamos, gritamos, nos exaltamos ou falamos com grande tristeza. As palavras expressam com violência as emoções negativas. E o que é mais importante, nada disso se justifica com relação à situação real.

Exemplo: *Falo com desprezo e raiva:*
"O culpado é o governo. Todos são ladrões. Uma vez cobraram uma multa injustamente; não consegui provar nada. Eles só querem mais dinheiro."
Mas o assunto é uma entrevista com o Ministro. O resultado, nem é preciso descrever.

A pessoa expressa, juntamente com as palavras, tudo o que não conseguiu realizar, tudo o que deixou de acontecer. Portanto, sempre que começa a haver expressão de emoção negativa na fala, dá-se a poluição do discurso. Às vezes também começamos a fazer gestos, a bater.

Quando a nossa comunicação é inadequada com relação à Realidade, ninguém nos compreende; perdemos o contato com o mundo. E tem mais: passamos uma péssima impressão sobre nós mesmos.

É importante sempre dialogar com os três elementos da Realidade: onde estamos, o que está acontecendo e o que estamos sentindo — nesse caso, seremos sempre uma pessoa interessante, uma pessoa que está dentro e não fora de uma Realidade, e sempre saberemos fazer bom uso do que está acontecendo.

Se falarmos pouco, ou não falarmos, também é ruim pois não chegamos a fazer parte da Realidade. Se falarmos e xingamos, "dançamos", porque novamente, em vez de fazer, estamos falando. Se começamos a falar, explicando um monte de coisas, "dançamos", porque ninguém pediu essa explicação. Se começamos a prometer, mais uma vez "dançamos", pois não cumpriremos o prometido. Na primeira vez, as pessoas até acreditam, mas, na segunda ou na terceira, não acreditam mais. E novamente não conseguimos nos inserir na Realidade.

É importante ouvirmos o que estamos falando, porque toda vez que começamos a xingar alguém, ou exigir dele o impossível, isso irrita a outra pessoa, já que não traz possibilidades de um efetivo avanço no diálogo.

A seguir, mostraremos alguns exemplos de falta de comunicação entre o mundo interior e a Realidade Objetiva.

Relato de Lúcia

Durante uma reunião em família, entre conversas e "ti-ti-ti", falei para minha mãe:
"Vamos viajar um dia?"
"Vamos", ela respondeu.
"Então vamos", eu disse.
Fiquei com isso na cabeça e, na semana seguinte, organizei toda a viagem: o lugar, porque sabia para onde ela gostaria de viajar, providenciei as passagens, re-

servei o hotel, etc.; liguei para ela e disse:
"Mãe, no dia tal nós vamos."
"Mas quem disse que eu vou?", ela retrucou.
"Mas você falou que ia!", redargüi.
"Falei que um dia iria com você", ela respondeu.
E ela não foi; desmarquei tudo, muito brava, mas reconhecendo que fizera tudo por minha conta. E foi tudo por amor, de mão beijada e tudo.

Trata-se de uma conversa que Lúcia levou a sério, partindo para a ação, acertando todos os detalhes; só que a sua mãe nem estava sabendo. O tempo todo ela estava decidindo e agindo, certa de que a mãe concordaria. Não negou, não mentiu, não falou demais – não foi nenhum dos fatores anteriormente descritos. Porém, Lúcia estava criando uma Realidade para as duas, sem se comunicar com a mãe. Ou seja, esqueceu-se de consultar a pessoa interessada, que nem mesmo tinha conhecimento do que se passava.

A tendência é, ao começar a ouvir a história de Lúcia, dizermos: *"Pobrezinha da Lúcia, como é que a família não a entendeu!"* Só que ela não tem nada de pobrezinha. Ainda com base nesta história, alguém pode virar para a mãe dela, quando a encontrar, e dizer: *"Como é que você fez isso com a Lúcia?"*

Isso acontece muitas vezes, quando nos metemos em assuntos alheios. Se nos intrometermos dessa maneira na conversa, a tagarelice tomará conta e ainda ficaremos com raiva da mãe de Lúcia e com pena desta, principalmente se já tivermos passado por uma experiência semelhante. A capacidade de Observação da Realidade evita conclusões precipitadas e mágoas desnecessárias.

Relato de Odete

A minha filha Ivete comentou:
"No inverno, vou viajar; a senhora quer ir comigo?"
"Se correr tudo bem, eu vou, porque estou louca para ir a Portugal."
E eu contando para os outros que iria a Portugal com Ivete. E quando o fim de ano foi se aproximando, comentei com ela:
"Nós vamos a Portugal?"
"Ih, mãe, tenho uma coisa pra falar para a senhora; sabe que não consegui hotel? O que consegui dá apenas para duas ou três pessoas, não tem lugar para a senhora."
Eu pensei: "Para as outras pessoas teve lugar, mas para mim não!"

Se Ivete contar a história, tomaremos as suas dores e nem mesmo daremos atenção à mãe. Se esta contar, não quereremos saber de Ivete. Porém, percebemos onde estamos, entendemos como cada uma das pessoas é e como "o circo" foi montado.

Novamente, estamos falando da 2ª Rede, em que a comunicação é extremamente importante. Se Odete e Ivete estivessem sempre se comunicando, conversando, falando, uma não teria se esquecido da outra. Uma coisa é a Realidade que já aconteceu; a outra é a que ainda não aconteceu e está na conversa, quando a comunicação é fundamental.

Observação: Qualquer um dos fatores de incompatibilidade entre os dois mundos elimina a capacidade de retratar o fato. Podemos dizer que há apenas 5% de Realidade, 95% simplesmente não refletindo o fato.

3º Stop

Stop!

A minha função é importante e percebida pelo Sistema?

Estou fazendo algo útil?

Eu me sobressaio no Sistema?

Dentro do Processo de trabalho há hierarquia, chefes e subordinados, embora todos labutem para chegar ao mesmo Produto Final. Cada funcionário tem a sua função e tenta cumpri-la da melhor maneira possível.

Quando queremos saber se somos úteis ao Sistema, há a necessidade de saber qual o lugar da função que desempenhamos no Sistema. Este não percebe a pessoa, mas a função desempenhada por ela dentro do Processo.

Uma função faz parte do Processo Funcional, de um Ciclo ou da interligação entre os Ciclos. Um funcionário mantém a sua função em movimento; para o Processo Funcional não existe nada mais importante.

É impossível fazer algo sozinho nesse Processo. Sempre temos mais de uma pessoa trabalhando ou diversos instrumentos, incluindo matéria-prima específica. Muitas vezes, um funcionário trabalha muito bem, mas com equipamento ultrapassado. Assim que termina a necessidade dessa função (o equipamento é trocado), o funcionário é despedido.

Essa problemática se torna cada vez mais complexa e sem solução aparente. É possível fazermos algo a fim de mostrar a nossa importância fora da função no Processo Funcional? Trata-se da necessidade de se observar a participação da função no Processo Funcional.

Podemos citar três tipos de Observação que podem ajudar a manter viva a função dentro do Sistema.

- Conhecer bem quem é o responsável pelo fornecimento do material necessário para o trabalho e saber quem utiliza o Produto elaborado pela função.

- Entender o movimento do Ciclo e o seu caráter funcional na elaboração do Protótipo e do Produto; encaixar a sua função no movimento do Ciclo.
- Perceber claramente o movimento do Processo Funcional em seu Sistema de ação; conhecer o seu Produto Final e como se dá o Retorno.

Ao conhecer esses movimentos é possível acelerar a atuação da função, aumentar o campo de sua atuação, "engolindo outras funções no caminho", e saber influenciar e ampliar a atuação do Produto do seu Processo Funcional.

Podemos citar diversos exemplos para se compreender mais a função. Porém, o fundamental é compreender o papel do funcionário dentro do Processo Funcional. A pessoa não existe para esse Processo. É uma ilusão achar que o Processo se tornará mais humano e menos explorador. Depende do funcionário vestir a camisa da função que desempenha e ir à luta; primeiramente, sabendo em que consiste o movimento de entrada e saída existente em cada função. Quando descobre quem é o responsável pelo fornecimento do material para o trabalho, ele pode ir atrás, para tornar essa ligação mais ágil. Podemos falar o mesmo quanto à entrega do Produto da sua função. Deve-se saber a quem serve o que é produzido e entregar no menor prazo possível; saber se o Produto foi recebido também é importante.

Por outro lado, conhecendo o Ciclo, o funcionário o põe em funcionamento através da atração e da devoração energética das funções ociosas. De repente, uma função torna-se impossível sem uma outra; e a solução natural é a junção de ambas, sempre sob o comando da função exercida pelo funcionário mais ativo.

Nenhuma função desaparece de um dia para outro. Os indícios do fim surgem antes, e é possível percebê-los. Tornar a função mais ágil e importante depende da ação do funcionário.

O mesmo se dá no Processo. Saber para que serve o Processo Funcional de um setor e ampliar a sua utilização também depende do funcionário.

No Processo, tudo é baseado nas ações de causa e efeito, bastante previsíveis. Quando um movimento é acelerado ou desacelerado, obrigatoriamente haverá uma reação, favorável ou não ao funcionário.

Muitas vezes, por mais que você cuide da sua função e a trabalhe, ela continua inútil; você não consegue mudar o seu destino.

Suponhamos que somos catadores de lata. O fato de entregar as latas limpas ou sujas não faz diferença para o destino do Produto: a lata será esmagada e utilizada do mesmo jeito. Porém, almejar a perfeição só diminui a sua capacidade de juntar as latas e aumenta o tempo que você levará para entregá-las no posto de recolhimento.

O fato de cuidar muito bem da máquina de escrever não mudará o seu destino. Quem não perceber a necessidade de trocar a máquina por um computador, desacelerará o movimento e ficará para trás. Podemos dizer o mesmo de qualquer das funções que achamos ser eterna. Depende de nós torná-la importante, mantendo-a sempre em movimento.

Se você está trabalhando num lugar, tente observar a parte complementar daquilo que faz. Se estiver trabalhando na parte administrativa, que criatividade está sendo administrada? Se estiver trabalhando na parte técnica, como isso está sendo administrado? De onde vêm e para onde vão as informações? O que o outro setor faz com as informações e os Produtos que você elabora e repassa? Estamos falando agora da percepção do movimento dentro dos Ciclos de Processos e, principalmente, de um Ciclo para outro. Como está a parte referente à tecnologia? O que produz o Sistema no qual você está e como isso se insere num outro Sistema mais amplo?

> Exemplo: *Deborah era uma mocinha que, mesmo quando ainda era menor de idade, entrava nas organizações e fazia o seu "serviço", mas estava sempre de "antena ligada". Quando o chefe ou algum colega faltava e o pessoal ficava todo perdido, ela aparecia: "Posso ajudar?", perguntava. Ela já sabia como o conjunto funcionava e sempre estava no lugar certo na hora certa.*

No Sistema, as Redes têm uma característica impressionante: não existe a figura do chefe. Todos são iguais. Não há cargos nem hierarquia, mas movimento. Existem duas possibilidades: ou você se faz notar dentro do Sistema e é "igual", ou é invisível e nem aparece, seja você diretor ou faxineiro. Quando você não é notado, simplesmente pode ser dispensado ou substituído. Nesse caso, você é apenas um profissional preenchendo uma função. Quando você se faz notar, é alguem muito importante no Sistema e ele nunca irá dispensá-lo, a não ser que você mesmo queira sair. E quando aparece? Quando se faz notar nos outros Processos: de Motivação e Mental? Neste caso desaparece a dependência da função e a pessoa começa a ser útil ao Sistema, pois é igual a ele.

No Sistema, qualquer Processo tem a mesma importância. A pessoa torna-se indispensável, desde que realmente consiga mostrar que faz parte dele. Dentro do Sistema, a questão não está só no cargo, mas na sua participação. Para quem não tem essa participação e almeja um cargo, o Sistema diz: *"Eu quero um profissional sistêmico! Quero a sua motivação! Quero a sua comunicação!"* Se você está fazendo, está motivado e está se comunicando, tem participação sistêmica e se torna insubstituível.

Lembre-se de que, para o Sistema, o fundamental é a sobrevivência do coletivo, do qual os funcionários simplesmente fazem parte; o Sistema não dá nenhuma importância para o ser humano como indivíduo, a não ser àqueles cuja presença "faz diferença".

À medida que a pessoa consegue fazer algo, gostar daquilo que faz e criar mais, vai-se fazendo notar no Sistema. Com isso, consegue participar das múltiplas atividades, que vão além daquilo que a função exige. Esse tipo de funcionário é indispensável para a Instituição e devemos segurá-lo "com unhas e dentes", pois criam funções para si e ampliam a atuação do próprio Sistema.

A consciência da igualdade e a capacidade de se fazer notar no Sistema só ocorre quando você faz algo bem-feito, sabe a origem daquilo que você faz, isto é, quem é o responsável pelo que você recebe, e para onde vai o que você produz, sem perder o fio da meada. Estando motivado e sendo criativo com relação à organização, não há como não se fazer notar. Você começa a ser conhecido por muita gente, independentemente de você ser ou não o diretor. Dentro do Sistema, muitos diretores são menos conhecidos do que funcionários ativos.

A igualdade não é imposta por decreto. A igualdade, no Sistema, diz respeito à contribuição energética em forma de vitalidade. Se você *"fica na sua"*, *"não se mete"*, ou alguém lhe diz *"encontre o seu lugar"*, faça um *Stop* e pergunte a si mesmo: *"Qual a Realidade Sistêmica? Sou útil ao Sistema? Movimento a minha função?"* Observe se você não estava sendo intolerante, se, como chefe, não estava valorizando seus funcionários ou vice-versa. Um certo ascensorista alegre, conversador, pode ser muito mais conhecido, notado, indispensável e diferente do que um que aperte os botões com eficiência. Porém, se a sua função for extinta, ele será demitido se não estiver preparado para a nova função. Igualdade quer dizer ser indispensável ao Sistema, e isso depende do grau de participação.

Resumindo o 3º *Stop*:

- O meu 1º passo é conhecer o que está mais próximo da minha atividade. Se ela diz respeito à produção, então examino todas as suas implicações – conhecer os dois lados, Criativo e Produtivo, do Ciclo em que trabalho.
- O 2º passo é conhecer os dois extremos com relação ao que faço: de onde vem e para onde vai o que eu produzo – conhecer os Ciclos anterior e o posterior ao do meu trabalho.
- O 3º passo é saber dentro de qual Sistema existe esse Processo. Estamos falando da incrível possibilidade de sempre caminhar dentro do Sistema, bastando apenas aumentar a observação – percebendo os encaixes dos diferentes Processos.

4º Stop

Stop!
Até onde vai a nossa independência
com relação ao Sistema?

Afinal, a nossa vida só é possível
enquanto fizermos parte de algum
Sistema?

Ao analisarmos o nosso dia-a-dia, percebemos que, normalmente, tudo o que fazemos, incluindo o nosso tempo, é movido pelo mundo exterior – pelo consumismo, pelo modismo, pelo horário do comércio, pelo calendário escolar, pelo horário do trabalho, da condução, e assim por diante, e não pelo que verdadeiramente queremos. Toda a rotina é estabelecida por exigência de algo ou alguém, dificilmente da nossa própria pessoa. Mesmo quando estamos com fome, não comemos porque "não está no horário de comer", determinado exteriormente.

Exercício: *Quanto tempo você reserva diariamente para si mesmo, sem levar em conta o tempo gasto com higiene pessoal e refeições?*

A sociedade e os grupos em geral, incluindo a família, os amigos, a organização, etc., sempre nos querem a serviço deles. Ou vice-versa: queremos os outros a nosso serviço. Ficamos no corre-corre a fim de satisfazer os vários Sistemas em que estamos inseridos. Não estamos acostumados a dispensar um tempo para nós mesmos, sem tevê, filhos, cônjuges. Muitas vezes, acabamos indo à academia de ginástica porque, afinal, já pagamos.

Há momentos raros em nossa vida em que entramos de férias ou toda a família viaja e de repente ficamos sozinhos em casa. Nesses momentos, nós entramos em parafuso: *"E agora? O que faço agora?"* Ficamos perdidos. E então, onde estamos nós como seres humanos? Quando o mundo exterior não diz nada, ficamos dormindo, comendo o dia todo ou em frente à tevê porque não há nenhuma regra interior, pessoal.

Hoje em dia, as organizações estão começando a dar muita atenção ao tempo ocioso, promovendo-o. Algumas pessoas têm muita energia, o suficiente para fazer algo para si mesmas. Essa energia faz com que elas criem Metas, objetivos, e os persigam até realizá-los.

No entanto, a possibilidade do ócio criativo é uma ilusão para indivíduos que não têm o menor controle, nem disciplina, sobre o "seu" tempo. E essa é a verdade para a grande maioria das pessoas, para não dizer para a totalidade, com raras exceções.

Novamente, o tempo ocioso é totalmente tomado. Entra-se na Internet, vai-se ao cinema, assiste-se à tevê. Fazemos várias coisas, achando que estamos fazendo algo criativo por nós mesmos, mas, na realidade, continuamos trabalhando para o Sistema. O Sistema toma conta de tudo o que se refere à diversão; novamente, o nosso tempo é regulado.

Cada vez que entramos na Internet, assistimos à tevê, fazemos algo e achamos que isso é para nós mesmos, a nossa motivação alimenta o Sistema; e o que é que temos a ver com isso? Não fazemos isso sozinhos, por motivação interior, mas porque alguém está motivado, dirigindo-nos. É a famosa motivação exterior da qual já falamos. Quando fazemos algo por nós mesmos, conseguimos desenvolver e tornar real a nossa motivação interior, antepondo-a à motivação exterior.

Estamos falando da certeza de que existimos. Estamos falando de criar algo sem nenhuma pressão, pelo simples prazer de estarmos sozinhos com nós mesmos, num momento nosso, quando nos motivamos, fazendo ginástica, caminhando, escrevendo, cantando, meditando, nada por obrigação; e fazendo com que isso se torne parte de nossa rotina diária.

É preciso criar o hábito de reservar um tempo para você mesmo, uma rotina própria, regras que interessem só a você, uma atividade que você inventou. As regras o ajudam a, primeiramente, saber dar ordens a si próprio, e, em segundo lugar, a equacionar as reações do seu corpo quanto às suas atividades externas; aprender a estar bem com você mesmo; fortalecer a sua mente, a capacidade psicológica de ser dono de si próprio; adquirir força pessoal para que nada o derrube, nem mesmo a perda do emprego; tornar-se forte e respeitado por qualquer Sistema.

O nosso tempo diário pode ser distribuído em 4 categorias:

- Sono — 8 horas.
- Atividades profissionais remuneradas — 8 horas dispensadas ao trabalho.
- Atividades não-remuneradas, como cuidar da casa e da família; algum tipo de lazer que nos interesse e enriqueça alguém financeiramente, aquilo com que você se diverte, mas gasta dinheiro, como ver tevê, ir ao cinema, ao restaurante, ler — 5 horas.
- O que é mais difícil: atividades em que você está apenas consigo mesmo e que interessem só a você, nunca por obrigação — 3 horas.

É claro que essa divisão é aproximada, mas ela não pode ser eliminada. A quarta categoria pode ser diminuída, mas não desprezada.

Você é a pessoa mais importante para você mesmo. Isso não é egoísmo. É o despertar sistêmico com relação a você próprio. Quando isso acontece, quando realmente reserva algum tempo para si, você começa a entender a importância de respeitar a si mesmo e ao outro. A partir daí, temos o que transmitir para os outros; antes disso é hipocrisia. Se você não gosta de si mesmo, o que transmite ao outro é um gostar irreal.

Quando começar a gradualmente determinar que certo horário é reservado para você, irá perceber como, a todo momento, o mundo exterior invade esse tempo que você entende ser o mais importante. E você faz concessões, não tendo coragem de manter o seu horário. *"Afinal, o que os outros diriam?"* Cada vez que você toma uma decisão que diga respeito apenas a você, o mundo interfere novamente.

Estabeleça um horário, mas o mais importante é mantê-lo diariamente. Às vezes as pessoas consideram a rotina como uma coisa negativa; mas é ela que mantém o mundo organizado. A rotina está ligada ao tempo. Se você conseguir ser dono do seu próprio tempo, será dono de sua rotina e, conseqüentemente, será dono de você mesmo.

Essa prática não é necessariamente extensa no começo: 20 minutos ou 1 hora por dia já é uma rotina quando repetida.

Para formular qualquer coisa repetitiva na sua vida, lembre-se da 3ª Rede, criada para manter o que já foi feito. A ordem é obedecer, não mudar. Quando essa rotina se tornar uma lei para você, então você a fará, gostará e conseguirá o respeito das outras Redes.

Este *Stop* tem a função de criar a força de vontade comandada por nós. Esse tesouro é incalculável e permite a formação de Criadores de novas Realidades.

Exercício para achar tempo para a rotina

Além de revelar o uso que fazemos do nosso tempo, ajuda-nos a desenvolver a capacidade para observar a nós mesmos.

Faça um mapa, tomando nota diariamente:

- *Quanto tempo você fica sozinho?*
- *O que você faz enquanto está sozinho?*
- *O que você faz, você faz sempre (é rotina)?*
- *Você tem energia para fazer isso sempre?*

5º Stop

Stop!

O que eu criei hoje?

É possível usar o que eu aprendi hoje na criação de uma nova Realidade?

Este Princípio trata da compreensão de que, estando-se num Sistema, consegue-se dele muito mais do que apenas dinheiro. Dentro de uma organização, onde haja possibilidade tanto de comunicação como de aprendizagem, é muito pouco pensar apenas em conseguir dinheiro. Se a organização não lhe paga como você gostaria de receber, é uma coisa; mas quando você não consegue nada além do dinheiro, é hora de ir-se embora.

Aprendemos algo diariamente. Estando motivados, temos condições de repetir e criar a partir do aprendizado, onde quer que estejamos. Se em algum lugar não se aprende absolutamente nada, é perda de tempo permanecer ali.

A aprendizagem é válida quando permite à pessoa tornar-se Criadora de uma nova Realidade. O que é importante para isso? Em primeiro lugar, praticar a Força de Vontade, pois ela traz disciplina, perseverança, fé em si próprio e a curiosidade de aprender, juntamente com a disposição de arriscar os seus recursos na criação de um Sistema, mesmo que provisório.

"Conhecer" é o lado criativo que pode dar início a uma nova Realidade. "Praticar" e arriscar são a ação. Esperança é também a "Motivação". Quando queremos Criadores na organização, estamos falando de funcionários capazes de unir os dois Sistemas: o da organização e o seu próprio. Com isso, enriquecemos tanto o Sistema da organização quanto o nosso próprio Sistema como indivíduos.

Em vez de perguntar *"O que eu fiz hoje?"*, pergunte *"O que eu criei hoje?"* O Criador não faz tudo num dia. Tendo a Meta, os Recursos são acumulados diariamente: dinheiro, experiência e conhecimento. Se uma pessoa, além de motivada, tiver essas características, será uma pessoa rica, com coragem para ir ao chefe e pedir mais dinheiro. Se não puder dar dinheiro, ele dará outras vantagens, também enriquecedoras.

O comodismo traz a apatia que é o fim da carreira profissional do funcionário na organização. Se ele não se interessa e não se mexe, está se excluindo da organização. O profissional cresce quando, além da necessidade de servir ao Sistema, também é desenvolvida a sua Meta, inclusive dentro da organização. Quando não houver resposta à pergunta *"O que eu criei hoje?"*, o melhor é deixar a organização. Cada companhia quer que você cumpra bem a sua função, podendo tentar motivá-lo sempre para coisas novas; porém, ir além só depende de você.

O que pode criar um funcionário que veio trabalhar servindo café, e está se desempenhando muito bem nessa função? Quando tem uma Meta pessoal de crescimento profissional, ele pode criar. Ele sempre quererá aprender coisas novas, desde que os resultados possam estar ligados às possibilidades de realização.

Muitos funcionários saem de uma organização depois de décadas de serviços prestados e se perguntam: *"O que foi que aprendi mesmo nessa organização?"* Os resultados dependem da capacidade de aplicação. Se não conseguiram aplicar, isto é, não conseguiram criar uma nova Realidade, não aprenderam nada. Foram movidos pelo mundo exterior e deixaram de aprender, pois não tinham nenhuma Meta pessoal. Muitas vezes, a organização obriga os funcionários a fazerem cada vez mais cursos. Podem até ter saído muito empolgados, mas se, ao voltar ao trabalho, não puseram em prática o que lhes foi ensinado, não aprenderam; porque ficou faltando a ação, ligada à sua Meta pessoal, e a disposição de criar a Realidade. Podem até ter começado a aplicar, mas a iniciativa pode ter sido frustrada e vencida pela rotina das atividades existentes.

Há muitos funcionários que buscam cursos apenas para fugir do trabalho; portanto, fazem o curso sem nenhuma Meta pessoal criativa.

"Você está fazendo uso do que, hoje, para realizar o seu trabalho?" "O que você criou hoje no seu trabalho?" Nunca se acomode, e pergunte a si mesmo o que vo-

cê criou hoje ou o que foi criado. Se você mantiver a curiosidade com relação ao seu trabalho, você nunca terá surpresas desagradáveis. Pergunte a si mesmo *"O que criei hoje?"* em vez de *"O que fiz hoje?"*

Ao final do dia,
quais detalhes você acrescentou
ao que tinha visto ontem?

Procure sempre criar, mesmo que tenha tecnologia sofisticada disponível. Esteja sempre acima da tecnologia. Existe muita coisa com respeito à tecnologia que, em vez de nos deixar ativos, simplesmente nos faz relaxar, tornando-nos preguiçosos, e passamos a usá-la para realizar as mesmas coisas que fazíamos antes.

Quando tentamos fazer várias coisas ao mesmo tempo, sem dúvida nenhuma nos esforçamos em excesso e nos desgastamos. Isso nos faz enfraquecer e ficar doentes, pois não temos Motivação para tanto; continuamos movidos exteriormente pelo Sistema.

Podemos utilizar os 5 *Stops* como prática de todos dentro da organização: falamos dos princípios que proporcionam união e, por outro lado, do desenvolvimento de todos os integrantes da organização.

As organizações demonstram, atualmente, grande preocupação com a velocidade cada vez maior das mudanças na sociedade. A nossa vida está bem diferente de há dez anos, principalmente no que se refere ao ritmo com que as inovações tecnológicas são introduzidas. Hoje, a competição não se dá entre as pessoas, mas entre as pessoas e a tecnologia. A cada dia aparecem aparelhos cada vez mais complexos. Estamos mais envolvidos num número maior de atividades. Em conseqüência, há a necessidade de nos adaptarmos às coisas novas e de trabalharmos em conjunto, pois é cada vez mais difícil dominar totalmente uma atividade, uma função ou uma área de conhecimento.

Nesse contexto, os 5 *Stops* podem ser compartilhados por cada funcionário como um código de ética/moral/conceitual de comportamento dentro da organização, mas também em casa, na vida, em qualquer lugar, e que possibilite uma compreensão comum. Cada um de nós sabe, por experiência própria, como isso tem sido difícil, por mais que a comunicação esteja valorizada.

Usualmente, esses princípios já existem para várias pessoas, individualmente, porém não são aceitos por todos. O sucesso no desenvolvimento sistêmico consiste na adoção de alguns princípios de comportamento e relacionamento.

Com isso encerramos a explanação sobre a aplicação prática do Modelo Sistêmico.

Conclusão – Realidade de Mudança

As mudanças pessoais são viáveis só quando existe interesse em extrapolar a função exercida, por mais graduada que ela seja. Estamos falando de uma atitude de dono em relação ao local de trabalho: um posicionamento que permite motivação e responsabilidade individual, bem como coragem de assumir as decisões que podem até mesmo comprometer o seu futuro. O dono atua como um *empreendedor* que sabe manter a esperança nos planos traçados. A sua relação com a organização não está baseada na obrigação de trabalhar dentro das regras estabelecidas, mas na capacidade de enfrentar o Sistema organizado, com a independência de um criador.

O fato de se manter nessa atitude firme de certeza permite grandes mudanças tanto pessoais quanto na sua posição dentro da própria organização. É o *Caminho Evolutivo* que consiste basicamente em:

- Manutenção da meta pessoal lado a lado com as necessidades da organização, nos diversos estágios de seu funcionamento.
- A capacidade de mudança pessoal através da ampliação da consciência.
- A influência pessoal como fator de mudanças dentro da organização.

A diferença entre o dono do local de trabalho e um simples funcionário está na intensidade da relação com a organização, justamente pelo fato do dono ser um empreendedor. O desempenho da função requer atitude profissional; a posição de dono traz qualidade energética diferenciada que lhe permite manter a liberdade de atuação e total responsabilidade pelo abastecimento energético dos processos atuantes no local.

Essa diferença pode ser mais bem ilustrada com o exemplo do nascimento de uma organização, cujo fato pode ser dividido em duas etapas distintas. A criação de uma empresa é impossível sem a presença do dono empreendedor. O criador sustenta e alimenta a organização com plenos poderes de mando. A segunda etapa é marcada pela existência do Sistema próprio da organização. Em ambas as etapas, o empreendedor assume todos os riscos; é o criador do futuro. Essa qualidade é mantida para sempre. A organização pode não precisar mais ser financiada pelo seu dono, mas será eternamente dependente da sua capacidade visionária de estar um passo à frente dos acontecimentos.

O empreendedor usa as suas idéias, o seu conhecimento, a sua disposição total para o trabalho, base financeira de todas as atividades e a sua vontade "de fazer acontecer e cumprir a meta de chegar lá".

O tempo de duração da etapa de gestação, determinado pelo próprio empreendedor, depende da criação do processo produtivo e da disponibilidade dos recursos necessários. Quando essa etapa chega ao fim, dá-se a troca com o ambiente e começa o funcionamento do Sistema próprio da organização. Até esse momento, existe total dependência do empreendedor, como o feto no útero, que recebe e elimina tudo através de sua mãe.

Quando a organização nasce, continua dependendo do empreendedor, que agora é responsável pelo desenvolvimento das cinco funções sistêmicas: adaptação, auto-regulação, manutenção, produção e comunicação. A ligação hereditária ainda é latente, sendo possível recorrer a ela a qualquer momento, principalmente em situações críticas que ameacem a sua sobrevivência.

Com o funcionamento normal, não se percebe mais a figura do empreendedor e o Sistema se torna soberano no cuidado com a sobrevivência da organização. O empreendedor começa a exercer o papel de "um funcionário", que não tem mais aquele poder absoluto e passa a fazer parte do Sistema.

O empreendedor, que tem a sua natureza independente, descobre que apesar de estar contente ao acompanhar o funcionamento de sua organização, vendo-a crescer e prosperar, aquela felicidade que existia na primeira etapa desapareceu. Perdeu o brilho e a intensidade vital. Parece voltar aos velhos tempos de contentamento apenas nos casos de emergência, quando só ele tem a solução.

É muito comum vermos uma pessoa empreendedora infeliz, pois não consegue lidar com a rotina de sua organização. Ele não consegue conviver com a falta de desafios e a tranqüilidade de vida que o Sistema proporciona, mesmo sem saber da sua existência.

O Modelo Sistêmico pode ajudá-lo a crescer e a recuperar a felicidade dentro da organização, lidando com o desenvolvimento próprio. Para isso não há necessidade de se retirar de seu local de trabalho. A evolução individual dentro da organização é viável.

O empreendedor tem uma característica especial que o destaca dos demais funcionários. Estamos falando da sua capacidade de lidar com as três Redes simultaneamente. Este fato traz enorme poder energético que permite domínio de grande variedade de Processos que ocorrem dentro da organização. No entanto, quando a organização fixa um padrão de funcionamento, normalmente a Rede Principal "engole" o empreendedor por completo. A participação nas outras Redes começa a ser esporádica ou submissa à Rede Principal. A saudade de algo conhecido mas desperdiçado torna-se forte. É possível até se conhecer a quantidade de energia perdida ou utilizada no trabalho de rotina, que é insuportável para ele.

E então vem a pergunta: Será que estou na organização certa? Tenho conforto, ganho bem, resolvo os problemas do dia-a-dia, mas isso não me satisfaz. E começam as buscas e tentativas de encontrar novamente aquele fervor, aquela disposição e aquela esperança existentes no início da vida da organização.

Fatalmente, a resposta não é encontrada. Normalmente a vida se encarrega de resolver esses assuntos. Às vezes essa pessoa encontra um novo amor, uma nova ocupação ou novos problemas.

Podemos afirmar que as soluções tão procuradas estão dentro da própria organização. O trabalho evolutivo ajuda a encontrar novas Metas empreendedoras dentro do Sistema já existente.

O que é a *Evolução*? É a capacidade de ser dono de si próprio e realizar as Metas pessoais impondo-as em qualquer situação da sua vida. Mas será que hoje é possível ser dono de si independentemente dos fatores sociais que nos cercam? É utópico achar que, no estágio atual, isso é viável? Afinal, quem somos nós em comparação com as grandes organizações, os governos ou as doenças incuráveis?

O empreendedor sabe intuitivamente que esse desafio é viável porque já teve acesso a estágios energéticos superiores, experienciando poderes que o homem comum não tem. Chegamos então à palavra que pode definir melhor a evolução: *Consciência.*

Consciência é a percepção do funcionamento da Realidade Objetiva. Quanto mais clara for a visão da Realidade, mais fácil será a formulação de seu funcionamento como uma unidade ou como um Sistema. Quando há essa percepção, acontece a "revelação", a realização e mudança no meio ambiente.

Os fragmentos, daqui e dali, de repente se juntam numa relação nunca antes imaginada. Essa proeza é possível a partir da percepção da Realidade e sua imediata compreensão mental. Esse momento sempre traz, como conseqüência, certeza sobre as mudanças que podem ser feitas dentro da Realidade Objetiva. Aliás, torna-se simplesmente impossível não realizar aquilo que lhe aparece tão claro.

Consciência é a percepção
do modelo ou da mecânica de funcionamento
da Realidade existente.

Quando entendemos como a Realidade funciona, temos a capacidade de utilizá-la, modificá-la e de interferir nela com segurança e exatidão. Esse fenômeno é acompanhado por grande liberação de energia, que é usada pelo empreendedor.

O empreendedor não existe sem esse salto energético de consciência. Porém, ele não consegue utilizar essa energia por muito tempo, por causa da interferência do cotidiano. A manutenção desse estado por mais tempo possível se torna questão de sobrevivência para a sua individualidade.

Falaremos um pouco sobre conceitos de *Evolução da Consciência* que são uma parte importante da Teoria da Abrangência. A explicação será dada conforme o conhecimento que foi desenvolvido neste livro, ou seja, Processos, Ciclos, Sistemas e Redes, do ponto de vista da *Evolução da Consciência.*

Existem 4 níveis de *Consciência,* chamados:

- Consciência Instintiva;
- Consciência de Processos;
- Consciência Sistêmica;
- Consciência de Iluminação.

Analisemos rapidamente cada um desses níveis.

A *Consciência Instintiva* nos permite viver sem modificar o ambiente, utilizando-o apenas para a nossa sobrevivência. Viver em harmonia com todos os seres vivos e com o próprio ambiente é a sua principal característica. Esse nível foi praticamente superado no mundo civilizado; hoje é impossível viver só com aquilo que a Natureza nos deu. Simultaneamente, não temos mais aquela união com os outros seres vivos.

Nas organizações, as tarefas a cargo desse nível já foram automatizadas há bastante tempo. É raro encontrar uma tarefa que pertença a esse nível de consciência.

Na *Consciência de Processos* há uma percepção bem maior da Realidade; conseguimos juntar diversos fatos e acontecimentos e mudar bastante o nosso ambiente. Se no nível anterior o mundo era imutável, neste, a Realidade abrange diversos aspectos de sobrevivência dentro de um espaço físico durante algum tempo e permite movimento e mudanças. Como conseqüência, o homem começou a usar o pensamento como Processo, criar projetos e materializá-los através de diversos meios. O ser humano, muito mais desenvolvido que as demais espécies, conseguiu criar um mundo confortável para a sua espécie.

O homem aprendeu que a sua produção começa a partir da idéia e que ela se realiza quando nasce um produto pronto para ser usado por outras pessoas. A civilização moderna foi desenvolvida com a *Consciência de Processos.* No entanto, este salto que permitiu a ampliação do conhecimento sobre o funcionamento da Realidade Objetiva foi bom para uma parte da humanidade e foi desastroso para a Natureza. Neste nível de consciência, ainda não existe a percepção do conjunto, o que impede a percepção das conseqüências de nossos atos e do impacto deles nos Sistemas maiores. O Processo sempre se acha único e toma conta das relações humanas. A percepção da Realidade Objetiva ainda é muito fragmentada, pois é baseada nos Processos que, naturalmente, são fragmentados. É impossível gerenciar a enorme quantidade de Processos sem as Redes. Este nível de consciência consegue dominar a situação a partir do domínio de um Processo sobre outro. Não há uma convivência pacífica entre Processos desiguais. Sempre o mais fraco é engolido pelo mais forte. Este nível de consciência dividiu as pessoas e introduziu conceitos de hierarquia e desigualdade, poder e lucro, como retorno obrigatório.

A *Consciência Sistêmica* é a percepção da totalidade. Esse nível permite a junção de aspectos totalmente diferentes, desde que façam parte da Realidade em questão. No decorrer do livro, tentamos introduzir a percepção sistêmica da Realidade Objetiva. A partir da percepção da existência e funcionamento das Redes, acaba a luta pelo que é mais importante na organização; caso contrário surge a recusa de perceber as novas possibilidades que cada organização tem. Começa o desenvolvimento do novo nível de consciência. Agora é possível ver a Realidade como uma unidade composta de diversos processos.

Da totalidade representada pelas três Redes podemos chegar a um Processo específico. A consciência consegue iluminar um determinado local e compreender como ele funciona, mas sempre partindo de um conjunto. A escolha conforme as necessidades da totalidade substitui a desigualdade existente entre os Processos.

Este nível de consciência liberta o homem da prisão de viver em função de um Processo, que inclusive, não responde mais pela sua sobrevivência. Atualmente conhecemos muito bem a importância das idéias e da motivação e sabemos que ambos não estão num processo único.

Nesse estado, o homem é parte da Realidade Objetiva e a sua participação é sempre objetiva; ou seja, ele se lembra dele próprio dentro de qualquer situação, pois a sua análise parte de uma totalidade, onde os vários aspectos estão incluídos, inclusive a sua participação.

Esse nível de consciência traz a percepção da Realidade sem mágoas, nem culpas. Esse é um estado de muita energia; a emoção vivenciada é muito forte, e inesquecível.

A *Consciência de Iluminação* é o nível mais elevado. Ele possibilita a percepção de diversos Sistemas. Por iluminação entendemos a capacidade de viver a plenitude da existência. É a possibilidade de perceber o que já existiu, existe e vai existir, num mesmo instante — toda a vida, vista num mesmo instante. Ainda estamos muito longe desse nível de consciência, embora possamos dizer que muitas profissões exijam essa percepção. Muitas vezes o responsável por uma organização multinacional ou o chefe de governo de um país tomam decisões usando esse nível de consciência.

Qualquer empreendedor começa a sua caminhada, a partir da gestação da organização, com nível energético muito alto que corresponde à *Consciência Sistêmica*. O seu funcionamento ocorre dentro das três Redes, inclusive com utilização bastante agressiva das situações e das atividades das outras pessoas. É impossível criar uma organização sem a disposição de se arriscar e sem a esperança de alcançar a Meta desejada.

Na maioria das vezes, a Meta não é nada evolutiva — ganhar dinheiro. Quando ela é atingida, e o Sistema assume o poder sobre a organização, o empreendedor, mesmo querendo mudar ou reforçar a Meta, sente uma enorme resistência do próprio Sistema. A pessoa usa a sua visão e a sua capacidade empreendedora para a manutenção da rotina diária que normalmente é feita com a energia da *Consciência de Processos*. Grande quantidade de energia fica sem uso, estagnada, o que pode tumultuar o próprio ambiente.

A organização permite sempre a criação de desafios, mas, nada que a ponha em risco. Eis o desafio do empreendedor: desenvolver novas Metas que possam fazer uso do seu poder inovador não como saída para as dificuldades da organização, mas como uma saída para suas próprias necessidades.

Isso não é nada fácil. Normalmente o Sistema não aceita nenhum desejo pessoal, que possa introduzir novidades fora de seu mando. Um empreendedor consegue ficar acima do Sistema, quando é capaz de conciliar a sua necessidade com a aceitação de manter a rotina da própria organização. Tudo é importante.

Vamos dar alguns exemplos disso. A mudança no tipo de organização pode ser essa Meta. Entretanto, quando a iniciativa parte do empreendedor, começam a surgir enormes obstáculos, levantados também por pessoas muito bem-intencionadas com relação à organização, pois surge o medo da instabilidade.

Parece que surgem muitas complicações, já que não existe *Realidade Objetiva* para introduzir mudanças tão radicais. O próprio empreendedor começa a criar essa Realidade. Se a organização é do 1º Tipo, de consumo, é possível o desenvolvimento do Produto Intelectual. Se for do 2º , busca-se a sua utilidade como organização de serviços para toda a população. Se for organização do 3º Tipo, tem início a luta para estabelecer seu lugar na sociedade de consumo.

E o mais importante: o empreendedor é capaz de desenvolver os três aspectos do Produto. Não há necessidade de ficar preso somente à aparência material. O mesmo Produto pode aparecer com os seus lados intelectual ou de vitalidade, que devem ser preservados.

Qualquer um desses desafios traz um novo ânimo para o empreendedor, forçando a organização a mudar, pois é impossível resistir às mudanças que vêm com força energética renovadora. Surge a necessidade da organização crescer, pois uma nova Meta sempre traz algo mais. É a luta entre o habitual e rotineiro, e a vontade de mudar a qualidade do Produto. Esse embate obriga a pessoa a voltar a usar corretamente o nível de *Consciência Sistêmica* e criar uma nova Realidade.

É possível chamar a isso de *Realidade de Mudança* e a própria pessoa de *agente* dessa mudança. Essa tarefa não é fixa, pois muda com a qualidade e necessidade do próprio Produto. Surgem novas exigências e padrões em relação à finalidade da própria organização. O empreendedor, na sua atuação externa, também é um consumidor. Quanto maior for a sua percepção do Mercado de diversos Produtos de consumo, mais seletiva será a sua relação com o seu próprio Produto.

Podemos dizer que o agente de mudança é capaz de ajudar a humanidade na sua caminhada, rumo aos desafios de crescer preservando a sua própria sobrevivência.

Desafiamos o empreendedor a sempre usar o seu potencial, principalmente na sua organização. Não adianta só ganhar dinheiro com o seu Produto. Crie um centro educativo para os usuários desse Produto; converse com as pessoas, verifique o que elas pensam sobre a organização e compartilhe com os outros as suas idéias sobre as possibilidades de mudanças. Mostre o seu lado pessoal, não tenha medo de ser diferente. Você é muito maior do que a função que desempenha dentro da organização.

É importante saber que o Sistema não tem um dono único. Qualquer funcionário pode assumir essa posição quando consegue atuar de acordo com a *Consciência Sistêmica*. Basta querer e não ter medo de agir. É importante sempre enxergar esse local como uma parte do Sistema, e cuja importância é idêntica à das outras partes. Tudo é vital dentro de um Sistema.

Ao desenvolver a 3ª Rede dentro da organização, é possível encontrar utilidade social para seu Produto e aprender a servir e prolongar a vida dele.

Esses desafios são viáveis apenas ao *agente* de mudanças, pois só ele é capaz de introduzir transformações na natureza de seu Produto. O empreendedor sabe lidar criativamente com o Sistema que ele mesmo criou.

Para o sucesso nessa empreitada, é importante desenvolver o espírito de convivência com outras pessoas e incentivar a abertura às mudanças em cada funcionário da organização; o empreendedor não consegue atuar sem aliados. E até mais; a nova *Realidade de Mudança* permite o salto de consciência dentro da organização tanto no simples funcionário, quanto num executivo.

A organização que introduz a *Realidade de Mudança* permite o crescimento de consciência para todos os funcionários, mas sem a anuência da própria pessoa, isso é impossível. É aqui que entra a importância de cada profissional estar aberto às mudanças.

O *Caminho Evolutivo* do funcionário dentro da organização é bem diferente do *Caminho Evolutivo* do empreendedor que depende energeticamente dele próprio. O estímulo e a permissão da organização são importantes para a introdução de atitudes diferentes em cada pessoa. O empreendedor que despertou essa visão dentro da organização tem a grande tarefa de enfrentar esse desafio.

O primeiro passo é traduzir a função do funcionário para a linguagem sistêmica dando preferência ao Processo Funcional. Quando a função é executiva, é importante encontrar o seu lugar nas Redes.

Lidando com os três Ciclos do Processo Funcional, o funcionário consegue colocar-se na posição de futuro empreendedor. Somente sabendo como o Produto passa de um Ciclo a outro Ciclo, é possível ter noção do Processo inteiro e utilizar esse conhecimento, posteriormente, no seu local de trabalho. Só assim, é viável compreender o movimento do Processo e tomar consciência dele.

Esse primeiro passo ajuda o funcionário a tornar-se visível, destacar-se no Sistema ao qual ele pertence. É possível utilizar plenamente o seu potencial de motivação e intelectual. A promoção é o resultado certo, além do aumento da percepção e da vontade de ampliar cada vez mais o seu conhecimento e vitalidade.

As exigências com relação à organização diminuem, pois o funcionário passa a ter conhecimento muito maior sobre o Sistema. A organização passa a respeitar muito mais esse funcionário, não só como alguém que desempenha bem a função, mas como alguém capaz de se desenvolver e elaborar o seu Produto próprio. A pessoa está "em movimento". Quando esse funcionário se desliga da organização, é porque não tem mais nada a aprender; já é um empreendedor e decide seguir seu próprio caminho.

No caso do executivo, a questão é diferente. Pelas características da própria função, ele lida com o seu potencial na Rede. Seu *Caminho Evolutivo* dentro da organização pode ser resumido nos seguintes desafios:

- Definição da sua posição na Rede, pela existência das Forças Interiores correspondentes. Quando entra nas Forças sem vida, tem início um grande desgaste, e o executivo torna-se nocivo ao Sistema. O seu treinamento é permanente, para exercitar os seus Processos, principalmente o Mental e o de Motivação. Cabe ao executivo e à organização torná-los mais objetivos, de acordo com o tipo de organização e com as necessidades dos seus executivos.
- Freqüentemente, ao sair do trabalho, o executivo quer se esquecer de tudo, descansar, e levar uma vida "normal". Porém, isso é totalmente inviável. A vida cotidiana tranqüila, dentro de casa, não o satisfaz mais. A sua intensidade energética é muito maior. É aí que mora o perigo — ele passa a procurar emoções fortes, novas experiências amorosas, esportes radicais ou, nos casos piores, bebidas e drogas. O trabalho evolutivo, novamente, não é um capricho, mas uma necessidade de sobrevivência.
- E, por último, aparece o movimento do executivo dentro da organização. O caminho aqui é perceber as outras Redes e agir nelas. Como resultado, nasce um novo empreendedor, disposto às mudanças profissionais e pessoais.

Os empreendedores são capazes de traçar os caminhos de transformação individual e da sociedade a partir da sua experiência de criação. Eles têm o verdadeiro poder; cabe a essas pessoas elevar a consciência da humanidade.

A sua diferença em relação às pessoas comuns está no despertar e no desenvolvimento de fontes poderosas de energia que permitem sua independência para atuar como um vencedor.

Este livro trata sobre a possibilidade de realizar um sonho que permite a comunicação entre o ser humano e a Realidade Objetiva representada por uma organização e seu Produto.

Sempre existiu na humanidade um ardente desejo de vivenciar dentro de si a experiência de transformação da sua própria natureza, de acordo com a idéia da possibilidade do crescimento do seu Ser. A subida do homem até os níveis superiores de consciência, levando-o a metas pessoais transcendentais e não somente materiais, marcam a razão de sua existência, a possibilidade de desvendar as suas origens e encontrar o seu lugar no Universo.

A compreensão do funcionamento da Realidade Sistêmica permite vislumbrar a unidade da Humanidade e enxergar a possibilidade de convivência de todas as pessoas no planeta Terra, que é o nosso lar.

O conhecimento contido neste livro ajuda nessa tarefa tão árdua. Os três princípios da Teoria da Abrangência conseguem introduzir a prática da *Consciência Sistêmica* sem a qual a concretização do sonho de união de todas as pessoas é impossível:

- O primeiro e mais importante princípio é o da unidade da matéria. Uma máxima de Platão confirma isso: *Eu sou tudo o que foi, o que é e o que será. Ninguém dentre os mortais levantou o véu que me cobre.*
  Todos nós somos iguais, pois todos pertencemos à mesma espécie. A consciência da unidade pode nos ajudar a transcender as diferenças e a abrir caminho para a convivência mútua.
- O segundo princípio trata da Realidade sistêmica que pode ser gerenciada a partir de três Redes que, em conjunto, trazem novamente a noção de unidade.
- O terceiro princípio admite a existência de um livro único de regras e modelos de funcionamento válidos para qualquer Sistema independente. Os organismos vivos funcionam assim. Isso pode ser estendido para qualquer Realidade Objetiva.

A criação sempre acontece a partir da percepção da atuação conjunta das três Redes. O Sistema é completo e a possibilidade de mexer no Produto ou na sua essência, e em conseqüência na sua forma final, é factível. Quem tem a percepção e domínio das três Redes do Sistema, também consegue compreender qual é o lugar do Produto no Sistema maior.

É importante notar que para as grandes mudanças não há necessidade de muito dinheiro, nem de equipamentos e tecnologia sofisticados. O principal fator é a existência de objetivo claro refletido num pensamento e o posicionamento correto do criador em relação ao Sistema maior. Isso fornece a energia necessária ao Sistema que está sendo criado para permitir a execução do trabalho.

Os empreendedores podem ser divididos em três categorias. O *imediatista* tem objetivo material claro que consiste em produzir e ganhar dinheiro, sem discutir os métodos necessários para tanto. Quem quer apenas isso, tem vida muito curta no Mercado. Mesmo que tenha persistência na sua Meta e criatividade na busca, tem acesso somente à 1ª Rede, que está muito longe dos segredos do verdadeiro poder.

Os empreendedores da segunda categoria podem ser chamados de *pesquisadores*. Eles têm conhecimento muito mais amplo sobre o assunto, embora de maneira bastante teórica; sabem que a criação do Sistema é perfeitamente viável. O seu interesse é muito mais investigativo do que uma vontade de sucesso puramente financeiro. O objetivo é experimentar e conhecer. A sua preferência está no desenvolvimento de duas Redes — Institucional e Intelectual. O seu trabalho está ligado à materialização do Produto conforme concepção própria, sem interesse na 1ª Rede.

A terceira categoria é de empreendedores *completos* que conseguem criar algo duradouro de acordo com a sua idéia, que é sempre inovadora. São aqueles que criam Produtos que servem e mudam a vida da humanidade. Normalmente, o próprio criador não tem consciência de toda a abrangência de sua descoberta e de seu Produto.

O empreendedor *completo* consegue ampliar enormemente a sua empresa, pois trabalha com os três aspectos do mesmo Produto, utilizando plenamente as possibilidades de manuseio do Sistema. Ele consegue se manter no elevado nível de *Consciência Sistêmica* e trilhar o *Caminho Evolutivo* individual e social.

Um Sistema depende muito do empreendedor. O seu estado de motivação e mental são vitais para a organização. Quanto mais elevado o seu nível de consciência, mais claro para ele o funcionamento do Sistema e o lugar de intervenção para agilizar as mudanças reguladoras.

O trabalho com a fixação do novo nível de consciência é um grande desafio para a humanidade, que, atualmente, se encontra num grande dilema: como conciliar a convivência social responsável com as instituições saudáveis e com o seu crescimento individual?

Um breve olhar sobre o Sistema da humanidade mostra a grande mudança ocorrida nos últimos tempos. A força da 2ª Rede ficou evidente. O Produto Intelectual tomou conta do Mercado. A Internet veio e demonstra grande necessidade de alimento. O que a alimenta? O homem, é claro — a sua cultura, as suas necessidades mais urgentes, e a necessidade de se comunicar e se integrar cada vez mais Os internautas formam uma grande Rede, mas é só a 2ª Rede, sendo impossível a sua sobrevivência sem as outras duas. No entanto, a força da 2ª Rede é cada vez maior na vida da Humanidade. Nós nos acostumamos a ser consumidores virtuais. Não precisamos ir à loja, ao supermercado nem à livraria. Basta encomendar o que queremos. Com isso, a 1ª Rede corre atrás do Produto e faz a sua distribuição. A 3ª Rede presta serviços e leva os Produtos até o consumidor. Parece um entrosamento perfeito; e é, sob o comando da 2ª Rede.

Lembremos que a 2ª Rede não tem dono. O criador assume este papel. Ele consegue muito poder e recompensa financeira; mas quem regula a aceitação da criação é o próprio grupo que consome o seu Produto. A Rede garante o seu funcionamento a partir da aceitação da união em função do desejo comum. Buscamos o que mais nos interessa. Cada vez mais, a humanidade é dividida em grupos de interesse intelectual ou daquilo que nos prende à televisão ou ao computador.

Estamos vivendo uma época de conforto e informação. Quais são as conseqüências desse quadro? O desaparecimento de valores que unem a humanidade. A 3ª Rede está em chamas — começando pela Natureza, passando pelas grandes cidades, onde há violência, estruturas institucionais de poder cada vez mais corruptas e fracas, e terminando com o enfraquecimento da saúde e dependência cada vez maior de remédios.

O caminhar natural das coisas é a atitude do Sistema maior, que é o próprio planeta Terra. A sua existência permitiu que o homem, este ser racional, viesse a ser a espécie mais forte e importante na Terra. Caso a espécie humana se torne uma ameaça à sobrevivência da Natureza, ela perderá a permissão de existir no planeta.

Ainda há tempo. O aumento da percepção da Realidade Objetiva, por meio da elevação da consciência, é o único caminho possível para a humanidade. Por isso falamos que atualmente a evolução tornou-se uma questão de sobrevivência. E os empreendedores têm muita contribuição para dar.

A nova consciência pode trazer uma "idade de ouro" para a humanidade. Muitas gerações sonharam com essa possibilidade. Hoje ela é real. Há condições objetivas para tanto. Aproveitemos e cresçamos para não permitir que a tecnologia nos transforme em marionetes que fazem de conta que mandam e fingem que têm o poder absoluto nas mãos.

Deixamos para o leitor esta nossa pequena contribuição.